古都北京

王 南 著

中国古代建筑知识普及与传承系列丛书

中国古都五书

清华大学出版社
北京

版权所有，侵权必究。举报：010-62782989，beiqinquan@tup.tsinghua.edu.cn。

图书在版编目（CIP）数据

古都北京 / 王南著 —北京：清华大学出版社，2012（2024.8重印）
（中国古代建筑知识普及与传承系列丛书·中国古都五书）
ISBN 978-7-302-29477-1

Ⅰ．①古⋯ Ⅱ．①王⋯ Ⅲ．①古建筑－介绍－北京市 Ⅳ．① K928.71

中国版本图书馆CIP数据核字（2012）第154599号

责任编辑：徐　颖
装帧设计：王华工作室 + 孙世魁
责任校对：王荣静
责任印制：杨　艳

出版发行：清华大学出版社
网　　址：https://www.tup.com.cn, https://www.wqxuetang.com
地　　址：北京清华大学学研大厦A座　　邮　编：100084
社 总 机：010-83470000　　邮　购：010-62786544
投稿与读者服务：010-62776969, c-service@tup.tsinghua.edu.cn
质量反馈：010-62772015, zhiliang@tup.tsinghua.edu.cn

印装者：涿州市般润文化传播有限公司
经　销：全国新华书店
开　本：170mm×230mm　　印　张：30.5　　插　页：1　　字　数：276千字
版　次：2012年7月第1版　　印　次：2024年8月第8次印刷
定　价：139.00元

产品编号：047773-05

献给关注中国古代建筑文化的人们

策划：华润雪花啤酒（中国）有限公司
统筹：清华大学建筑学院
　　　王　群　朱文一
主持：王贵祥　曾申平
执行：清华大学建筑学院
资助：华润雪花啤酒（中国）有限公司

参赞：
侯孝海　张远堂　陈　迟　连　博　张　巍
刘　旭　阎　东　李　念　韩晓菲　廖慧农
袁增梅　张　弦

·总序一·

2008年年初,我们总算和清华大学完成了谈判,召开了一个小小的新闻发布会。面对一脸茫然的记者和不着边际的提问,我心里想,和清华大学的这项合作,真是很有必要。

在"大国"、"崛起"甚嚣尘上的背后,中国人不乏智慧、不乏决心、不乏激情,甚至不乏财力。但关键的是,我们缺少一点"独立性",不论是我们的"产品",还是我们的"思想"。没有"独立性",就不会有"独特性";没有"独特性",连"识别"都无法建立。

我们最独特的东西,就是自己的文化了。学术界有一句话:"建筑是一个民族文化的结晶。"梁思成先生说得稍客气一些:"雄峙已数百年的古建筑,充沛艺术趣味的街市,为一民族文化之显著表现者。"当然我是在"断章取义",把逗号改成了句号。这句话的结尾是:"亦常在'改善'的旗帜之下完全牺牲。"

我们的初衷,是想为中国古建筑知识的普及做一点事情。通过专家给大众写书的方式,使中国古建筑知识得以普及和传承。当我们开始行动时,由我们自己的无知产生了两个惊奇:一是在这片天地里,有这么多的前辈和新秀在努力和富有成果地工作着;二是这个领域的研究经费是如此的窘迫,令我们瞠目结舌。

希望"中国古代建筑知识普及与传承系列丛书"的出版,能为中国古建筑知识的普及贡献一点力量;能让从事中国古建筑研究的前辈、新秀们的研究成果得到更多的宣扬;能为读者了解和认识中国古建筑提供一点工具;能为我们的"独立性"添砖加瓦。

王 群
华润雪花啤酒(中国)有限公司 总经理
2009年1月1日于北京

·总序二·

2008年的一天，王贵祥教授告知有一项大合作正在谈判之中。华润雪花啤酒（中国）有限公司准备资助清华开展中国建筑研究与普及。资助总经费达1000万元之巨！这对于像中国传统建筑研究这样的纯理论领域而言，无异于天文数字。身为院长的我不敢怠慢，随即跟着王教授奔赴雪花总部，在公司的大会议室见到了王群总经理。他留给我的印象是慈眉善目，始终面带微笑。

从知道这项合作那天起，我就一直在琢磨一个问题：中国传统建筑还能与源自西方的啤酒产生关联？王总的微笑似乎给出了答案：建筑与啤酒之间似乎并无关联，但在雪花与清华联手之后，情况将会发生改变，中国传统建筑研究领域将会带有雪花啤酒深深的印记。

其后不久，签约仪式在清华大学隆重举行，我有机会再次见到王总。有一个场景令我记忆至今，王总在象征合作的揭幕牌上按下印章后，发现印上的墨色较浅，当即遗憾地一声叹息。我刹那间感悟到王总的性格。这是一位做事一丝不苟、追求完美的人。

对自己有严格要求的人，代表的是一个锐意进取的企业。这样一个企业，必然对合作者有同样严格的要求。而他的合作者也是这样的一个集体。清华大学建筑学院建筑历史研究所，这个不大的集体，其背后的积累却可以一直追溯到80年前，在爱国志士朱启钤先生资助下创办的"中国营造学社"。60年前，梁思成先生把这份事业带到清华，第一次系统地写出了中国人自己的建筑史。而今天，在王贵祥教授和他的年长或年轻的同事们，以及整个建筑史界的同仁们的辛勤耕耘下，中国传统建筑研究领域硕果累累。又一股强大的力量！强强联合一定能出精品！

王群总经理与王贵祥教授，企业家与建筑家十指紧扣，成就了一次企业与文化的成功联姻，一次企业与教育的无间合作。今天这次联手，一定能开创中国传统建筑研究与普及的新局面！

朱文一
清华大学建筑学院　院长
2009年1月22日凌晨于清华园

目录

引言：北京鸟瞰　/1

第壹章　千年沧桑　/13

第一节　古蓟城——建城之始　/16
第二节　唐幽州——北方重镇　/18
第三节　辽南京——契丹陪都　/20
第四节　金中都——首次建都　/23
第五节　元大都——宏图初现　/30
第六节　明北京——大局划定　/41
第七节　清北京——踵事增华　/47

第贰章　城墙城门　/55

第一节　明北京城墙与城门　/58
第二节　皇城城墙与城门　/66
第三节　紫禁城城墙与城门　/76

第叁章　禁城宫阙　/89

第一节　紫禁城前朝　/94
第二节　紫禁城后寝　/107
第三节　紫禁城外东路与外西路　/120

第肆章 坛庙陵墓 /127

第一节 坛庙概说 /129
第二节 天坛——天人对话 /144
第三节 墓葬概说 /153
第四节 明十三陵——事死如生 /163

第伍章 山水园林 /181

第一节 山水形胜 /183
第二节 西苑三海——太液仙山 /190
第三节 三山五园——园林之城 /204
第四节 公共园林——城中山水 /242

第陆章 市井民居 /249

第一节 街道胡同 /251
第二节 庭院深深 /268
第三节 晨钟暮鼓 /292

第柒章 王府会馆 /301

第一节 内城王府 /303
第二节 外城会馆 /321

第捌章 寺观浮图 /331

第一节 佛寺 /333
第二节 佛塔 /359
第三节 道观 /367

第玖章 画里京城 /383

第一节 《京师生春诗意图》——乾隆时期的北京鸟瞰图 /385
第二节 《康熙南巡图》中的清代北京中轴线 /388
第三节 《康熙六旬万寿盛典图》中的清代北京西城及西北郊 /400
第四节 画里禁城宫阙 /407
第五节 画里坛庙陵墓 /410
第六节 画里山水园林 /412
第七节 《鸿雪因缘图记》中的清代北京名胜 /422

结语 无比杰作 /425

插图目录 /450
参考文献 /468
后记 /474

引 言

北京鸟瞰

《故都雪》之一

法国作家维克多·雨果在其巨著《巴黎圣母院》（1832年）第三章第二节"巴黎鸟瞰"之中，用浓墨重彩的文字描绘了1482年（距离作者著书整整350年）中世纪的巴黎——这段巴黎鸟瞰使人读来犹如身临其境，不自觉地为巴黎古城之美所深深陶醉！当然这要得益于这位学者型作家的渊博知识、丰富想象力和对巴黎古城的了如指掌与深厚情感。

笔者不揣浅陋，希望以雨果的"巴黎鸟瞰"为"样板"，对笔者深爱的古都北京也进行一番鸟瞰，作为全书之开篇。此番鸟瞰既是空间意义上对古都城市形态的鸟瞰，同时也包含时间意义上对这座城市历史文化变迁的纵览——希望古都北京的漫长历史与浩阔空间能够于此交汇。

雨果选择中世纪的巴黎作为其心目中理想的巴黎——一座"结构匀称"的美丽的城市；同时选择小说的"建筑主角"——巴黎圣母院的高耸入云的钟塔作为鸟瞰巴黎的地点。笔者则愿意选择景山的万春亭来鸟瞰古都北京，时间则选择在20世纪上半叶——因为这一时期从景山拍摄的一些珍贵照片足以见证这座古城的无限风光。自乾隆十六年（1751年）景山万春亭落成之日起，至今已整整260年，登临斯亭，四方环顾，可以欣赏到古都北京最完美的画卷——我们可以把王羲之《兰亭集序》中的经典名句略加改动，借以描绘景山万春亭鸟瞰北京之意境：

仰观宇宙之大，俯察帝京之盛，所以游目骋怀，足以极视听之娱，信可乐也。

立足万春亭，无论何人，其目光首先定会被南面紫禁城宫殿成百上千重的屋顶牢牢抓住，再难移开（图0.1）：由万春亭南望，由近及远，满眼尽是金色的屋宇，托起这片金色屋顶的是一段段红色的宫墙，二者相互交织，构成紫禁城无

图0.1 民国时期由景山万春亭南望紫禁城

边无际的宫殿的海洋,像是一曲由金色、红色编成的交响乐。当然,整个场面中最引人注目的还是位居紫禁城中央的一串高高在上的殿宇,它们的位置、体量和造型都使它们凌驾于东西两侧建筑群之上,成为紫禁城的一条"脊梁",伸向远方。由近而远可以依次辨认出紫禁城北门"神武门"、乾清宫、保和殿、太和殿、紫禁城南门"午门",并一直向南延伸到内城正门"正阳门",壮伟非凡。这条中轴线上还有与乾清宫共同组成"后三宫"建筑群的乾清门、交泰殿和坤宁宫,与太和殿、保和殿共同组成"前三殿"的中和殿,还有太和门、端门、天安门、中华门(明代称"大明门",清代称"大清门")等重要建筑物,只不过由于屋顶较矮,在万春亭的高度无法看到——然而正是由于这样高低错落的巧妙安排,才构成人们由南向北朝觐紫禁城宫殿时所感受到的跌宕起伏的空间序列。紫禁城中轴线建筑群两旁全是低矮的院落,它们布局齐整,鳞次栉比,为"内廷"的居住建筑和"外朝"的附属建筑。这些拱卫中轴线的附属建筑群之间点缀着几处造型别致的亭榭楼阁,如御花园的千秋、万春、御景亭等,为中轴线两侧几乎完全呈对称布局的建筑群增添了几分活跃气氛。尤其是画面的右手边，西六宫的西侧有一座造型极为"抢眼"的楼阁——雨花阁，为藏传佛教建筑，阁分三层，下层四面出抱厦，中层为歇山顶黄琉璃瓦蓝剪边屋面，上层为正方形四角攒尖顶，并以镀金铜瓦覆盖，四条垂脊各饰以金龙，以金色喇嘛塔作为顶部结束，建筑轮廓极为精巧华丽，可算是这莫大的紫禁城里最"卓尔不群"的建筑了。

最后，让我们把眼光放到环绕紫禁城一周的青砖城墙上，宫墙高约8米，周长近3500米，四角各伫立着一座亭亭玉立的角楼——它们绝对是紫禁城中造型最优美、灵秀的建筑，给这座庄严的宫阙添上了一道妙不可言的轮廓。并且整座宫殿被一带宽阔清澈的护城河（俗称"筒子河"）包围着，河水中遍植莲藕，河边种有柏树和柳树，它们与护城河水一同映衬着高高的宫墙和婀娜的角楼，实在是风光无限。

由万春亭南面所见京城最壮丽的景象转向东面，会感到极其强烈的对比：宏伟的宫殿被朴素的民居所代替，金光闪闪的黄琉璃瓦屋顶换成了一片灰色屋顶的海洋。①（图0.2）这些低矮的民居与其背景里巍然屹立的城墙、城楼形成鲜明的对照。大片大片的灰瓦民居之中，间或可以看见一座座规模稍大的建筑群落，屋顶有时施以绿色（极少数也用黄色、黑色）琉璃瓦，这些大型建筑多半为王府、庙宇、衙署或者仓厂一类。北京东城（当然也包括西城、北城及南面的外城）这千千万万的屋宇以其灰瓦、灰墙的素朴外貌环绕、拱卫着金红二色的紫禁城，这是鸟瞰北京的一个最为强烈的意象——其象征意义再明显不过，即通过城市的规划设计烘托皇权的至高无上。

图0.2 民国时期由北海白塔望景山万春亭及北京东城

仔细端详景山东面这片主要由四合院民居构成的都市景象，它们给人最深的印象是由数不清的屋顶构成的一幅和谐的图画：这些屋顶纵横交错，高低错落，又统一于一排排、一列列富于韵律感的灰瓦——并且在一片灰瓦的海洋中点缀着诸色的琉璃瓦，如同大海中的浪花。此外，最迷人的景象还在于家家户户院子里冒出的绿树，这些树木几乎连成一气，它们与灰色的屋顶互相掩映，成为另一片绿色的海洋——眼前这景况让人简直难以分清是建筑群中栽树成林还是这座城市原本就建在茂密的树林中……这一美景随着四季交替更呈现出不同风韵：春夏绿树成荫自不待言；秋天则在一团灰色与绿色中渐渐多出黄色、金色、橙色以至于艳丽的红色、冷峭的紫色；而等到冬日里，京城千树万木显露出姿态各异的枝丫，或优美柔和，或苍劲挺拔，树木的干枯枝干在北京冬日暖阳的映照下，呈现一片朦胧交织的金色、褐色乃至淡紫，别有一番韵味。而如果你有幸一睹北京城雪后的景象，必将终生难以忘怀：中国古代建筑无比优美的屋顶轮廓被冰雪进一步加以雕琢，令整座城市的肌理更加充满韵律感，并且由于不同质感、色彩的屋瓦皆化作一片洁白，愈显出一片和谐宁静，仿佛这座城市中一切的丑恶都得到洗涤与净化，仅剩下无与伦比的美善……（见本章卷首图）

景山北望又是一幅截然不同的图景（图0.3）。最先打动观者的当属迎面矗立的钟鼓楼。南面的鼓楼有着敦实的城台与台上宽阔的楼阁，由于孤立市井之中，使它比京城各门城楼显得更加挺拔端丽，其红色的城台也比城楼的灰色墩台更加耀眼。鼓楼背后与之对峙的钟楼更是京城所有城楼中独一无二的"孤例"——全部由砖石砌筑，比例瘦高，与宽阔的鼓楼形成造型上的绝妙对比。钟鼓二楼南北对望，相映成趣，雄踞四周民宅之上若双峰对峙，成为老北京的经典画面，加之晨钟暮鼓，更显意味悠长："清宵气肃，轻飚远扬，都城内外十有余里，莫不耸听。"[②]

[①] 遗憾的是，在笔者所见的北京老照片中，至今尚未发现由景山东望的作品——无奈只能以一幅北海白塔东望景山的照片代替（图0.2），远处依稀可见北京城东部民居形成的城市轮廓。
[②] 重建钟楼碑记. 参见：[清]于敏忠 等编纂. 日下旧闻考. 北京：北京古籍出版社，1983：896.

图0.3 民国时期由景山万春亭北望鼓楼

让我们将目光离开钟鼓楼,东西巡视一番,我们会发现除去这中轴线上的两座楼阁以外,北城墙上安定、德胜两座城门稳稳地分立东西,使北城的整体意象显得格外安定平和。遥望安定门迤东一带,楼阙林立,规制宏伟,黄色琉璃瓦顶凌驾四周民宅之上,一如宫殿——这里由西向东依次分布着国子监、孔庙、雍和宫三组大型殿宇,为北城最壮丽之所在。向北极目远眺,绵延千里的一带青山即燕山山脉,在京城西北面的称作"军都山",其间有著名的险隘居庸关——居庸关既有元代留下的壮观的云台,又有苍翠秀丽的"居庸叠翠"美景,为"燕京八景"之一。[①]

现在让我们重新将目光由北面远山收回,一览城中的近水楼台:北京西山一带的泉水经长河汇流,由德胜门西侧的水关入城,汇为"汪洋如海"的什刹海(元时亦称"海子",明代称"积水潭"、"净业湖"等,清代统称"什刹海")。德胜门水关以南,水中央隆起一岛,岛上土山之巅"汇通祠",为京城六海^②浩瀚水面的端头。汇通祠北水声隆隆，大有百川入海的气势与意境，故汇通祠亦称"海潮观音庵"。环什刹海一周，风景若江南水乡，为古都民众最爱之景胜，环湖寺观、园林密布。什刹海最负盛名者为银锭桥：其造型小巧玲珑作元宝状，位置恰在沟通前海、后海之咽喉要地，明代大学士李东阳认定此处为"城中第一佳山水"，自此有了"银锭观山"的著名景致，虽然未能列入"官方"评定的"燕京八景"，然而在百姓心目中却尤胜八景。"银锭观山"所观之山即北京西山，素有"神京右臂"之谓，为环护北京西北的天然屏障，亦是都城西北郊最美的名胜，顺着"银锭观山"之方向，我们把目光移向古都北京最为迷人的一面。

景山西面景色与南、东、北三面大异其趣，后三者皆以城市景观为主，西面则远有西山群峰为屏，近有北海琼华岛耸峙，环岛四面，西苑三海^③与什刹海南北蜿蜒伸展，山明水秀，与南、北、东三面所见的壮丽都城气象形成强烈对比，使人宛然置身于山水之间。试想若无这西面的湖光山色，北京作为帝京，壮则壮矣，毕竟缺少几分灵秀；有了西面山川，古都北京终于达到中国古人历来追求的"壮美"与"优美"并举的境界（图0.4）！

矗立于北海中央的"琼华岛"是古都北京"出生"的地方：此处山水原为金中都东北的离宫"大宁宫"，元代即以此地为中心营造国都——元大都，明北京又在元大都基础上建成。岛上有大量奇石为金人从北宋汴梁的皇家苑囿"艮岳"掠来——因而这岛屿同时还存留了北宋汴梁的"血脉"。清顺治八年（1651年）在琼华岛之山巅建造了白塔，塔顶比景山万春亭还要稍高一点，为全北京城的最高点。由景山观之，白塔侧影尤为妩媚动人，朝晖夕阴，各具佳致。

景山西望除去湖光山色，也不乏市井繁华。西四牌楼与阜成门大街一带，为西城寺观最盛处，由西四牌楼而西，分别有广济寺、历代帝王庙、白塔寺。其中白塔寺的高大白塔为西城最引人注目的标志：这座白塔建于元代，可谓北海白塔的"先祖"，为元大都难得的遗物。

---

① 燕京八景为居庸叠翠、卢沟晓月、蓟门烟树、西山晴雪、玉泉趵突、太液秋风、琼岛春阴、金台夕照。
② 六海即皇城三海（北海、中海、南海）及什刹海的前海、后海、西海的合称。
③ 即北海、中海、南海，为明清北京城内最大的皇家苑囿，统称"西苑"。

图0.4 20世纪50年代初由景山万春亭西望

由西城墙向外,从西直门沿长河向西北,有清代帝王营建的"三山五园"之遗迹——自东而西依次为畅春园、圆明园、万寿山清漪园(即今之颐和园)、玉泉山静明园、香山静宜园——其中唯有颐和园最为完整地留存至今。"三山五园"绵延数十里,是清代帝王用离宫别苑构筑的"桃花源",也是古都北京西北郊风光旖旎的一座"园林之城"。整个北京西山延亘百里,如天然图画,成为景山西面这幅园林画卷的绝佳背景。

由万春亭对古都北京作四面观,可谓各具气象:南面以宫阙坛庙胜;东面以街衢民居胜;北面以楼阁寺观见长;西面则以山色湖光见长,最富于诗情画意……

最后,如果我们在景山之巅再一次环顾四周,很快就会发现:原来我们所处的位置正是北京城的中心,并且整个四周都被一圈高墙环绕,它比紫禁城的宫墙更加高大雄浑,它就是北京内城的城墙——万春亭恰好位于北京内城的几何中心。南面远方正阳门城楼两侧东西矗立着崇文门、宣武门;东面南北二门分别为朝阳门、东直门；西面则对应建有阜成门、西直门；北面东西分立安定门、德胜门——九座城门巍然拱卫着帝都，因此古代管辖内城的官员被称作"九门提督"。

在内城以南，还有明嘉靖时期建成的外城，外城城墙、城楼比内城低矮，天朗气清的日子从景山南望也依稀可辨：外城共设七门，除南门永定门被正阳门遮挡在景山无法看见以外，还有南墙东西侧的左安、右安二门，东墙广渠门、西墙广安门，北面两段短墙分别设有东便门、西便门。这样一来，外城与内城共同形成古都北京著名的"凸"字形轮廓以及"内九外七"的城门布局——从景山望去，外城的轮廓恰如一顶帽子戴在内城这个"头"上，因此古人称外城作"帽子城"。① 外城也是一片灰瓦民居作为主体，其间可遥见东南部高高耸峙一座圆形三重檐攒尖顶殿宇，屋顶覆盖着璀璨的蓝色琉璃瓦，顶部施以金色的宝顶，那是古都北京最崇高的祭祀建筑群天坛里的标志性建筑——祈年殿，它以其极为独特的形制和无比优美的造型，成为古都北京的一大标志。

外城以南，极目远眺，则为一望无际之平原：北京西、北、东三面皆有山，唯南面一马平川，地平线与整座城市"水平型"的轮廓线极尽和谐。面对无限往南延伸的平原，中国古人在脑海之中勾画出北京城作为帝王之都的绝佳"形胜"——北京的山川乃至于全中国的名山大川都被纳入其间：

冀都山脉从云中发来，前则黄河环绕，泰山耸左为龙，华山耸右为虎，嵩山（《日下》1983年版.2001再版，无"山"一字）为前案，淮南诸山为第二重案，江南五岭诸山为第三重案。故古今建都之地莫过于冀。②

幽州之地，左环沧海，右拥太行，北枕居庸，南襟河济，诚天府之国。③

如果以上对古都北京四面八方的东鳞西爪的描绘还不足以构成一个完整的北京鸟瞰意象，那么就让我们闭起眼睛，最后来总括一番我们眼下这座北京城的综合印象吧。

首先，在我们祖先的心目当中，北京是"左环沧海，右拥太行，北枕居庸，

---

① 关于古都北京城门城墙的介绍详见本书第贰章。
② 朱子语类.引自：[清]于敏忠 等编纂.日下旧闻考.北京：北京古籍出版社，1983：69.
③ 黄训.读书一得.引自：[清]于敏忠 等编纂.日下旧闻考.北京：北京古籍出版社，1983：75.

南襟河济"的天府之国——作为太行山余脉的西山、北面的燕山、东南面的渤海以及南面一望无际的平原是古都北京的第一道轮廓;由此向里,外城与内城组成古都北京的第二道轮廓——一座独一无二的"凸"字形城廓;再往里是皇城、紫禁城,帝王的居所位于都城核心,整个北京城是由一道道墙垣"环环相套"的结构。城中大量四合院民居的灰色瓦顶烘托起高高在上的紫禁城宫殿的金色琉璃瓦顶,呈众星捧月之态。

其次,整座都城以紫禁城的南北中轴线为全城布局之主线,北起钟楼,经过鼓楼、景山、紫禁城、天安门外的御街、内城正阳门直抵外城永定门,形成近8公里长的城市中轴线,波澜壮阔,汇集了北京城最为壮美庄严的建筑群。与此相似,北京城中千百座不同规模的建筑群也大都有一条南北中轴线,于是呈现出全城大小建筑群(包括城市本身)有趣的"同构"现象:从整座城市,到城市里的每座规模不一的四合院,大部分都由围墙环绕,由一根南北中轴线串起一进进院落——所谓"庭院深深深几许",从而构成京城全部建筑群高度和谐整一的美感。这个美感是中国城市最基本的特征,并且由于这种建筑围绕庭院水平展开的布局特点,呈现了中国城市独一无二的"水平型"轮廓——当我们俯瞰北京全城时,这一特点尤为突出:四周漫长的城墙沿水平方向绵延伸展,大片低矮的四合院房屋鳞次栉比排列,即便规模宏大如紫禁城也是沿水平方向铺陈开去;唯有中轴线上的重要建筑物以及各门城楼、寺庙中的佛塔成为打破这一片平静海面的数十处地标——不过这些高大的建筑物毕竟仅仅如同星星点点的礁石,而整座北京城却是水平如镜的。如果我们看一段雨果笔下的巴黎,就更加能体会中西方城市形态的显著差异:

> 眺望的人气喘吁吁地爬到了钟塔上,首先就被那些屋顶、烟囱、街道、桥梁、广场、高塔和尖阁弄得头昏目眩。山墙、尖顶、墙角里突出的尖楼,十一世纪的尖石塔,十五世纪的石板尖顶方塔,碉堡的光溜溜的圆塔,教堂的有花纹的方塔,大的和小的,笨重和轻巧的,全都一下子呈现在眼前。[①]

相比之下,雨果描绘的巴黎充满了"尖"、"塔"等字眼,恰恰是一座强调"垂直"方向造型的城市——对比之下更能凸显中国城市独特的美感。

最后，与这座巨大的平铺在地上的"凸"字形城市融合在一起的是中轴线西侧那一带形状蜿蜒自由的浩瀚湖泊——六海，它曲折自然的轮廓与这座城市及其中建筑群方正规矩的布局形成最大胆的对比，而最终却相映成趣。在这里，儒家文化所强调的"礼制"秩序与道家文化所追求的"自然"妙境充分融为一体。除了六海、景山、琼华岛这些大型山水以外，遍布于大小建筑群庭园中的园林花木也增进了北京城与自然的融合，令整座城市如同一座山水园林之城、一座绿色都会！这样的艺术境界正是中国古代城市所孜孜以求的——就古都北京而言，它充分继承了唐、宋名都的规划理念，并结合辽、金故城的建设经验，最终经元、明、清三代努力，将都城规划与山水形胜完美交融，实在是当之无愧的"中国古都的结晶"。

以上文字作为本书开篇，可谓对古都北京惊鸿一瞥式的"鸟瞰"。下文将从历史沿革以及城墙、宫殿、坛庙、陵墓、园林、街市、民居、王府、会馆、寺塔、道观等各种建筑类型的角度来逐一呈现古都北京的各个"剖面"。

---

① [法]雨果著.巴黎圣母院.陈敬容 译.北京：人民文学出版社，2002：136~137.

元大都和义门发掘照片

第壹章

千年沧桑

前不见古人，后不见来者；念天地之悠悠，独怆然而涕下！

——陈子昂：《登幽州台歌》

唐代大诗人陈子昂的《登幽州台歌》是历代描写北京城（唐时称"幽州"）最负盛名的诗篇——而唐幽州不过是北京城悠长"城市史诗"中的一页而已。

北京城从公元前1046年建城（当时称蓟城）至今已逾

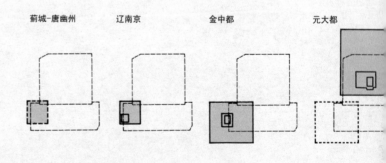

图1.1 北京城址变迁示意图

三千年，其间经历了古蓟城、唐幽州、辽南京、金中都、元大都、明北京、清京师、民国北平直至新中国首都北京等多次重要的演变。（图1.1）

本章取名"千年沧桑"，试图扼要梳理北京城三千余年之历史沿革，对于读者进一步了解古都北京的规划设计和重要建筑将不无裨益。

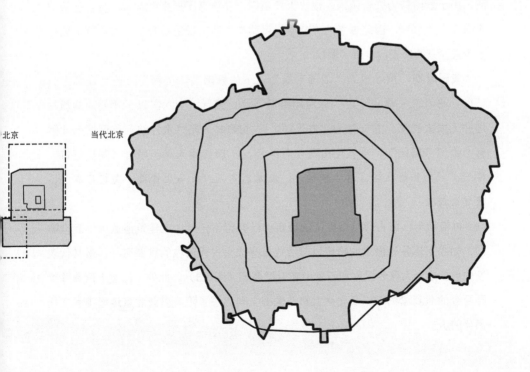

第一节

古蓟城——建城之始

西周初年，周王朝在今北京地区先后分封了两个诸侯国：蓟与燕，蓟在北、燕在南——迄今为止我们所知道的北京地区城市发展的历史由此开始。① 其中蓟国的都城"蓟"，是北京地区最早出现的城市，其建立时间为周武王十一年（即公元前1046年，为北京建城之始）。燕国的分封略晚于蓟国（武王时封蓟，成王时封燕，前后相去不到10年），它的范围主要在永定河以南的拒马河流域，燕国的都城"燕"是北京地区第二座最早出现的城市，其遗址在今北京西南房山琉璃河。由于燕国势力强于蓟国，很快灭掉蓟国，并放弃了原来的都城，将自己的国都改设在"蓟"。因此古老的"蓟城"可称作"北京城的前身"，其位置大致位于今天北京的广安门一带（图1.2）。

战国时期，蓟城成为"战国七雄"之一的燕国的"上都"，司马迁称之为"勃、碣之间一都会"。② 此后历经秦、汉、魏晋、十六国以至北朝，蓟城城址并无太大变化，并一直为北方重镇。③ 北魏郦道元《水经注》称蓟城西北隅有土山曰"蓟丘"，蓟城便由蓟丘而得名。④ 唐代诗人陈子昂有《蓟丘览古》诗曰："北登蓟丘望，求古轩辕台。应龙已不见，牧马生黄埃。尚想广成子，遗迹白云隈。"

可惜隋唐以前古代蓟城漫长的城市史没有留下任何地上建筑遗迹可供后世瞻仰。如今京郊各处出土的隋唐以前历代墓葬成为古代蓟城的重要遗存，最具代表性的包括丰台大葆台汉墓和石景山老山汉墓等（图1.3）。此外，始建于西晋并留存至今的名刹潭柘寺以及北魏太和造像则生动记录了隋唐以前北京地区佛教文化昌盛的历史。

图1.2 《水经注》所述蓟城位置示意图

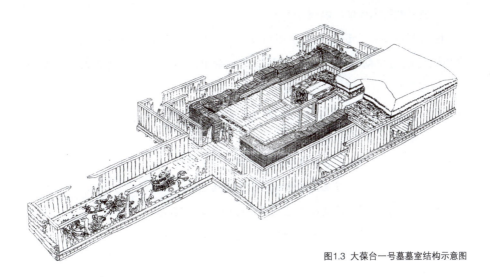

图1.3 大葆台一号墓墓室结构示意图

---

① 北京地区在出现城市以前早已有人类活动,如北京西南部房山周口店遗址发现距今46万年前的"北京人"、距今约10万年前的"新洞人"以及距今2万年前的"山顶洞人"化石等,都证明北京地区早期人类生活的情况,而周口店的猿人洞可谓北京最早的"建筑"。但本书以古都北京的城市与建筑为主题,因此对古都北京之历史沿革从城市出现谈起。
② [汉]司马迁. 史记·货殖列传. 北京:中华书局,2006:753.
③ 从东晋到五代的500余年间,蓟城曾先后三次成为短暂割据政权的都城,包括十六国时期鲜卑族慕容儁建立的前燕、唐代安禄山建立的大燕和五代刘守光建立的中燕(刘燕),可谓"三燕建都"。参见阎崇年. 中国古都北京. 北京:中国民主法制出版社,2008:31~40.
④ 蓟为一种多年生直立草本植物,初夏开紫红色花,"蓟丘"因多蓟草而得名。

第二节

唐幽州——北方重镇

北京地区隋代属涿郡,唐代属幽州,二者都以蓟城为治所,因此蓟城在隋唐之际又先后被称为涿郡、幽州。

隋代开凿京杭大运河为北京城市史上的大事:当时的大运河自余杭至华北平原的北端门户蓟城(涿郡),全长3000余里,后世逐步发展成为北京城的"生命线"。

唐幽州是北方的军事重镇,祖咏的《望蓟门》一诗生动描绘了幽州作为边关重镇的景象:

> 燕台一去客心惊,笳鼓喧喧汉将营。
> 万里寒光生积雪,三边曙色动危旌。
> 沙场烽火侵胡月,海畔云山拥蓟城。
> 少小虽非投笔吏,论功还欲请长缨。

一、城郭

幽州城有内外两重城垣,即子城(内城)和大城(外城)。根据考古资料及文献记载,大致可以推断幽州城大城东起今法源寺以东烂缦胡同偏西一线,西至今会城门稍东一线,南起今陶然亭迤西白纸坊东、西街一线,北至今宣武门头发胡同一线向西延伸至白云观以北。子城位于大城西南隅——"安史之乱"时,史思明曾将子城改为皇城,城内建有紫微殿、听政楼等殿阁。

二、里坊

子城之外采取"里坊制"布局,并一直延续到辽代;城北是市肆之区,称为"幽州北市"。唐代城市普遍实行"里坊制"布局:即子城外划分为若干方形或矩形居住区,称"坊"或"里",里坊以坊墙环绕,通过坊门出入;此外,取一至数坊之地建集中而封闭的市集,称"市"。"里坊制"城市夜间禁止居民外出至坊外,类似"宵禁",实际近于军事管制城市。

三、佛寺

幽州城中有众多寺庙——其中"悯忠寺"(今宣南巨刹法源寺之前身)是幽州城最重要的佛寺。唐贞观十八年(644年)冬,唐太宗有意亲征高丽,次年四月于幽州南郊誓师;然由于高丽顽强抵抗,被迫退兵;贞观十九年(645年)十一月,太宗兵退幽州,为安抚军心,决定在城内东南隅建寺,以悼念阵亡将士,命名为"悯忠寺"。该寺于武则天万岁通天元年(696年)建成。寺中建有高大壮伟的观音阁一座,俗语称"悯忠高阁,去天一握"——这座悯忠阁为唐代幽州城中最重要的标志(图1.4)。

此外,今房山白带山(亦称石经山)一带寺庙以雕凿石经为特色,至今还留有著名的云居寺,被誉为"北京的敦煌",寺中有隋唐时期开凿的"雷音洞"等藏经洞(图1.5)和唐代佛塔数座(图1.6),为古都北京最古老的地上建筑遗存。

图1.4 悯忠寺复原示意图

图1.5 石经山雷音洞石柱

图1.6 云居寺唐塔

第三节

辽南京——契丹陪都

公元936年,后晋的石敬瑭割让"幽云十六州"给契丹以求取得契丹支持建立后唐政权,从此幽州地区纳入契丹人的版图。辽会同元年(938年),幽州升为辽五京之一的"南京",又称"燕京"。由辽南京直至金中都,北京地区逐渐发展成为中国的重要政治中心,为元、明、清直至今日北京持续作为国家的首都(仅少数时间为南京所取代)奠定了基础。

辽南京基本沿用唐幽州旧城,包括大城和子城,子城内还建有宫城(图1.7)。

一、大城

大城方二十余里,设八门。以东西、南北两条大街为骨干,其中南北大街即今牛街至南樱桃园

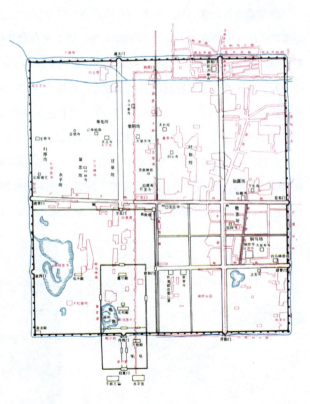

图1.7 辽南京平面图
(图中红线为民国时期北京城地图,黑线为辽时地图)

一线，东西大街即今之广安门内大街、广安门外大街一线。布局仍采取"里坊制"，共26坊，其中部分里坊还沿用唐代旧名。里坊内"居民棋布，巷端直，列肆者百室"；① 市肆仍沿袭幽州"北市"，《辽国志》载"城北有市，陆海百货聚于其中"。②

二、子城

子城依旧位于大城西南部，约占大城的四分之一，内有宫殿区和园林区。子城西南角与东北角均建有高大楼宇：西南角的"凉殿"可能是仿照辽上京的"西楼"之制，反映了契丹人"太阳崇拜"的传统；东北隅建有燕角楼——其位置几乎正当辽南京的城市中心，是城中最重要的地标之一。明代其地仍称为"燕角"，今天该处仍有南线阁、北线阁等地名，有学者认为"线阁"即为"燕角"之讹误。

三、宫城

子城中部偏东建有宫城，规划设计了一道南北中轴线自南门丹凤门到宫城北门并继而延伸至子城北门，最后沿南北向大街直抵大城北墙通天门，形成辽南京城的主轴线。此外，宫城南部突出辽南京城南垣之外，成为南北中轴线的延伸，也作为宫廷的前区和序幕。

四、佛寺

辽南京的佛寺比之唐幽州更加繁盛。辽代帝王尽皆崇奉佛教，辽道宗尤甚，据称他"一岁饭僧三十六万，一日而祝发三千"。③ 在统治者崇佛的风气带动之

---

① 路振.乘轺录.转引自：北京大学历史系《北京史》编写组.北京史.增订版.北京：北京出版社，1999：80.
② [清]于敏忠 等编纂.日下旧闻考.北京：北京古籍出版社，1983：69.
③ 辽史.卷二十六.道宗纪六.转引自：马兰，李立祥 著.雍和宫·总序.北京：华文出版社，2004：4.

下，民间佛教信仰也极为高涨。《顺天府志》谓辽南京"都城之内，招提兰若，如棋布星列，无虑数百"；①《契丹国志》载辽南京"僧居佛寺，冠于北方"；②《辽史·地理志》则称辽南京"坊市廨舍寺观，盖不胜书"；③依据《析津志辑佚》统计，辽南京城内能确指其名的寺庙就有25所。④

今天北京城区内唯一的辽南京建筑遗存即天宁寺塔，该塔为北京中心城区最古老的建筑（图1.8）。此外，房山云居寺的北塔、马鞍山戒台寺的南塔也都是十分难得的辽代佛塔（图1.9）。

图1.8 天宁寺塔

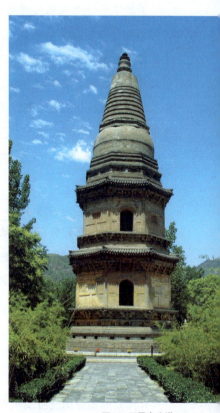
图1.9 云居寺北塔

第四节

金中都——首次建都

金贞元元年（1153年）海陵王完颜亮从会宁迁都至辽南京，改燕京为中都。金中都既是在古蓟城旧址上发展起来的最后一座大城，又是向全国政治中心（元大都、明清北京）过渡的关键，在北京城市发展史上起到承上启下的作用。

金中都的规划建设一方面是对辽南京的改、扩建，更重要的是对北宋都城汴梁（今河南开封）的模仿（图1.10）。完颜亮指派丞相张浩等人负责辽南京的改建工程，宫阙制度完全模仿汴梁：据《金图经》载："亮欲都燕，遣画工写京师宫室制度、阔狭修短，尽以授之左相张浩辈，按图修之。"⑤ 此外，据宋人范成大所撰《揽辔录》记载："金朝北宫营制宫殿，其屏扆窗牖皆破汴都辇至于

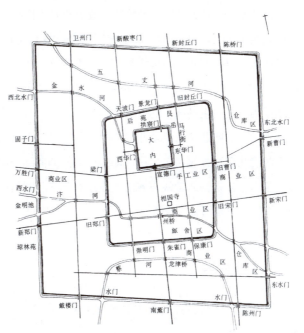

图1.10 北宋汴梁总平面图

---

① 转引自：侯仁之 主编.北京城市历史地理.北京：北京燕山出版社，2000：81.
② 转引自：马兰，李立祥 著.雍和宫.北京：华文出版社，2004：5.
③ 转引自：于杰，于光度 著.金中都.北京：北京出版社，1989：7.
④ 侯仁之 主编.北京城市历史地理.北京：北京燕山出版社，2000：195.
⑤ 转引自：[清]于敏忠 等编纂.日下旧闻考.北京：北京古籍出版社，1983：409.

此"。① 从以上两方面可以看出金中都与北宋汴梁的"血缘关系":金中都不仅在规划设计上摹写汴梁之制,甚至其所用建筑材料也有不少是从汴梁拆卸而来的。据称宋徽宗在汴梁所经营的御苑"艮岳"有大量太湖石也被金人劫至中都布置园囿——今北海白塔山上许多太湖石即为"艮岳"之遗物(图1.11)。

图1.11 北海白塔山太湖石

一、总体格局

金中都呈宫城、皇城、大城三重城垣相套的格局(图1.12)。辽南京的皇城原在大城西南隅,金中都欲仿北宋汴梁皇城居中之制,同时也为扩大都城规模,故将辽南京旧城向西、南大大展拓,东面也略加外扩——经过此番扩建,金中都的皇城便基本居于大城中央(略偏西)。宫城位于皇城中央偏东,宫城的南北中轴线成为全城的主轴线:这条中轴线自宫城经皇城南门"宣阳门"直抵大城南门"丰宜门";向北则出皇城北门"拱宸门"直达大城北门"通玄门"。该中轴线位于明清北京城外城西墙一线(即今广安门滨河路一线)。金中都的所有城市功能,基本上都是据此轴线部署的,这是对于从北魏洛阳直至北宋汴梁以来的"择中立宫"的中国都城传统结构的继承。

二、大城

金中都大城周长37里余(实测为18.69公里),近似正方形,设城门13座:东、南、西各三门,北四门,接近《周礼·考工记》中王城"旁三门"(即每面三门)的制度。大城东墙约在今四通路以北到麻线胡同、大沟沿一线;南墙在今凤凰嘴、万泉寺、三官庙、四通路一线;西墙在由凤凰嘴至木楼村的延长线上;北墙仍位于白云观偏北。

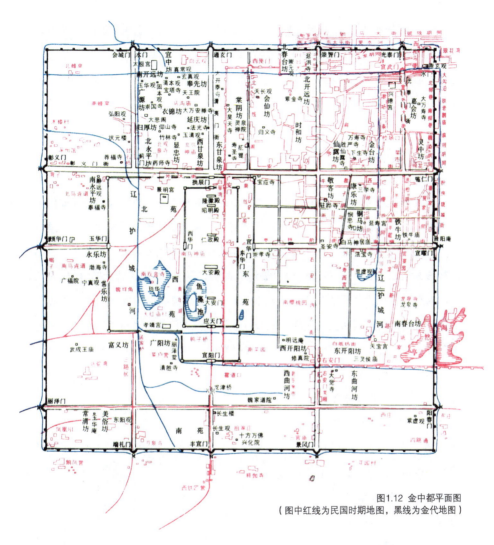

图1.12 金中都平面图
（图中红线为民国时期地图，黑线为金代地图）

  大城的规划布局也借鉴了北宋汴梁的"街巷制"布局，呈现为从"里坊制"向"街巷制"过渡的形态：金中都由于在辽南京（沿袭了唐幽州里坊制）的基础上扩建，部分地区保留了辽南京旧有的坊名；有的地区则将原有的里坊一分为二，如东、西开阳坊，然而原有的坊墙已不存在。考古勘测表明：金代拓展部分

---

① 转引自：[清]于敏忠 等编纂.日下旧闻考.北京：北京古籍出版社，1983：414.

与辽代里坊制布置方式不同,皆为与大街正交的平行排列的街巷,不再设坊墙(已具备后世"胡同"的雏形)。融"里坊制"、"街巷制"于一身,是金中都道路、居住区布局的特色,体现了金中都在城市规划上承唐、宋,下启元、明的过渡特点。

三、皇城

皇城南部为宫廷前区。皇城南门"宣阳门"前有"龙津桥"(类似天安门前之金水桥),桥以石栏分作三道,中为"御道",南宋使臣楼钥所著《北行日录》记载:"龙津桥雄壮特甚,中道及扶栏四行华表柱,皆以燕石为之,其色正白,而镌镂精巧如图画然。"① 宣阳门内"御道"两旁,从宣阳门直至宫城正门应天门之间,为东西并列之"千步廊",各约200余间,屋顶覆以青琉璃瓦。"千步廊"南端止于宣阳门内东西两侧的文楼、武楼;北端在应天门前的"横街"南侧,又分别各有百余间,直到应天门东西的左、右掖门为止——中间围合成一个"T"字形的宫廷广场。"御道"修筑得十分宽广,夹道有两条水渠,沿渠两岸植柳树,形成林荫大道,道中设"朱栏杈子",皆仿汴京之制。"千步廊"两侧各有偏门,东通球场、太庙,西连尚书省、六部。这样的布局使得宫城前面的宫廷广场法度严谨、气势宏大,纵深感大大加强,烘托出宫城的庄严气氛——元大都、明北京都继承了这种宫廷前区的规划模式(图1.13)。

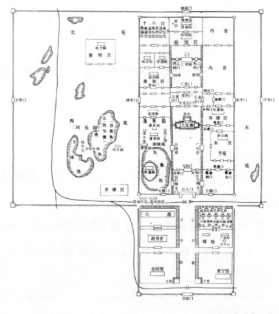

图1.13 金中都皇城图

四、宫城

规模宏大，周回九里三十步（面积与明清北京紫禁城相近），整座宫城中"殿计九重，凡三十六所，楼阁倍之"，[2] 部署有条不紊，秩序井然，气魄宏大，结构华美，成为元、明、清宫殿规划设计的范本。金章宗完颜璟《宫中绝句》描绘了金中都宫殿的如画意境：

五云金碧拱朝霞，楼阁峥嵘帝子家。
三十六宫帘尽卷，东风无处不杨花。[3]

南宋人陈元靓编纂的《事林广记》之"燕京图志"绘有一幅反映金中都皇城宫阙布局的地图。学者认为这幅地图乃宋人绘制，多半是根据范成大《揽辔录》对金中都的记载绘成的（图中由南至北绘出弯曲路线一条，几乎与范成大《揽辔录》描述的行程完全一致）。这幅《金中都皇城图》为迄今所见最早的北京城市地图。图下方由金中都正南门丰宜门开始，沿都城中轴线向北直抵皇城南门宣阳门。宣阳门内"御道"两旁，从宣阳门直至宫城之间，为东西并列之"千步廊"。画面的主体为宫城，分为中、东、西三路：中路沿中轴线依次为宫城正门应天门（造型如紫禁城午门之制）、仁寿门、大安殿（皇宫前殿，相当于紫禁城太和殿）、宣明门、政和门（即仁政门）、仁政殿（皇宫后殿，相当于紫禁城乾清宫），最后至宫城北门。应天门东、西侧设左、右掖门。左掖门内为宫城东路，右掖门内为宫城西路（图1.14）。

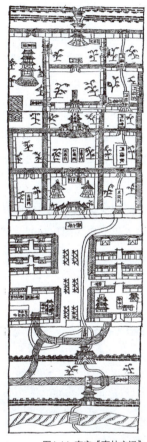

图1.14 南宋《事林广记》中的金中都皇城图

---

① 转引自：于杰，于光度 著.金中都.北京：北京出版社，1989：71～72.
② 大金国志.转引自：梁思成 著.梁思成全集（第四卷）.北京：中国建筑工业出版社，2001：96.
③ [清]于敏忠 等编纂.日下旧闻考.北京：北京古籍出版社，1983：428.

五、苑囿

金代不但扩建了规模宏大的都城，并且在都城内外建造了大量皇家苑囿，蔚为大观。其中宫城中有鱼藻池，皇城中有西苑（同乐园）、东苑、南苑、北苑，东北郊有大宁宫（后来成为元大都的中心），西郊有钓鱼台，而西山一带更有著名的"八大水院"，分别为：阳台山大觉寺，称清水院（图1.15）；妙高峰法云寺，称香水院；车儿营西北的黄普寺，称圣水院；金山金仙庵，称金水院；香山寺双井，称潭水院；玉泉山芙蓉殿，称泉水院；石景山双泉寺，称双水院；门头沟仰山栖隐寺，称灵水院——此八处行宫兼寺院皆有佳泉，融山水林园与佛寺殿宇于一体。

如今金中都的遗存仅有少许城墙遗迹，此外西四砖塔胡同留有金元间佛塔万松老人塔一座（图1.16）。城郊的金代建筑遗存最负盛名者有卢沟桥（图1.17）、房山金陵、银山塔林、镇岗塔等。

图1.15 大觉寺龙潭螭首石雕（金代遗物）

图1.16 万松老人塔

图1.17 卢沟桥

第五节

元大都——宏图初现

今天我们所说的古都北京，主要指明清北京城（即今天北京二环路以内的部分），它最早奠基于元代的大都，在明代完成基本格局的规划建设，又在清代得以踵事增华，走向古都北京建设的巅峰。

元至元九年（1272年），元世祖忽必烈在金中都东北方大宁宫周围营建新都城，并将其命名为"大都"（蒙古语为"汗八里"，即大汗之城）——从此北京成为全中国的政治中心。元大都是中国两千余年封建社会中最后一座按既定的规划平地创建的都城，从规划之完整性和规模之宏大而言，为当时世界之最。

元大都是以琼华岛（即今天北海白塔山）为中心发展起来的（图1.18）。北京城由古蓟城直至金中都一直依托"莲花池"（其遗址位于今北京西客站南）水系，自元大都起转而以"高梁河"水系作为城市水源。元中统三年（1262年），著名水利专家郭守敬导引西北郊白浮泉、玉泉山等水源，经高梁河入都城，并向东汇入通惠河，直抵京杭大运河以通漕运——通惠河的开凿成功，在北京城市史上是一件大事：一方面新都城有了新的充沛水源，漕运大大繁荣了都城的经济，也带来了

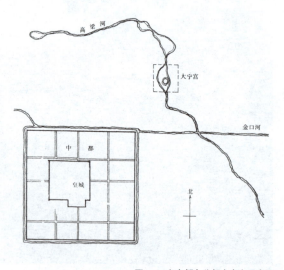

图1.18 金中都东北郊大宁宫示意图

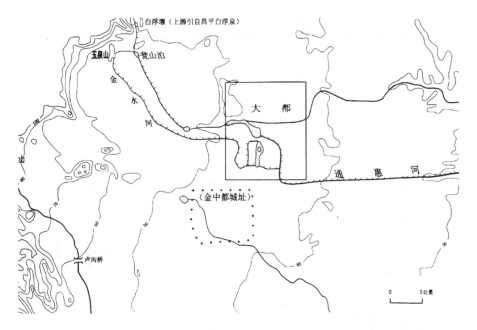

图1.19 元大都城址及新水系示意图

元大都的市井繁华气象；另一方面围绕新的水系营建了大量苑囿，塑造了元大都优美的山水园林格局（图1.19）。

元大都从至元四年（1267年）开始营建，至元二十二年（1285年）完成，历时十八年之久。其规划设计一方面沿袭了金中都的经验，另一方面又对《周礼·考工记》所记载的中国传统都城规划制度进行了摹拟；当然，更重要的是，元大都的规划设计者刘秉忠[①]通过对元大都新城址地形条件的利用，巧妙地融合了太液池（今之北海、中海）、积水潭（亦称海子，即今之什刹海）水系，在规划设计上做了一番"大文章"，从而令元大都呈现出继往开来的非凡气魄（图1.20）。

[①] 刘秉忠（1216-1274年），今河北邢台人，初名侃，秉忠是忽必烈的赐名。他是元初政治舞台上的一个特殊人物，原来是一个"刀笔吏"，后来出家为僧，自号藏春散人。"博学多材艺"，经佛教临济宗领袖海云推荐，成为忽必烈的幕僚。由于他学问渊博，尤其精通《易经》及《邵氏经世书》，对天文、地理、历法等无不精通，因此深受忽必烈赏识。上都开平即是由他选择基址进行规划设计的。开平建成后，忽必烈又命刘秉忠营建大都。大都城的整个建造，都是在他"经画指授"下进行的。由于今日的古都北京肇始于元大都的规划建设，因此元大都的主要规划者刘秉忠可谓是古都北京的第一位规划师。

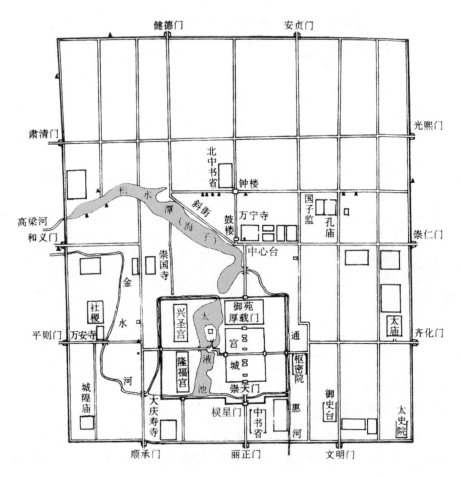

图1.20 元大都平面图

一、总体格局

　　元大都城廓南北长约7600米，东西宽约6700米，总面积约50.9平方公里。采取外城、皇城、宫城三重城垣相套的传统形制，皇城位于中央偏南，并以宫城的中轴线作为全城规划的主轴线。元大都的中轴线奠定了古都北京中轴线的基准，它的位置是选择积水潭水面东侧的切线而确定下来的——于是从规划设计的初始阶段就决定了北京城的中轴线是和自然水体相辅相成的，表现了都城规划与山水自然水乳交融的文化理念。元大都中轴线南起外城正南门"丽正门"（大约在今天天安门南侧），穿过皇城正门"棂星门"、宫城正门"崇天门"和后门"厚载门"，经"万宁桥"（即今之后门桥），直达位于城市中央的"中心阁"（位于今天鼓楼的位置）——这段中轴线与今天穿过紫禁城的南北中轴线的走向完全一致。中心阁西15步（约23米）处有一座"中心台"，为元大都全城的几何中心。在中心阁、中心台以西是鼓楼，鼓楼之北为钟楼，二者南北相对，穿过钟鼓楼的南北向大街继续向北延伸形成城市北半部的中轴线（相当于今天旧鼓楼大街一线）——因此元大都的中轴线实际上在中心阁和鼓楼之间出现了一次小小的转折。中心阁、鼓楼和钟楼三座楼阁呈"三足鼎立"之布局，共同构成了元大都城市中心的重要标志。

元大都规划设计的一大特点是刻意比附《周礼·考工记》中"匠人营国"的描述：

匠人营国。方九里，旁三门。国中九经、九纬，经涂九轨。左祖右社，面朝后市。市朝一夫。①

元大都尽量依据《周礼·考工记》记载的"面朝后市"、"左祖右社"之制来进行布局：城市的主要市场位于漕运终点积水潭（海子）东岸的"斜街市"，而皇宫则位于太液池、琼华岛东侧，这样既形成了"面朝后市"的格局，又是因地制宜的规划设计，使得城市总体布局与水系完美结合，实现人工与自然的交融。此外，按"左祖右社"之制，于大都城齐化门（今朝阳门位置）内建太庙，平则门（今阜成门位置）内建社稷坛。

二、城墙城门

元大都城墙全部用夯土筑成，基部宽24米，高16米，顶部宽8米。元大都南城墙位于今天北京长安街一线，北墙位于今天北土城路（遗迹尚存），东、西墙分别位于东、西二环路。其中南墙西段在定基时"正直庆寿寺海云、可庵两师塔"，忽必烈特别下令"远三十步许环而筑之"。② 为此形状方正的元大都在南

---

① [汉]郑玄 注；陈戍国 点校.周礼.长沙：岳麓书社，2006：108.
② 元一统志.卷一.中书省·大都路，转引自：陈高华.元大都.北京：北京出版社，1982：45.

墙靠近庆寿寺双塔处出现一小段弧墙,并且由于保留了庆寿寺双塔,明清北京城的皇城西南隅也独缺一角——可谓是元明清三代规划设计都为这两座金元间古塔让路。可惜在20世纪50年代拓宽长安街时双塔被拆除,北京西长安街上失去了一道保持了将近七百年的独特风景(图1.21)。

图1.21 庆寿寺双塔

元大都城墙东、南、西三面均为三门,北面二门——基本符合《周礼·考工记》中"旁三门"的格局。东面三门为光熙门(今和平里东)、崇仁门(今东直门)、齐化门(今朝阳门);南面三门为文明门(今东单南侧,又称哈达门,因"哈达大王府在门内,因名之")、丽正门(今天安门南侧)、顺承门(今西单南侧);西面三门为平则门(今阜成门)、和义门(今西直门)、肃清门(今学院南路西端,尚存遗址);北面二门为健德门、安贞门。时人云"憧憧十一门,车马如云烟",① 每日都有大量车马和行人从城门出入。除了城门楼,元大都的城墙四角都建有巨大的角楼——今建国门南侧的古观象台原本即为元大都东南角楼。元大都城门、城墙之壮丽给意大利人马可·波罗以深刻印象,他写道:

此城之广袤,说如下方:周围有二十四哩,其形正方,由是每方各有六哩。环以土墙,墙根厚十步,然愈高愈削,墙头仅厚三步,遍筑女墙,女墙色白,墙高十步。全城有十二门(笔者注——此处马可·波罗记忆有误),各门之上有一大宫,颇壮丽。四面各有三门五宫,盖每角亦各有一宫,壮丽相等。宫中有殿广大,其中贮藏守城者之兵杖。街道甚直,以此端可见彼端,盖其布置,使此门可由街道远望彼门也。②

1969年拆除明北京城墙的西直门箭楼时，意外地发现了"包裹"于其中的元大都和义门箭楼（元至正十八年即公元1358年建）的下半部分，可惜时值十年浩劫，这座珍贵的元代箭楼也连同西直门一起被拆除（图1.22）。

明初在元大都北城墙以南五里建新城墙，于是元大都的北墙和东、西墙的北段均遭废弃，孰料正是这段废弃的土城得以留存至今，历时七百余年。明、清时期，元代土城遗迹上树木繁茂，景致不俗，竟而被定为燕京八景之一——"蓟门烟树"，乾隆帝更为其书写碑文。然而正如前文所言，古蓟城位于今天广安门一带，元大都北土城与古蓟城相隔遥远，不可能是"蓟门"——当是明清以后人们误将元代土城笼统当作古蓟城遗址所致，可谓一个"美丽的错误"。如今这段土城已被辟为"元大都城垣遗址公园"，可谓是见证了北京城七百余年的沧桑变幻（图1.23）。

图1.22 元大都和义门发掘照片

图1.23 蓟门烟树

① 乃贤.京城杂言六首.转引自：陈高华.元大都.北京：北京出版社，1982：50.
② [意]马可•波罗 著.马可波罗行纪.冯承钧 译.上海：上海书店出版社，2001：210.

三、皇城

元大都皇城位于都城南部，周围约20里。皇城城墙称作"萧墙"，亦称"红门阑马墙"，墙外遍植参天大树，更增皇城的优美——元代诗人有"阑马墙临海子边，红蕖高柳碧参天"[①]、"人间天上无多路，只隔红门别是春"[②]等诗句描绘皇城佳景。

皇城南门棂星门与大都南门丽正门之间是"T"字形的宫廷广场，两侧是长达700步的"千步廊"，大型官署位于"千步廊"外侧。在元代以前，宫廷广场一般位于宫城前方，金中都沿袭汴梁规制，亦不例外。而元大都将宫廷广场推至皇城之前，大大增强了由元大都正门丽正门至宫殿正门崇天门（亦称午门）之间的空间序列感，使得宫城和皇城有了更加充分的前导空间，进一步强化了"皇权至上"的规划设计主题——这是元大都规划设计的一大创新，也为明北京规划设计所沿用。

皇城之内，以太液池为中心，以琼华岛为制高点，环列三大建筑群即宫城（亦称大内）、隆福宫（皇太子宫）和兴圣宫（皇太后居所）。

四、宫城

在皇城东部、太液池东岸，呈长方形，南北长约1000米，东西宽约740米（与今天紫禁城规模相当）。城墙设六门，南墙有三门，中央是崇天门，约在今故宫太和殿址，左右是星拱门和云从门；东、西墙有东华门、西华门；北墙有厚载门，位于今景山公园少年宫前；四隅有角楼，上下三层，用琉璃瓦覆盖。

由皇城正门棂星门进入数十步，即达金水河，河上有三座白石桥，称"周桥"，桥身琢刻龙凤祥云，明莹如玉。周桥的设计者杨琼是参与元大都建造的工匠中十分难得的留下姓名的一位。围绕周桥栽种着"郁郁万株"高柳，元代诗人有"禁柳青青白玉桥"之句。[③]过周桥约二百步，便是宫城正门崇天门（亦称午门），左右两观，平面呈"凹"字形，门上有阙楼，两观上各有角楼，与今故宫午门形制相近。宫城内主要建筑分成南北两部分：南面以大明殿为主体，北面以延春阁为主体。大明殿相当于紫禁城太和殿，面阔200尺，进深120尺，高90尺，坐落于三重汉白玉台基之上，台基皆以雕刻龙凤的阑干围绕，阑干的每根柱下均有汉白玉雕琢的鳌头伸出，十分壮丽。大明殿后有柱廊直通寝殿，大殿、柱廊、寝殿共同构成"工"字形布局，为宋代以来典型布局模式。大明殿四周绕以周庑120间，围合成南北略长的长方形庭院，四隅有角楼。东西庑中间偏南各建有钟楼（又称文楼）与鼓楼（又称武楼），北庑正中又建一殿，南面为正门大明门。大明殿整组建筑群成为宫城中一座"城中城"（图1.24）。北组宫殿以延春阁为主体，为后廷，平面布置、建筑形制与前朝基本一致；延春阁比大明殿还要高，元代统治者常常在这座楼阁举行佛事和道教的祠醮仪式，有时也在此举行宴会（图1.25）。大明殿与延春阁建筑群之间是横贯宫城的大街，连通东华门、西华门。宫城北门厚载门上也建有高阁，阁前更设舞台，以供帝王登临游赏及观看表演。宫城中除上述主殿以外还有其他一些宫殿及附属建筑，布局严谨。

  特别意味深长的是：元代外朝大殿称大明殿，其正门称大明门，竟无意中"预示"了下一朝代的名称。④

  元大都的宫室特别是内部装饰保留了大量蒙古建筑、装饰的特色。首先，在皇宫内严整庄重的汉式建筑群之外，还散布着一些纯蒙古式的帐幕建筑，这些帐幕规模宏大，装饰豪华，称为"帐殿"、"幄殿"、"毡殿"（蒙古语称"斡耳朵"）。巍峨华丽的木构殿宇与各色帐篷交错分布宫中，实在是元朝皇宫特有的蒙汉文化融合的奇异画卷。大都宫殿的另一大特点表现在室内装修上：室内普遍铺厚地毯，用银鼠和黄猫的毛皮作壁障，锦绣作帘帷，黑貂皮作暖帐……总之凡属木结构显露部分一律用织造物遮盖起来。大明殿御榻前陈设酒瓮，其他宫殿如广寒殿也设大型酒瓮，这也是蒙古人豪饮习俗的表现。值得一提的是，除了蒙古族自己的装饰风尚，由于蒙古军每次侵城略地，即将该处工匠俘虏来为己所用，

---

① 张昱. 辇下曲. 转引自：陈高华. 元大都. 北京：北京出版社，1982：53.
② 王冕. 金水河春兴. 转引自：陈高华. 元大都. 北京：北京出版社，1982：53.
③ [清]于敏忠 等编纂. 日下旧闻考. 北京：北京古籍出版社，1983：431～432.
④ 清代学者孙承泽曾在其巨著《春明梦余录》中感慨道："辽之正殿曰洪武，元之正殿曰大明，后之国号、年号先见于此，谁谓非定数也？"引自：[清]于敏忠 等编纂. 日下旧闻考. 北京：北京古籍出版社，1983：428.

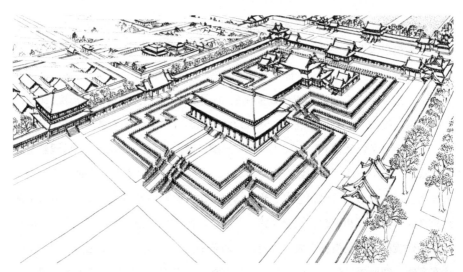

图1.24 元大都大明殿建筑群复原图

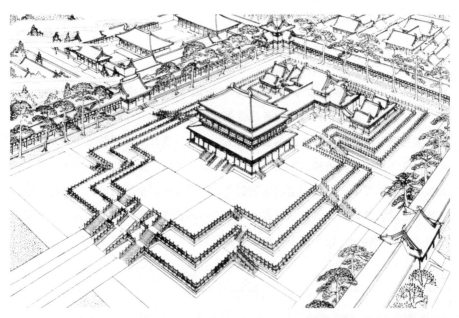

图1.25 元大都延春阁建筑群复原图

因而大都建筑更体现出诸多异域风情：皇宫中的大量"畏吾儿殿"、"棕毛殿"、"温石浴室"及"通用玻璃饰"的"水晶圆殿"等，都是西域各族工匠的杰作。最堪注意的一个细节是大明殿的台基上种植从沙漠移来的莎草——忽必烈特意如此安排以令子孙不忘其发源之地与创业之艰。明叶子奇撰《草木子》说："元世祖思创业艰难，（移）故所居之地青草，植于大内丹墀之前，谓之誓俭草。"[①]

除了皇城宫阙，元大都的街道与民居的规划设计更是奠定了古都北京"街道－胡同－四合院体系"的雏形，至为重要，本书第陆章将详细论之。

今天北京城区的元大都建筑遗存包括万宁桥、妙应寺（即白塔寺）白塔、孔庙大门，此外还有城郊的居庸关云台（图1.26～图1.28）等。而一些元大都的著名寺观如白云观、东岳庙也保留至今，虽然其中已无元代建筑遗存，然而其中东岳庙的主建筑群呈"工"字形布局，多少还是保留了元代旧制。

图1.26 居庸关云台雕刻

图1.27 万宁桥镇水兽

---

① 傅熹年.傅熹年建筑史论文集.北京：文物出版社，1998：354.

图1.28 妙应寺白塔

第六节

明北京——大局划定

明洪武元年（1368年），大将徐达率明军攻占元大都，将元大都改名为"北平"，并对其进行了大规模改建。首先，放弃了元大都的北部城区，并在北墙以南约五里处另筑新墙，新的北城墙仍然只设二门，东为安定门，西为德胜门。其次，出于风水方面"削王气"的考虑，明代将元代大内宫殿拆毁——于是元大都的皇宫与元代以前历代皇宫遭遇了同样的命运。

一、内城

明成祖朱棣即位后，决定迁都北平，改"北平"为"北京"。明永乐四年（1406年）开始建宫殿、修城垣，至永乐十八年（1420年）基本竣工，前后达15年。① 明永乐时期的北京城将元大都南城墙拆除，在其南面近2里处建新南墙——因而这时期的北京城（即后来的"内城"）的城墙实际是将元大都北墙弃用、南墙拆除，东、西墙则部分加以利用，整个北京城比元大都规模略小、位置偏南一些。（图1.29）

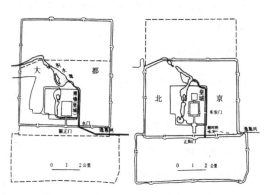

图1.29 明北京与元大都位置变迁示意图

---

① 参见：于倬云 主编. 紫禁城宫殿. 北京：生活·读书·新知三联书店，2006：18.

明正统元年（1436年）开始修建北京城九门城楼，正统四年（1439年）完工，其中南墙设三门，其余诸墙各设二门。南墙三门为正阳门（俗称前门）、崇文门、宣武门，北墙二门为上述安定、德胜二门，东、西墙城门皆位于元大都城门处，崇仁门改建为东直门，齐化门改建为朝阳门，和义门改建为西直门，平则门改建为阜成门——这九门的名称一直保留至今。明北京的皇城、宫城比元大都更接近于城市中央，而全城的几何中心则位于万岁山（即今天的景山）主峰——正如本文开篇所言，景山之巅是鸟瞰明北京景胜最佳处。

二、外城

明嘉靖年间，由于蒙古骑兵多次南下，甚至迫近北京城郊进行劫掠，大大威胁到北京城以及天坛等重要坛庙的安全。同时，北京城的人口大量增加，城外居民日益稠密。因此明世宗采纳了大臣们的建议，加筑外城。明嘉靖四十三年（1564年）修筑了包围南郊的外城南墙，原计划环绕北京内城四面一律加筑外垣，后因财力不济，只得将东、西墙修至内城南墙附近即转抱内城东、西角楼。最终外城城墙总长二十八里，共设七门，南面三门，正中为永定门，东为左安门，西为右安门；东、西两面各一门，东曰广渠门，西曰广宁门（清代改称广安门）；东北和西北隅各一门，分别为东便门、西便门（门皆北向）。（图1.30）

嘉靖时期修建的外城与永乐时期的内城共同形成了明北京独特的"凸"字形格局。（图1.31）

关于明北京城著名的"内九外七"的城门楼可详见本书第贰章"城墙城门"。这里要重点介绍一下明北京规划设计的一项"大手笔"，可谓北京城的"脊梁"，那就是北京城的南北中轴线。

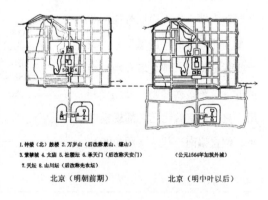

1.钟楼（北）鼓楼 2.万岁山（后改称景山、煤山）
3.紫禁城 4.太庙 5.社稷坛 6.承天门（后改称天安门）
7.天坛 8.山川坛（后改称先农坛）

北京（明朝前期）　　（公元1564年加筑外城）　北京（明中叶以后）

图1.30 明北京内外城兴建过程示意图

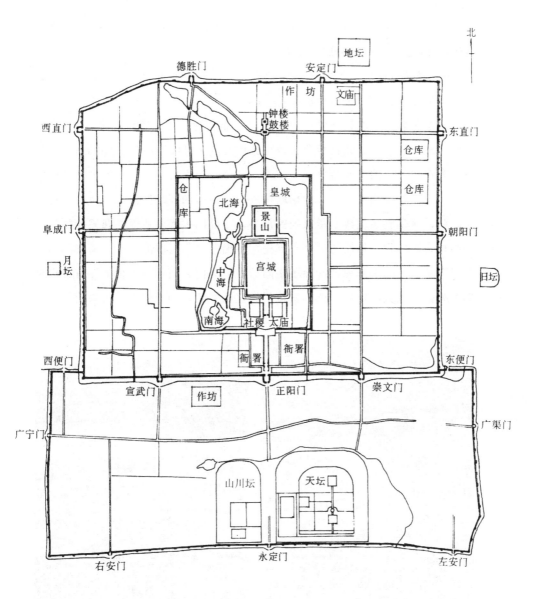

图1.31 明北京平面图

三、中轴线

著名建筑学家梁思成在《北京——都市计划的无比杰作》（1951年）一文中曾热烈赞颂了北京城的中轴线：

一根长达八公里，全世界最长，也最伟大的南北中轴线穿过了全城。北京独有的壮美秩序就由这条中轴的建立而产生。

明北京中轴线南起外城正门永定门，北至钟鼓楼，直线距离近8公里。（图1.32、图1.33）由南至北大致可分作五段（每段约1500～1600米），各段具有迥然不同的空间特色。第一段由永定门至天桥，由漫长的御街与两侧坛庙（天坛与山川坛）高大的坛墙构成较为肃穆的郊坛区。第二段由天桥至正阳门，这是整条轴线上最热闹的部分，即前门大街商业区，巍峨壮丽的五牌楼与正阳门作为该段的一个小高潮，并揭开进入内城的序幕。第三段由正阳门至午门，为宫廷前区，除了正阳门与大明门之间的"棋盘街"有繁华市集之外，进入大明门后，通过重重门阙直抵午门，为一派庄严肃杀的气氛。

图1.32 1925年北京中轴线航拍

图1.33 20世纪50年代北京中轴线航拍

第四段是整个轴线的高潮——宫廷区，由午门至万岁山（景山），轴线上集中北京城的核心建筑群，包括紫禁城三大殿、后三宫、御花园与万岁山，可谓中轴线的精华所在。最后一段是中轴线的尾声，由万岁山北门出皇城北门地安门直至钟楼，由地安门内大街两侧红墙（俗称内皇城）、地安门外大街商铺、民居组成，其西侧为富于园林气息的什刹海，最终以屹立于低矮民居建筑群中的钟鼓楼作结。明北京中轴线由上述五个段落构成序幕、开端、发展、高潮和尾声，正如一阕宏丽的交响乐或一幕跌宕起伏的戏剧，实在是中国乃至世界城市史上不可多得的杰作。清代的《康熙南巡图》以及当代画家笔下的《天衢丹阙》图卷清晰地展现了北京中轴线的壮美意象，本书第玖章将加以详细讨论。

之所谓说北京中轴线是世界城市史上的杰作，并非溢美之词。我们不妨把北京中轴线与西方著名首都巴黎、华盛顿之中轴线做一番简要比较。（图1.34）巴黎中轴线形成于1836年，其空间序列由最东端的卢浮宫起，经杜勒里花园、协和广场、香榭丽舍大街，最终抵达凯旋门，全长3.63公里。① 华盛顿中轴线规划于1791

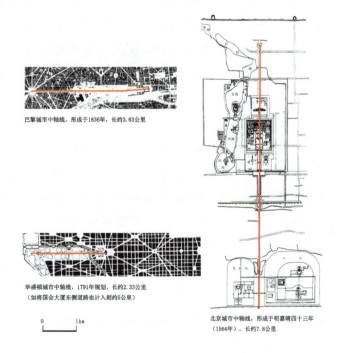

图1.34 北京、巴黎、华盛顿中轴线同比例尺比较图

---

① 今天巴黎的中轴线向西延伸至拉德方斯大拱门，由卢浮宫至拉德方斯大拱门全长8.48公里。

年，与巴黎中轴线规模相当，由东端国会大厦，经大草坪、方尖碑、倒影池，最终结束于林肯纪念堂，全长2.33公里。北京的中轴线早在16世纪中叶业已成形，与18、19世纪形成的西方城市最壮观的中轴线相比毫不逊色，甚至犹有过之——因而名副其实是世界城市史上的奇迹！

四、功能布局

明北京城以"凸"字形城墙为轮廓，南北中轴线为骨架，有条不紊地布置各类城市功能于城内东西两侧。

其中主要坛庙均匀分布在中轴线两侧（少量在城郭以外）：包括紫禁城南侧的"左祖右社"（太庙和社稷坛），外城永定门内东西侧的天坛和山川坛（清代改称"先农坛"），朝阳门外日坛和阜成门外月坛，安定门外地坛，东城孔庙和西城历代帝王庙，形成庞大而严谨的祭祀建筑系统。

中央各部衙署均匀布局在皇城前"T"字形宫廷前广场东、西两侧，地方衙署则重点布置在东、西城。主要仓厂则包括东城神木厂、西单西北大木仓、鼓楼前东侧方砖厂、宣南琉璃厂、陶然亭黑窑厂等，也是围绕皇城和中轴线布列。

与明北京城南北相对的还有位于昌平天寿山的皇陵区——明十三陵，可谓一座帝王陵寝之城。十三陵不仅规模宏大、艺术造诣卓绝，并且其规划设计理念与明北京城联系密切，因此可谓明北京都城规划的有机组成部分。

明北京的规划设计总结了元大都都城规划的丰富经验，同时还可以追溯到北魏洛阳、隋唐长安、北宋汴梁、金中都等历代都城的规划传统，可谓是中国古代都城规划之集大成者。明北京城的大量建筑群包括宫城（紫禁城）、御苑（如三海、万岁山等）、坛庙（如天坛、山川坛、太庙、社稷坛等）、陵寝（明十三陵）、四合院、私家园林、寺观、名胜等，许多都保留至今，将在下文中仔细介绍，此处不再赘述。

第七节

清北京——踵事增华

清朝定都北京后，几乎完全沿用明北京城旧制，对北京城的建设主要是踵事增华、锦上添花，即在旧有基础上修缮、重建。今天古都北京的传统建筑群大都为清代修建，明代原物已为数不多。绘于清代乾隆年间的《京城全图》及《京师生春诗意图》是我们一览清北京全貌的绝佳图像资料，弥足珍贵。（图1.35）

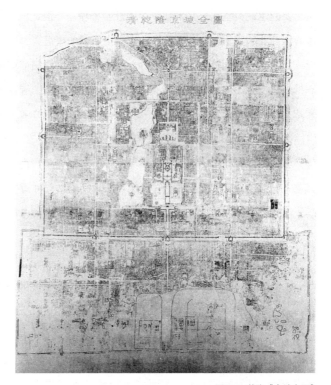

图1.35 乾隆《京城全图》

一、内满外汉

然而若就居民分布及城市文化观之，则清代比之明代有十分显著的变迁，其中最重要的莫过于清代"内满外汉"的居民布局：满人居内城，汉人被赶至外城居住，从而形成了清初至清中叶内城"旗人文化"与外城"宣南文化"并峙的城市文化形态。清顺治五年（1648年）正式实行"满汉分居"，除庙宇中的僧道以及八旗中的汉军之外，其余汉官及商民等尽徙外城居住。汉人可出入内城，但不得夜宿。这种"民族隔离"政策直到清代中叶以后才逐渐松弛。

清北京内城中建造了大量王府，成为清代北京内城建设的重要内容。而由于"内满外汉"的格局造成了外城的汉族士大夫文化中心"宣南"地区的昌盛，随之涌现出的大量会馆建筑成为清代北京外城的一大景观，与内城王府互相辉映，构成清北京重要的建筑类型。① 清北京的汉人迁至外城，不但造就了宣南文化的繁盛，更造成了外城商业的繁华——全城的商业中心由明代的棋盘街"朝前市"向南转移至前门大街。以前门大街为核心的商业中心，其范围北起大清门前棋盘街左右，南达珠市口，东抵长巷二条，西尽煤市街，"前后左右计二、三里，皆殷商巨贾，列肆开廛。凡金绮珠玉以及食货，如山积；酒榭歌楼，欢呼酬饮，恒日暮不休，京师之最繁华处也"（《梦厂杂著》卷二）。前门大街两侧西有大栅栏、东有鲜鱼口，再向东西方向延伸，崇文门外有花市、宣武门外有菜市口，都是繁华市街。此外，宣南一带更有充满风雅之气的琉璃厂和洋溢香艳之色的"八大胡同"，可谓多姿多彩。②

二、三山五园

清代对于北京城市建设的最大贡献在于大规模的皇家园林营建——尤其是康、雍、乾时期投入巨大精力经营的西北郊"三山五园"，堪称北京乃至中国造园史上的巅峰。自康熙中叶以后，逐渐兴起这一皇家园林的建设高潮，这个高潮奠基于康熙，完成于乾隆，乾嘉年间达到全盛的局面。其中康熙、乾隆二帝具有极其相似的园林喜好，一方面二人均醉心于汉族文化，尤其醉心于江南园林之美；另一方面，出于自身游牧文化的习俗，又不愿被城市尤其是紫禁城生活所束缚，向往名山大川并始终保持着骑射传统——这样双重文化的背景最终致使他们把目光投向最具山水形胜的北京西北郊（乃至承德），在真山真水的浩瀚尺度中来实现自己的"园林梦"。正如乾隆在《避暑山庄后序》中所总结的：

若夫崇山峻岭，水态林姿；鹤鹿之游，鸢鱼之乐；加之岩斋溪阁，芳草古木，物有天然之趣，人忘尘市之怀。较之汉唐离宫别苑，有过之无不及也。③

这段话可看作康、乾二帝园林美学的总结，这与明清私家园林"虽由人作、宛自天开"、"一拳代山、一勺代水"的缩微山水意境大异其趣。而所谓"较之汉唐离宫别苑，有过之无不及"也非乾隆一相情愿的夸耀之辞，因为清代尤其是乾隆朝皇家园林营建的成就的确是前无古人的——其中尤以"三山五园"最为经典："三

图1.36 《大清一统志》中的京城图所示北京水系格局

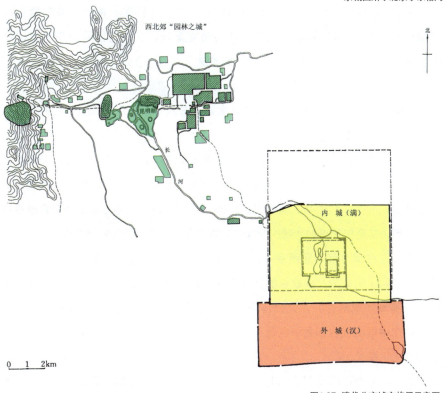

图1.37 清代北京城市格局示意图

---

① 关于王府和会馆可详见本书第柒章。
② 关于清代北京外城的街市可详见本书第陆章。
③ 转引自：周维权. 中国古典园林史. 第二版. 北京：清华大学出版社，1999：336.

图1.38 北京西北郊园林远眺

山五园"之"五园"即畅春园、圆明园、香山静宜园、玉泉山静明园以及万寿山清漪园（即颐和园之前身），其总体规划布局一气呵成的气魄堪与北京城相媲美，使得清北京城市形态出现了一座横亘东西的"园林之城"与一座纵贯南北的"凸"字形帝都并峙的局面——几乎可称作一种"双城"模式。（图1.36、图1.37）从城市规划设计的角度来看，三山五园是一个有机的整体，并且与清北京城形成了一个有机的整体。（图1.38）

纵观古都北京三千余年之建城史，尤其是其八百余年之建都史，我们可以得出以下三方面重要结论。

其一，古都北京的规划设计为中国古代都城规划设计之集大成者。（图1.39～图1.41）今天我们所说的古都北京主要是明清北京城，其规划设计直接沿袭元大都、明中都、明南京三座都城的规划设计，还可以上溯至北宋汴梁与金中都，甚至年代更加久远的北魏洛阳直至隋唐长安、洛阳的规划设计。

其二，古都北京从辽南京（陪都）建立开始，历经辽、金、元、明、清五朝，其中除了明代为汉族政权的都城之外，其余时间分别为契丹、女真、蒙古和满族的都城（或陪都），充分体现了古都北京在中国民族文化融合中的重要作用。这在中国历代古都之中也是至为独特的，从而形成了古都北京独特的多民族融合的文化模式。

其三，如今中国历代古都几乎都湮灭无存[①]，唯独古都北京尚清晰可辨，各种类型的古建筑均有典型代表，是名副其实的"中国古都的最后结晶"。下文将逐一介绍古都北京各类建筑之典型代表，以便深入介绍古都北京规划建设的辉煌成就。

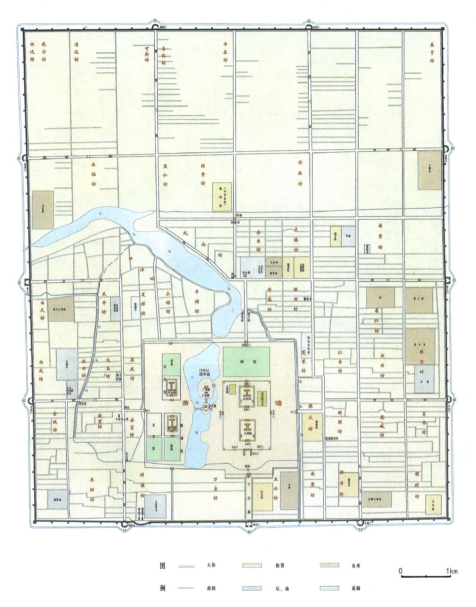

图1.39 元大都平面图

---

① 关于中国其他著名古都之历史变迁及保留状况,可分别参见本丛书其余各部,包括《古都西安》、《古都洛阳》、《古都开封与杭州》及《古都南京》。

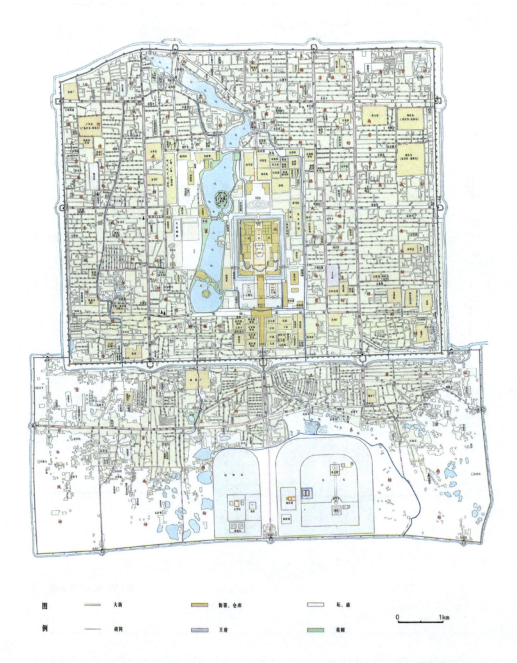

图1.40 明北京平面图

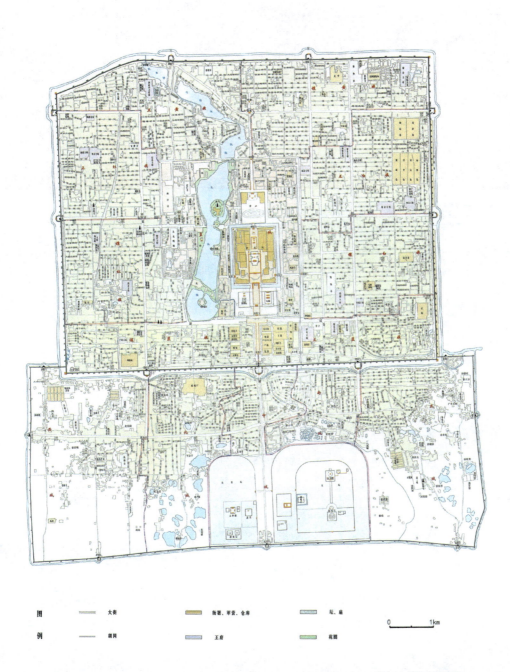

第壹章 千年沧桑

图1.41 清北京平面图

第贰章

城墙城门

《康熙南巡图》中的正阳门

> 纵观北京城内规模巨大的建筑,无一比得上内城城墙那样雄伟壮观。初看起来,它们也许不像宫殿、寺庙和店铺牌楼那样赏心悦目,当你渐渐熟悉这座大城市以后,就会觉得这些城墙是最动人心魄的古迹——幅员广阔,沉稳雄劲,有一种高屋建瓴、睥睨四邻的气派。
>
> ——喜仁龙:《北京的城墙和城门》

从本章起我们将分门别类介绍古都北京的各类建筑。① 率先要介绍的就是北京的城墙与城门。乍一听城墙与城门似乎不能算作建筑,然而古都北京的城墙与城门不但要列入北京古建筑的行列,并且可谓是北京古建筑中最雄浑有力的杰作。

在清代广为流行的京剧《梅龙镇》中,借剧中人物正德皇帝之口将北京城说成是:"大圈圈里边有个小圈圈,小圈圈里面有个皇圈圈。"② 这个比喻生动形象地道出了北京城"墙套墙"的规划设计结构(图2.1)。瑞典美术史家喜仁龙在他20世纪20年代完成的《北京的城墙和城门》一书中写道:

> 可以说,正是那一道道、一重重的墙垣,组成了每一座中国城市的骨架或结构……墙垣比其他任何建筑更能反映中国居民点的共同基本特征……中文里,"城市"和"城墙"这两个概念都是用"城"这同一个词来表示,因为在中国不存在不带城墙的城市。③

这段话进一步揭示了中国古代城市的重要特征:即以封闭、围合的城墙作为最基本的外部形象。北京自西周建城伊始,历经三千余年,虽然城址几经变迁,然而可以肯定一直都有完整的城墙存在——其中辽、金、元、明、清时期的城垣位置都有较准确的考证(图2.1)。④ 历代城墙之中,对于当代人而言,名气最大、讨论最多的非明北京城墙莫属。明北京的内城城墙、皇城城墙、紫禁城城墙共同构成京戏《梅

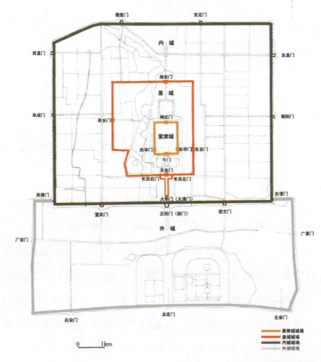

图2.1 北京城墙示意图

龙镇》里正德皇帝说的大圈圈、小圈圈和皇圈圈。这样环环相套、宫城居中的规划部署，是出于古人"古之王者择天下之中而立国，择国之中而立宫"⑤的"择中"观念，它是中国古代都城规划中最古老、最恒定的传统之一——北京自建都以来，金、元、明、清各朝都奉行不悖。

下面我们依次来看北京城的大圈圈、小圈圈和皇圈圈。

---

① 由于篇幅所限，本书以下各章分别介绍宫殿、坛庙、墓葬、园林、街市、民居、王府、会馆、寺观、佛塔等建筑类型，而对于古都北京其他一些建筑类型诸如衙署、仓厂、祠堂、书院、城关、桥梁、长城之类唯有舍弃，不失为一大遗憾。读者如果愿意更加全面了解北京古建筑，可参考笔者参与编纂的《北京古建筑地图》（上、中、下三册）。

② 京剧《梅龙镇》中，"风流天子"正德皇帝朱厚照对凤姐介绍说自己住在"那个大圈圈里套着小圈圈，小圈圈里套着黄（皇）圈圈"之中。

③ [瑞典]奥斯伍尔德·喜仁龙 著.北京的城墙和城门.许永全 译.北京：北京燕山出版社，1985：1.

④ 关于辽、金、元三代城墙变迁见本书第壹章。

⑤ 吕氏春秋·慎势.

第一节

明北京城墙与城门

对于明清北京城而言,城墙是其最主要象征之一,不论是从西、北面的群山,还是从东、南面的平原,都可以清晰地望见连绵横亘的完整的城墙和城墙上有节奏地分布着的巍峨的城楼与厚实的墩台——这是古都北京给人的最鲜明的整体意象。林语堂生动地描摹了民国时期由西山遥望北京城墙的壮丽景象:

站在西山卧佛寺或碧云寺,人们得以鸟瞰这一辉煌的城市。五里长厚重的灰墙清晰可见,若在晴天,远处门楼看起来如同灰色大斑点。惊人的大片绿色呈现于闪烁的金黄色殿脊间,那就是远处的太液池。①

一、城墙

据瑞典美术史家喜仁龙的《北京的城墙和城门》② 一书记载,明北京内城城墙总体来说是高10~12米、厚十几二十米的敦实墙体,呈现出雄浑的体量感(图2.2)。外城城墙则比内城低矮一些,高度在6~7米左右,厚度达十一二米(图2.3)。③ 城墙采取夯土墙外表包砌城砖,城砖层层叠砌,随着墙面收分状如阶梯。城墙的外壁出于防御需要比城墙内壁要陡峻得多,因此城墙从城外看来更加雄浑有力。城墙外壁

图2.2 20世纪20年代阜成门附近城墙

图2.3 20世纪20年代外城西南角城墙与角楼

每隔一定距离，附筑一座与城墙同样厚的方形墩台（亦称马面），从而增强防御能力，这数目众多的墩台构成极其鲜明的"韵律感"。城墙顶部以大砖海墁，内侧边缘筑女墙，外侧边缘筑垛口（古人称作"雉堞"）。喜仁龙描述道：

  光秃的砖包城墙，与附筑其上的墩台和城楼，耸立于城壕之上，或崛起于一片没有树木和高大建筑物遮拦而能纵目远眺的旷野之中，它们往往比任何其他房屋和庙宇更能反映出这些城市历史上的繁荣和显要。④

二、城门

  整个明北京城墙最引人瞩目的部分是其"内九外七"的城门与城楼。

  内城九门分别为南面的正阳门、崇文门、宣武门，东面的朝阳门、东直门，西面的阜成门、西直门和北面的安定门、德胜门，九座城门基本形制都一样，由城楼、箭楼与瓮城组成，仅尺寸与细部略有差异。《康熙南巡图》（第十二卷）中对正阳门的城楼、箭楼、瓮城以及城中的关帝庙建筑群都有细致入微的描绘，为我们了解北京内城城门的基本"配置"提供了最佳的形象资料（图2.4）。

  北京内城各门的城楼均建于由城墙加厚、加高形成的城台之上，城台中央是砖砌的券门一道——即城门洞。城楼为巨大的三檐二层木结构楼阁（亦称"三滴水"，首层单檐、二层重檐歇山顶），高20米左右，加上下面10余米的城台，通高30余米，十分雄伟壮观。色彩主要是朱红色调：墙面涂以朱红色的抹灰，门窗和立柱皆漆为红色，梁枋、斗栱施蓝绿为主调的彩画，平坐滴珠板有时施以金色装饰，屋顶则采用灰瓦顶及绿琉璃瓦剪边。今天的正阳门城楼是

---

① 林语堂 著. 赵沛林，张钧 等译. 辉煌的北京. 西安: 陕西师范大学出版社，2002: 9.
② 瑞典美术史家奥斯伍尔德·喜仁龙（Osvald Siren）于20世纪20年代通过对北京城墙、城门长达数月的实地考察、测绘，结合文献研究，完成了《北京的城墙和城门》（1924）一书，该书不仅对北京城墙、城门的历史变迁及20世纪20年代的保存状况进行了翔实论述，更对北京城墙所体现的美感进行了极其生动的探讨。值得一提的是，该书完成四十余年后当北京古城墙遭到毁灭性拆除之后，《北京的城墙和城门》一书由于是迄今为止关于北京城墙与城门最为完整翔实的资料，终于成为不朽的著作。在笔者看来，北京城墙遇到喜仁龙以及喜仁龙遇到北京城墙，于二者都是莫大的幸运！2003年张先得编著出版了《明清北京城垣和城门》一书，加入了明清北京皇城、宫城城墙的内容，并搜集了更多历史照片，同时附上自己的数十幅精彩的城墙水彩画，可看作喜仁龙著作的进一步补充。
③ 实际上北京城墙由于长时期不断修补，各段高度是不断变化的，这里所言是喜仁龙测量所得的平均数据。
④ [瑞典]奥斯伍尔德·喜仁龙 著. 北京的城墙和城门. 许永全 译. 北京: 北京燕山出版社，1985: 2.

图2.4 《康熙南巡图》中的正阳门

图2.5 20世纪20年代的正阳门

北京城楼中规模最为宏大并且硕果仅存的一座（图2.5、图2.6）。

与城楼华丽的外形相比，箭楼则朴素得多，二者形成鲜明对照。箭楼为单层重檐歇山顶建筑，内部为木结构，外包厚厚的砖墙。朝向城楼的方向出歇山顶抱厦一座，因而平面呈"凸"字形。正对城外及两侧的墙面开设排列齐整的箭窗——整个箭楼外观厚重坚固，十分简洁有力（图2.7）。

瓮城大部分平面为"U"字形（因而亦称作"月城"），也有个别城门的瓮城为方形，如西直门。瓮城侧面开设瓮城门，门洞上方常设一座谯楼（亦称闸楼，形状如一座小型箭

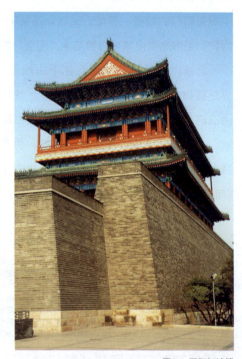

图2.6 正阳门城楼

图2.7 正阳门箭楼

楼），单层歇山顶，立面设两排箭窗，内设"千斤闸"。谯楼只比垛口略高，几乎隐没在垛墙与女墙之间，不太显眼——同时也衬托出城楼与箭楼的高大壮伟。瓮城规模很大，可达60～80米见方，俨然是一座宽敞的"庭院"。瓮城内，于城门洞两侧往往设有关帝庙、观音庙、真武庙等寺院。[①] 寺庙、古树、碑刻以及一些小的商铺共同构成瓮城内宜人的景致。我们来看喜仁龙笔下的正阳门及西直门瓮城：

> 前门建筑群中最漂亮的建筑，是正门两侧的两座黄顶小庙。东为观音庙，西为关帝庙……院内，黄顶白碑，树木参差，灰墙环绕，环境怡人……[②]

> （西直门）瓮城很大，是一个吸引人的地方。确实，它令人想起摊棚星布、车水马龙的集市。后部如同平则门一样，主要被煤栈所占，而自正门向南折向侧

[①] 内城九门瓮城内均设有庙宇，其中正阳门瓮城内为一座关帝庙、一座观音庙；德胜门、安定门瓮城内均设真武庙，应是真武镇守北侧城门之含义；其余诸门均设关帝庙，取关帝镇守城门之意。
[②] [瑞典]奥斯伍尔德·喜仁龙 著. 北京的城墙和城门. 许永全译. 北京：北京燕山出版社, 1985: 156.

墙瓮门的道路两旁,则是陶器商贩一堆堆的商品和货棚……东北部被一段专门的墙隔开,里面是一处环境优雅的寺院,内有几间屋、几株美丽的树和一座精心培植的花园。院内的关帝庙……庙内椿树、桧树参天,绿荫匝地,使这里的环境即使盛夏亦觉凉爽怡人,而与瓮城嚣扰的主区判若霄壤。①

外城的城门比内城规模小得多,其平面布局和样式与内城相同,不过在结构和装饰细部上大为简化。城楼一般高5米左右,加上6米左右的城墙,通高十一二米,与外城一、二层高的商铺、会馆、民居尺度融洽,构成和谐的整体。喜仁龙就曾指出:

外城门虽然形体较小,但是应当承认,在大多数情况下,这非但不损害反而增强了城市建筑群和谐一致的效果,较小的城楼和城墙与周围街道景物的联系也显得更密切、更融洽。从绘画观点来看,与小城门交织起来的景物风光,总是比以大城门为主体的画面更和谐。

图2.8 西便门城楼

图2.10 20世纪20年代外城角楼

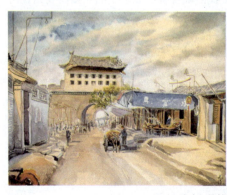

图2.9 右安门箭楼

这不得不让我们佩服这位美术史家的独到眼光（图2.8、图2.9）。

此外，内、外城四角均设有角楼。角楼造型即以两座箭楼垂直相交而成，既有箭楼的雄浑质朴，又因屋檐交错而多了几分灵动之气（图2.10）。

三、护城河

明北京城墙之外还设有护城河。护城河宽窄深浅不一，宽可至50米，窄处仅3～5米。从护城河旧影中我们可以发现朝阳门和东直门之间的护城河两岸柳枝拂扬，河中白鸭成群，现出一派生机；而前三门（即正阳门、崇文门和宣武门）外的护城河更是宽阔无比，一派江南水乡的气息（图2.11、图2.12）。②

图2.11 20世纪20年代东直门护城河景致

---

① [瑞典]奥斯伍尔德·喜仁龙 著.北京的城墙和城门.许永全 译.北京：北京燕山出版社，1985：133.
② 与护城河相联系的是城墙上的水关：明北京城墙设有多座水关，作为城市进水、排水的孔道。水关位于城墙墙体下部，有券顶式和过梁式，内外设有二至三排铁栅栏，并由军士看守维护。内城设7座水关：德胜门西水关、东直门南水关、朝阳门南水关、崇文门东水关、正阳门东水关、正阳门西水关、宣武门西水关；外城设3座水关：西便门东水关、东便门西水关、东便门东水关。

图2.12 20世纪20年代前门西侧城墙与护城河,远处为前门与箭楼——城墙、城楼、护城河共同构成迷人的画面

图2.13 20世纪20年代西直门全景

在和平时期,从审美的眼光来看,北京的城墙、城楼与护城河共同组成一幅优美的画面(图2.13):

纵观北京城内规模巨大的建筑,无一比得上内城城墙那样雄伟壮观。初看起来,它们也许不像宫殿、寺庙和店铺牌楼那样赏心悦目,当你渐渐熟悉这座大城市以后,就会觉得这些城墙是最动人心魄的古迹——幅员广阔,沉稳雄劲,有一种高屋建瓴、睥睨四邻的气派……城墙每隔一定距离便筑有大小不尽相等的坚固墩台,从而使城墙外表的变化节奏变得鲜明。城墙内表,在各段城墙的衔接处极不平整,多处又受到树根和水流的侵害而变得凹凸不平,故其变化显得较为迂缓和不大规则。这种缓慢的节奏在接近城门时突然加快,并在城门处达到顶峰:但见双重城楼昂然耸立于绵延的垛墙之上,其中较大的城楼像

一座筑于高大城台上的殿阁。城堡般的巨大角楼，成为全部城墙建筑系列的巍峨壮观的终点……

　　当然，城墙给人的印象，也依季节、时辰、天气和观者欣赏标准的不同而有所变化。远眺城墙，它们宛如一条连绵不绝的长城，其中点缀着座座挺立的城楼。气候温暖的时候，城头上长着一簇簇树丛灌木，增添了几分生机。秋高气爽的十月早晨，是景色最美的时候，特别是向西瞭望，在明净澄澈的晴空下，远处深蓝色的西山把城墙衬托得格外美丽。如果你曾在北京城墙上度过秋季里风和日丽的一天，你绝不会忘记那绮丽的景色——明媚的阳光，清晰的万物，以及和谐交织起来的五彩斑斓的透明色彩。

　　城根下也有这样的地段：其间延亘着杨柳蔽岸的城壕或运河，或者在城壕与城墙之间栽着椿树和槐树。这些地方最宜在春季游览：那时，淡绿色柳枝交织起来的透明帷幕，摇曳在水明如镜的河面上；或在稍晚的时令，一簇簇槐树花压弯了树枝，阵阵清香弥漫空中。如果善于选择地点，环绕这些古墙周围可以发现非常出色的绘画题材。①

　　综观这作为古都北京象征的城墙，其实浓缩了中国古代城市与建筑美学的精髓——不论是水平绵亘的城墙对高峻挺拔的城楼的烘托，或是华丽的城楼与质朴的箭楼的对比，又或是优美的护城河景色与壮美的城门城楼的融合，还有大面积灰色调对红、金、蓝、绿色彩的陪衬，此外还包括内城的宏伟与外城的小巧，瓮城中市集的热闹与寺庙的静谧……可以说北京城市与建筑的大部分美感特征在这"凸"字形的城墙上都可以欣赏到。可以毫不夸张地说，北京的城墙就是整座北京城的一个"缩影"，也是北京城市美的一个典范。特别值得一提的是，北京城墙的大气之处就在于它的"一气呵成"的气魄，它的16座城门、8座角楼的"大同小异"——正是这看似单调的安排，反而使得北京城墙具有了庄重沉雄的性格（很难想象要是十余座城楼各有各的造型、姿态将是怎样一幅容颜），这不也正是北京城的性格吗？

---

① [瑞典]奥斯伍尔德·喜仁龙 著. 北京的城墙和城门. 许永全译. 北京：北京燕山出版社，1985：28～29.

第二节

皇城城墙与城门

明清北京城的皇城①占地约6.8平方公里,约为北京城面积的十分之一。东西约2500米,南北约2800米,周长约11公里。皇城之内明代为皇家禁地,民不得入;清代除紫禁城、西苑、景山以及一些重要坛庙、庙宇、衙署和仓厂之外,余皆成为民宅。清康熙时期内廷绘制的《皇城宫殿衙署图》细致入微地刻画了清北京皇城的布局(图2.14)。②

图2.14 康熙时期北京皇城图

一、城墙、玉河

皇城城墙高约6米,为红墙黄琉璃瓦顶,古时亦称"萧墙"、"红门阑马墙"——

与北京内、外城可以上兵马的厚实城墙不同，皇城墙更类似建筑群的围墙（图2.15）。

皇城的红墙与玉河（亦称御河、御沟）共同构成明北京城如诗如画的风景，成为许多诗人吟咏的对象，如明代马祖常《玉河》诗称：

御沟春水晓潺湲，直似长虹曲似环。

流入宫墙才咫尺，便分天上与人间。

二、城门

明、清两代的文献对于皇城大门的定义略有不同：明代皇城包含天安门前的"T"字形宫廷广场，整个皇城共设6门，分别为大明门（清代改称大清门）、长安左门、长安右门、东安门、西安门、北安门（清代改称地安门）；清代皇城则不含

图2.15 皇城城墙

---

① 关于金中都、元大都的皇城可参见本书第壹章，本节重点讨论明清北京皇城。
② 《皇城宫殿衙署图》为彩绘绢本，墨线勾画，施以淡彩，高2.38米，宽1.79米，为清代北京城市地图中的宏幅巨制。为迄今所见第一幅具备实地测量基础、内容丰富翔实、绘制精细、笔墨精湛、艺术性与写实性高度结合的北京城市地图，极有可能是在皇帝或内廷的直接主持与监督下，在若干宫廷画师的参与配合下完成的。

天安门前广场，皇城设4门，为天安门、东安门、西安门、地安门。[①]

以下简要介绍清代所定义的皇城四门，附带讨论天安门前"T"字形宫廷广场的三门。

■ 天安门

天安门是北京皇城正门，始建于明永乐十五年（1417年），原名"承天门"，取"承天启运"、"受命于天"之意。明天顺元年（1457年）被焚，明成化元年（1465年）重建。清朝定鼎之初仍沿明旧称，顺治八年（1651年）重建后改称"天安门"。

明清两代，凡国家有大庆典（如皇帝登基、册立皇后等）均在天安门举行"颁诏"仪式：在城台上正中设立"宣诏台"，用木雕的金凤衔诏书以滑车系下（明代是用龙头竿以彩绳系下），由礼部官员托着"朵云"盘承受，放入"龙亭"内抬至礼部，用黄纸誊写，分送各地，称"金凤颁诏"（图2.16）。

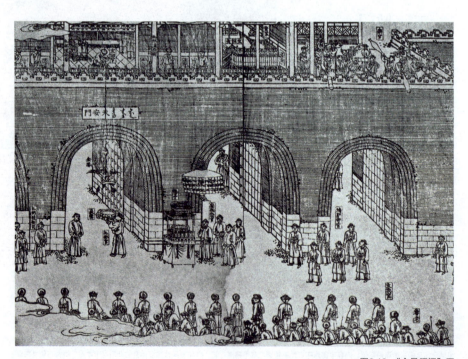

图2.16 "金凤颁诏"图

天安门为皇城四门中形制最高者，下有城台，上有城楼。

城台底面东西宽120米，南北深40米，占地4800平方米，两侧与皇城南墙相连。城台设五道券门，中央为御路门，御路门两侧为王公门，最外侧为品级门。御路门宽5.48米，王公门宽4.58米，品级门宽3.54米，举行大型礼仪活动时，帝王、王公及官员分别对应不同的券门进出。城台北侧两端有马道可以登台。城台立面分为三段，下为1.59米高的石须弥座，中段为红墙，顶部为1米高的灰色女墙，上覆黄琉璃瓦的墙帽。城台墙面有明显收分，台顶距地面12.3米。

天安门城楼面阔九间，进深五间，重檐歇山黄琉璃瓦顶。其台基面阔61.48米，约为城台宽度的一半；城楼高22.4米，约为城台高度的两倍——城楼与城台共同形成一纵一横的平衡构图，总体壮丽和谐（图2.17、图2.18）。

天安门南侧有外金水河蜿蜒而过，与故宫内太和门前的内金水河遥相呼应。河上跨五座汉白玉石桥，分别与城台上五座券门相对，为御路桥、王公桥和品级桥。在太庙（今劳动人民文化宫）和社稷坛（今中山公园）南门前还各有石桥一座，为乾隆年间建成的公生桥。此外，天安门内外还立有华表四座，其中门内的一对坐南朝北称"望君出"，门外的一对坐北朝南称"望君归"。[②] 除华表之外，金水桥内、外还各有石狮一对。华表、石狮、金水桥共同形成天安门城楼前庄严肃穆的前奏。天安门内是与天安门形制完全一致的端门（图2.19），端门内则是紫禁城的正门——午门。

1900年"八国联军"入侵时天安门受到极大破坏。此后天安门见证了中国近代史上的许多重大事件：如1919年的"五四运动"；1926年的"三一八"惨案；1935年的"一二·九"运动……1949年10月1日中华人民共和国开国大典在天安门及天

---

① 以上对皇城各门的记载可分别见于明万历《大明会典》和清乾隆时期的《国朝宫史》。此外，清嘉庆《大清会典》又将以上二者加以综合，将天安门、东安门、西安门、地安门、大清门、长安左门和长安右门共7门全部列为皇城城门。参见傅公钺编著.北京老城门. 北京：北京美术摄影出版社，2001: 18。皇城除上述主要7门外，还有几次要门楼，如东安里门，位于东安门内望恩桥，为三间三座门式；长安左、右门外又有两座门楼，分别称作东三座门、西三座门，均为三间三座门式，此二门为乾隆十九年（1754年）建，1913年拆除，许多文献将东、西三座门与长安左、右门相混淆，其实长安左、右门为宫廷前区的主要大门，为五间三券门式，形制和地位均高于东、西三座门。

此外，明正统元年（1436年）于长安左、右门外路南设有通向部府衙门的总门，名东、西公生门，为一座门式，清初尚存，乾隆十九年（1754年）封闭，1912年拆除，在其位置新建了两座牌楼，1950年拆除。参见：陈平，王世仁 主编. 东华图志：北京东城史迹录（上册）.天津：天津古籍出版社，2005: 12。

② 1950年拓宽长安街时天安门外侧华表整体向北迁移6米。

图2.17 民国时期的天安门

图2.18 天安门现状

图2.19 端门

安门广场举行，这使得天安门成了首都北京最重要的象征。此后，天安门的正立面形象又被清华大学营建系梁思成领导下的国徽设计小组设计在国徽的正中，这就进一步强化了天安门作为新中国象征的含义。现在，天安门城楼上原先悬挂"天安门"匾额的位置被一枚巨大的国徽所取代——天安门作为共和国的象征被放在国徽上，国徽又悬挂在天安门上，这是一个具有典型象征意义的景象。1949年至1970年间，天安门经历了多次修缮，在城台上加设了毛主席像和两幅标语"中华人民共和国万岁"、"世界人民大团结万岁"。1970年的修缮工程规模较大，为落架重修，为了安装国徽，抬高了上层檐部的高度，因此天安门城楼比原状升高了87厘米。现在城台东西两侧加建电梯间，出城台处设计为两座卷棚顶小殿。城楼内部按照1949年10月1日开国大典时的情景布置，西尽间有董希文的巨幅油画《开国大典》。

■ 地安门、东安门与西安门

除天安门外，皇城其余三门——东安、西安、地安三门形制完全相同，都是面阔七间、单檐黄琉璃瓦歇山顶的单层门殿，中央三开间辟作大门，边上各留两间值房，远不及天安门宏伟高大（图2.20～图2.22）。

图2.20 地安门

图2.21 东安门

图2.22 西安门

■ 大明门、长安左门与长安右门

明清两代,天安门前是"T"字形的宫廷广场,古人称"御街",占地11公顷,即今天著名的天安门广场的前身(图2.23、图2.24)。宫廷广场以红墙(与皇城墙一样)围拢,东西向横街两端分别为长安左门、长安右门,其外即东西长

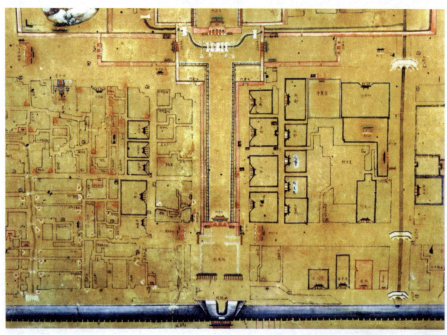
图2.23 清代的天安门前宫廷广场(御街)

图2.24 民国时期的天安门前宫廷广场俯瞰

安街;南北向是中轴线上纵深深长的千步廊御街(两侧的千步廊外分布着各部官署),御街南端是大明门,大明门以南巍峨耸立的城楼即正阳门城楼。宫廷广场与皇城连成一体,是皇城、紫禁城的前奏。千步廊为大明门两侧东西两排共144间联檐通脊的朝房,在长安街处分别向东西方向延伸,在千步廊中兵部和吏部选拔官吏,礼部审阅会试试卷,刑部举行"秋审"和"朝审"。明代在千步廊两侧的宫墙之外,集中布置了大量重要衙署,东侧有宗人府、吏部、户部、礼部、兵部、工部以及鸿胪寺、钦天监等,西侧为五军都督府和太常寺、锦衣卫等——这样就将中央机关与皇城连成一体,以烘托"皇权至上"的规划设计理念。

大明门清代改称"大清门",民国时期又改名"中华门"(图2.25),关于大明门、大清门、中华门之变迁,有个非常有趣的传说:话说民国成立之初,政府欲将清朝遗留下来的"大清门"改名"中华门",于是准备换一块新的匾额。这时有个聪明的官员建议,新政府刚刚成立,百废待兴,不如节约一点,将"大清门"匾额的背面写上"中华门"即可使用,这个建议有点类似我们今天倡导的复印纸双面打印,大家纷纷表示赞同。等到将"大清门"匾额翻过来一看,上面竟赫然写着"大明门"三个大字……这当然属于民间杜撰,然而却使得我们对于大明门、大清门和中华门的历史变迁印象深刻。后来中华门在1959年扩建天安门广场时拆除,今天毛主席纪念堂的位置就是当年大明门、大清门、中华门的位置。

图2.25 中华门

大明门、长安左门、长安右门形制基本相同，皆为单檐歇山顶、下设三道券门的砖砌门楼，红墙金瓦，并不高大但端庄凝重。三者共同烘托出天安门城楼的宏伟壮丽（图2.26）。清乾隆年间又在长安左、右门外加设东、西三座门，形制比长安左、右门更加简陋——后来不少人将长安左、右门误称作三座门，实际上东、西三座门比长安左、右门更加靠外（图2.27）。

图2.26 长安右门

图2.27 东三座门（远处对景为长安左门）

大明门外与正阳门之间的空间被称作棋盘街，实际上为一处约略为正方形深广数百步的小广场，周以石栏，因形似棋盘而得名，位于棋盘中部的正是中轴线御街，恰似棋盘上的"楚河汉界"。棋盘街在明代为北京最繁华的街市之一，称"朝前市"（详见本书第陆章）。

三、皇城改建

民国时期对皇城进行了改造，皇城城墙被陆续拆除，除南墙及西墙少部分以外，东、西、北三面城墙几乎被全部拆除，仅留下东安、西安和地安三座城门，南墙在南长街、南池子辟出两座券门。同时用拆下的城砖修砌玉河的沟渠，并改明沟为暗渠，上辟马路，即今天的南、北河沿大街。上述的改造固然大大改善了北京内城的交通，然而皇城城墙的拆除、玉河的填平却使得北京皇城极富代表性的"红墙黄瓦玉河柳"的优美景象消逝殆尽——这是民国时期北京"近代化"的一大代价。20世纪50年代又陆续拆除了东安、西安和地安三门以及位于长安街两侧的长安左门、长安右门和东、西三座门，于是今天皇城城门仅余天安门可供人们瞻仰。[1]

---

[1] 1918—1926年，皇城东、西、北三面城墙被陆续拆除，墙址形成街道，称皇城根，后改称黄城根；1913—1915年拆除天街千步廊及天街南墙，1958年拆除天街东、西墙。至上世纪末明清皇城仅剩下天安门及皇城南墙。2001年在东皇城根旧址上的居民被全部搬迁，建成东皇城根遗址公园，复建了一小段皇城墙，并发掘出一部分东安门遗址加以保护展示。参见：陈平，王世仁 主编．东华图志：北京东城史迹录（上册）．天津：天津古籍出版社，2005: 12.

第三节

紫禁城城墙与城门

紫禁城宫殿建筑群将在下章专门介绍,紫禁城城墙为紫禁城宫殿的一个有机组成部分,但由于紫禁城城墙同时又是古都北京城墙"环环相套"的规划设计大结构的重要组成部分,因此在本节单独介绍,下章不再赘述,希望这样的安排能够使读者对古都北京内外城、皇城、紫禁城城墙有个整体印象。

一、城墙

紫禁城的城墙高7.9米,比明北京外城城墙略高,但不及内城城墙高大。底

图2.28 紫禁城西南隅城墙

宽8.62米，顶宽6.66米，外有雉堞、内有女墙。采用夯土墙外包城砖的做法，不过与内、外城城墙外皮城砖如梯磴般垒砌不同，紫禁城城墙先用三层城砖作挡土墙，面层的城砖则干摆灌浆、磨砖对缝，显得平整光滑，精细坚实，为北京各重城墙中工艺最为精致者（图2.28）。

二、城门

明代紫禁城包含天安门至午门之间的两个广庭，设八门，即承天门（清代改称天安门）、端门、午门、左掖门、右掖门、东华门、西华门、玄武门（清代改称神武门）；清代紫禁城不含天安门至午门之间部分，设四门，即午门、东华门、西华门、神武门。本书依照清代的定义对紫禁城各门进行扼要介绍。

■ 午门

午门是紫禁城正门，极其雄伟壮观。墩台呈"凹"字形，台高12米，台下正

图2.29 午门全景

图2.30 午门雁翅楼及阙亭

中三道券门。文武百官从左门出入,皇室王公从右门出入,中央券门只有皇帝祭祀、大婚或亲征等重大仪式时才开启。墩台的两翼还各有掖门一座,因而午门的门洞被称作"明三暗五"。正中的门楼面阔九间(长60米余),进深五间(长25米),象征"九五之尊",为最高等级;重檐庑殿顶(也是屋顶的最高形制),自地面至正脊鸱吻高达37.95米,是整个紫禁城最高的建筑(甚至超过太和殿)。城台两侧,各设廊庑十三间,在门楼两翼向南排开,俗称"雁翅楼"。在雁翅楼的两端,各设有一座重檐攒尖顶的阙亭。整个城台上的建筑,三面环抱、五峰突出、高低错落、气势宏大,俗称"五凤楼"(图2.29)。

午门是由中国古代的"双阙"式大门演变而来,经由唐大明宫含元殿、北宋皇宫正门丹凤门、金中都皇宫应天门、元大都皇宫崇天门以及明中都、南京宫城正门(同样名为午门)代代沿袭并不断发展而成的最后一个作品,并且也是这诸多皇宫正门中唯一一个完整保留下来的实物(明中都、南京午门尚存遗址),可谓是中国古代双阙门楼的"最后结晶"(图2.30)。

午门前有宽阔的广场,每遇皇帝颁朔(每年十月初一颁发第二年的历书)宣旨及百官常朝,都聚集于此。国家征讨、凯旋还朝、觐献战俘时,皇帝还亲临午门。明代承袭元旧制,实行"廷杖"制度,在午门前对触犯皇帝的大臣施以廷杖,时有大臣被当场打死。午门的空间、造型威严肃杀,在举行这些仪典时充分体现出皇权的至高无上和禁城的森严法度。

■ 东华门、西华门与神武门

紫禁城城墙上开设四门,除了南门午门之外,东、西分别为东华门、西华门,北门玄武门(清代康熙朝因避康熙帝"玄烨"之讳,改称神武门)。

其中神武门面阔五间,周回廊,重檐庑殿顶,城台开设三座门洞,内设钟鼓以报时。清代选秀女亦在神武门内进行(图2.31)。

东华门、西华门形制与玄武门一致,东华门为朝臣和内阁官员进出宫城之门;西华门为皇帝、后妃去西苑三海(即北海、中海和南海)或京西苑囿时进出之门(图2.32、图2.33)。

图2.31 神武门

图2.32 东华门

图2.33 西华门

■ 角楼

紫禁城四角各矗立一座角楼，造型轻巧玲珑，极富装饰意味：角楼中央是三开间的方形亭楼，四面各出抱厦一座，整个平面呈"十"字形；立面造型刻意模仿宋画中的黄鹤楼、滕王阁等楼阙，结构精巧，从最顶部的十字脊镀金宝顶以下，共三檐、七十二脊，上下重叠，纵横交错，堪称鬼斧神工、美轮美奂

图2.34 紫禁城角楼

81

第贰章 城墙城门

（图2.34）。角楼之优美轮廓配上长长的灰色宫墙以及护城河畔绿柳青青，可谓老北京的经典一景。尤其在紫禁城护城河西北隅东望，左有景山五亭，右有紫禁城东北角楼，加上筒子河河水倒映，夕阳西下之际诚为古都北京最美的画卷之一（图2.35、图2.36）。

图2.35 民国时期的紫禁城城墙、角楼、筒子河及景山

图2.36 今天的紫禁城城墙、角楼、筒子河及景山

  紫禁城雄伟的城墙、城门所拱卫的就是整个古都北京的核心——都城中最至高无上的地方：皇家宫阙。

  城墙与城门历来是中国古代城市的象征，古代"城"一词即指城墙，同时也可以指代整座城市。同时，城墙和城门也常常记载了中国古代城市的历史。以北京城墙为例,经喜仁龙考察,北京城墙的城砖一段一段衔接起来,各段的修筑年代、质量和做法均有不同,很多城段的年代可以根据镶嵌在墙上的兴工题记碑来确定,因而正如喜仁龙所形容的,北京的城墙是"一部土石作成的史书,内容一直在不断更新和补充,直接或间接地反映自其诞生以来直到清末的北京兴衰变迁史","在围绕北京长达十四哩的砖砌长幅画卷中,记录了几百年的变化和人类的辛勤劳作"。

北京城墙的历史沧桑感不仅感染了古代许多文人墨客,也深深打动了许多近现代学者。北京大学著名历史地理学者侯仁之教授就曾回忆道:

那已是半个多世纪以前的事了……当我在暮色苍茫中随着人群走出车站时,巍峨的正阳门城楼和浑厚的城墙蓦然出现在我眼前。一瞬之间,我好象忽然感受到一种历史的真实……正是因为这个原因,我对北京这座古城的城墙和城门,怀有某种亲切之感,是它启发了我的历史兴趣,把我引进了一座富丽堂皇的科学探讨的殿堂。

著名的建筑学家梁思成对北京城墙更是感情至深,20世纪50—70年代为了保护北京城墙而费尽心血。在他的《关于北京城墙存废问题的讨论》一文中,北京的城墙被梁思成誉为"中国的颈环":

这环绕北京的城墙,主要虽为防御而设,但从艺术的观点来看,它是一件气魄雄伟,精神壮丽的杰作。它的朴质无华的结构,单纯壮硕的体形,反映出为解决某种的需要,经由劳动的血汗,劳动的精神与实力,人民集体所成功的技术上的创造。它不只是一堆平凡叠积的砖堆,它是举世无匹的大胆的建筑纪念物,磊拓嵯峨,意味深厚的艺术创造……苏联斯莫棱斯克的城墙,周围七公里,被称为"俄罗斯的颈环",大战中受了损害,苏联人民百般爱护地把它修复。北京的城墙无疑的也可当"中国的颈环"乃至"世界的颈环"的尊号而无愧。它是我们的国宝,也是世界人类的文物遗迹。我们既继承了这样可珍贵的一件历史遗产,我们岂可随便把它毁掉!①

除了美丽的赞颂,梁思成为北京的城墙设想的现代功能是一座"环城立体公园"(图2.37):

城墙上面,平均宽度约十公尺以上,可以砌花池,栽植丁香,蔷薇一类的灌木,或铺些草地,种植草花,再安放些园椅。夏季黄昏,可供数十万人的纳凉游息。秋高

图2.37 梁思成保护北京城墙的设想

气爽的时节，登高远眺，俯视全城，西北苍苍的西山，东南无际的平原，居住于城市的人民可以这样接近大自然，胸襟壮阔。还有城楼角楼等可以辟为陈列馆，阅览室，茶点铺。这样一带环城的文娱圈，环城立体公园，是全世界独一无二的。②

可惜在20世纪的50—70年代，很多人却不能欣赏北京城墙在历史和艺术上的巨大价值，无法体会到北京城墙的雄浑大气之美，仅仅将其视为毫无价值的古代防御工事（甚至是封建社会的残余和象征），并最终毫不留情地将其毁去，代之以地

---

① 梁思成. 梁思成全集（第五卷）. 北京：中国建筑工业出版社，2001：88.
② 梁思成. 梁思成全集（第五卷）. 北京：中国建筑工业出版社，2001：86.

铁和环城公路（即今天的北京二环路）。① 明北京内外城所有城楼、箭楼和角楼加起来共有40座之多，而今天硕果仅存的只有4座，分别是正阳门城楼和箭楼、德胜门箭楼、东南角楼，仅仅为总数的1/10；明北京城墙全长约40公里，今天所剩不足2公里，还不到全长的1/20，实在令人痛惜（图2.38～图2.40）！② 而梁思成对于城墙公园的想象倒是在西安、南京等地的古城墙上逐渐成为现实（图2.41、图2.42）。

图2.38 德胜门箭楼

图2.39 内城东南角楼

时至今日，作为古都北京最重要象征的内外城城墙几乎不复存在，古都北京的城市美因为城墙的消失而大为逊色，这是古都北京在文化遗产上最大的损失——正如喜仁龙在20世纪20年代所深感忧虑的那样：

这些门楼一旦毁坏，北京的建筑群就将失去它独具一格、极其迷人的特色。③

图2.40 明城墙遗址

图2.41 西安城墙公园

图2.42 南京城墙公园"台城"段

---

① 北京内外城城墙与城门除少部分在清末、民国时期被毁之外，绝大部分是在20世纪50—70年代被拆除，其中外城全部城墙和内城部分城墙在1958年"大跃进"时期被拆除；内城城墙主体部分在20世纪60—70年代被陆续拆除。关于北京内外城城墙、城门的拆除可参见：王军. 城记. 北京：生活•读书•新知三联书店，2003：296~321.

② 明北京城墙的遗存之中，正阳门城楼和箭楼是周恩来指示保留下来的；德胜门箭楼和东南角楼由于不在地铁建设线路上而得以保留，其中德胜门箭楼由文物专家郑孝燮上书陈云而得以保留；内城东南隅和西南隅的残墙皆因地铁线路在此处转弯而得以保留，可谓十分"侥幸"。

③ [瑞典]奥斯伍尔德•喜仁龙 著. 北京的城墙和城门. 许永全 译. 北京：北京燕山出版社，1985：117.

《紫禁城角楼》

第叁章

禁城宫阙

清宫建筑之所予人印象最深处，在其一贯之雄伟气魄，在其毫不畏惧之单调。其建筑一律以黄瓦、红墙碧绘为标准样式（仅有极少数用绿瓦者），其更重要庄严者，则衬以白玉阶陛。在紫禁城中万数千间，凡目之所及，莫不如是，整齐严肃，气象雄伟，为世上任何一组建筑所不及。

——梁思成：《中国建筑史》

故宫为明、清两代皇宫，称紫禁城（因古代以紫微星垣即北极星象征帝王居所，宫殿历来属禁地，故名"紫禁城"）（图3.1）。明永乐十五年（1417年）始建，永乐十八年（1420年）建成，① 明、清两代陆续有过多次重建、改建及扩建。

紫禁城南北长961米，东西宽753米，占地面积达72公顷，总建筑面积为17万平方米。建筑群四周环以城墙，城墙外侧还有宽52米的护城河，俗称"筒子河"。建筑群以一道贯穿南北的中轴线为骨干，沿中轴线依照中国古代宫殿"前朝后寝"的模式进行规划布局："前朝"即"外朝"，为皇帝举行礼仪活动和颁布政令之所；"后寝"即"内廷"，为皇帝及其家属的居住之所（图3.2）。

紫禁城宫殿经明末战争，所剩无几，清代在其原址上复建的宫阙基本遵照原制。此外，清代帝王也对紫禁城进行了不少改建——最重要的改变包括养心殿、宁寿宫的改建及一系列园林式建筑群（如建福宫花园、乾隆花园等）的增建。可以说清代恢复与改建的紫禁城，既保留了明代宫殿固有的"壮美"之特征，又新增了许多"优美"的审美情趣，更好地实现了壮美与优美、阳刚与阴柔的统一，可谓是对明代紫禁城规划设计的"锦上添花"，十分难能可贵。

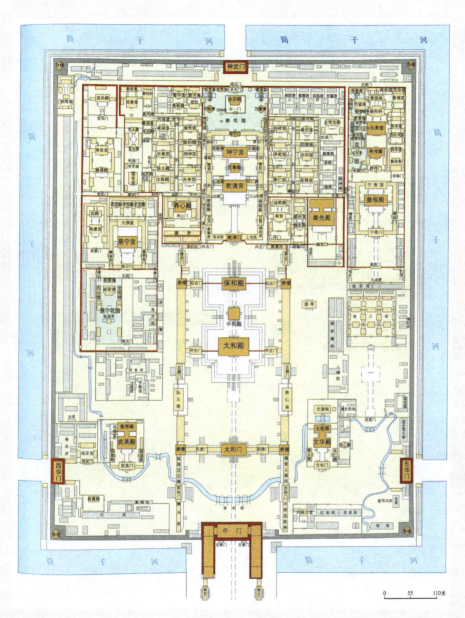

图3.1 紫禁城总平面图

① 紫禁城宫殿的施工是经过长期准备，周密计划，充足备料，并做出大量预制构件之后，才在永乐十五年（1417年）二月破土动工的，经过三年的大规模施工，永乐十八年（1420年）九月竣工。其规模之大，计划之周，构造之精，进度之快，确为世界建筑史上罕见的奇迹。参见：于倬云 主编. 紫禁城宫殿. 北京：生活•读书•新知三联书店，2006: 22.

图3.2 紫禁城鸟瞰

第一节

紫禁城前朝

紫禁城"前朝"主要包括中轴线上的"三大殿"（即太和殿、中和殿与保和殿）和左辅右弼的文华、武英二殿及其附属建筑，此外还有少量府库。前朝占据了紫禁城的大半面积，建筑群规模宏大，布局疏朗，是最能体现皇权威严和紫禁城建筑艺术的部分（图3.3）。

以下略述紫禁城前朝之主要建筑。

图3.3 紫禁城前朝建筑群俯瞰

一、太和门

太和门为紫禁城三大殿的序幕（图3.4～图3.6）。进入午门即是宽阔的太和门广场，面积达26000平方米。内金水河从广场中部蜿蜒流过，五座汉白玉石桥跨

图3.4 《康熙南巡图》中的太和门

图3.5 太和门

图3.6 太和门铜狮

第叁章 禁城宫阙

河而建，为午门与太和门之间壮丽的广场增添了几分柔媚。太和门面阔九间，进深四间，重檐歇山顶。明代皇帝有时在这里受理臣奏，下诏颁令，称为"御门听政"。① 穿过太和门即抵三大殿。其左右并列昭德、贞度两个侧门；东西庑有协和、熙和二门，可通文华、武英二殿。

二、三大殿

紫禁城三大殿明初建成时分别称奉天殿、华盖殿、谨身殿；明末称皇极殿、中极殿、建极殿，清代改为太和殿、中和殿、保和殿。

三殿共同坐落在"干"字形布局的汉白玉台基之上（从皇位坐北朝南看则为"土"字形，代表五行中的"土"，象征中央最尊贵的方位），台基总面积25000平方米，高8.13米，分成三层，俗称"三台"。每层皆作须弥座形式，周以汉白玉栏杆。每根望柱头上都雕有精美的云龙和云凤纹饰。每根望柱下的地栿外侧伸出一枚称作"螭首"的兽头吐水口，每到大雨天，三台上数以千计的螭首即呈现"千龙喷水"的壮观奇景。

■ 太和殿

太和殿是整个紫禁城最重要的殿宇，明、清两代皇帝即位、大朝会等最隆重的大典都在这里举行（图3.7～图3.8）。殿面阔九间（外加侧廊共十一间）、进深五间，仍取"九五之尊"之意，上覆重檐庑殿顶，为中国古代建筑屋顶的最高等级。今天的太和殿为清康熙时重建，建筑面积2377平方米（按台基算），由台基下地面至鸱吻总高35.05米，为中国现存木构建筑规模最大者。太和殿前的台基上陈设有日晷、嘉量、铜龟、铜鹤等，以象征江山永固、万寿无疆。龟、鹤腹中还可焚香，举行仪典时，奉天殿前香烟缭绕，更增加神秘庄重的气氛。太和殿内正中设镂空透雕的金漆基台与宝座。正对宝座上方，设有雕着口衔宝珠的蟠龙的藻井，其余全部为金龙图案的井口天花。宝座后面有屏风和翚翟，宝座两侧有六根盘龙大金柱，更衬托出大殿的金碧辉煌（图3.9）。

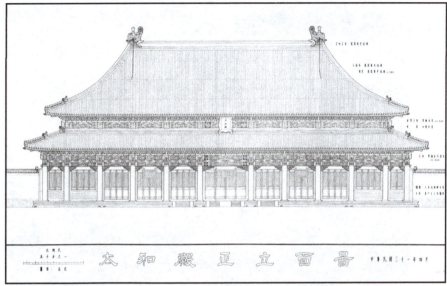

图3.7 太和殿立面图

图3.8 太和殿

---

① "御门听政"是指帝王亲到门前,与文武官员一起处理政事,表示勤于政务。明朝御门听政是在太和门,清朝改在乾清门,举行时间都在黎明前。参见:万依,王树卿,陆燕贞 主编. 清代宫廷生活. 北京: 生活•读书•新知三联书店,2006: 50.

图3.9 太和殿内景

■ 中和殿

中和殿为皇帝入太和殿举行典礼前的休息之所,[①] 平面为正方形,各面均为五间,单檐攒尖顶,上安鎏金宝顶(图3.10)。

图3.10 中和殿

■ 保和殿

保和殿为皇帝宴请番臣和举行殿试之所,阔九间、深四间,重檐歇山顶(图3.11)。保和殿北台基中央有一雕龙御路,为整石雕成,系故宫中最大的石雕,镌刻极为生动精美。此巨石长16.57米,宽3.07米,重约250吨。将这样

图3.11 保和殿

[①] 此外,明清两朝皇帝每年春季祭先农坛、行亲耕礼,在祭祀和亲耕之前,要在中和殿阅视祭祀用的写有祭文的祝版和亲耕时用的农具。祭祀地坛、太庙、社稷坛的祝版也在此阅视。

的巨石由北京西南的房山运抵紫禁城，需要特别选在冬季运输：沿途每隔一里打一口井，路上泼水成冰，拽石于冰上滑行，摩擦阻力较小——即便用这样巧妙的方法，仍需民工两万多名，经近一个月时间才完成运送（图3.12、图3.13）。①

图3.12 保和殿御路石雕

图3.13 太和殿前御道

三大殿共居崇台之上，屋顶依重要程度而依次呈现为庑殿、攒尖与歇山三种造型，这样的巧妙设计使三大殿的轮廓错落有致，富于变化，既庄严又带有韵律感（图3.14）。

　　三殿四周都以廊庑环绕，形成一个封闭的院落，四角设重檐歇山顶的崇楼（类似紫禁城的角楼，图3.15），东、西庑的南段分立文楼（明末称文昭阁，清称体仁阁，图3.16）、武楼（明末称武成阁，清称弘义阁）。太和门与三大殿之间围合成紫禁城内同时也是整个北京城最大的广场，浩阔的广场与高峻的三台共同烘托出三大殿尤其是太和殿君临天下的庄重地位。遇到举行朝典，皇帝升殿，其余人等只能候立太和殿外；丹陛上跪伏的是亲王，丹墀下沿御路两旁的十八对刻有官阶的品级山后，是文武官员列队跪拜行礼的地方；称作"卤簿"的仪仗队则由太和殿前向南，往太和门、午门、端门，一直排列到天安门外。内城中轴线的空间自正阳门过棋盘街，先在宫廷广场一收一放，继而经天安门、端门、午门进入太和门广场，又

---

① 相比之下，太和殿前御路反不及保和殿后御路石雕，因为太和殿前石雕为三块石材拼接而成，不过由于工匠的巧妙构思，以御路石雕云纹突起的曲线作为石材之间的拼合线，因此也算衔接得天衣无缝。紫禁城台基及御道需要上万块万斤以上的巨石铺砌，这些巨材主要是在京西房山县大石窝和门头沟青白口开采的，石质坚硬，色泽青白相间，因此称作青白石或艾叶青。房山除了出产青白石，还出产大量白石，其中还有一种质地柔润坚实，形如玉石，洁白无瑕的汉白玉。白石主要用来做台基上的栏杆望柱，即俗语所谓"玉石栏杆"。参见：于倬云 主编.紫禁城宫殿.北京：生活•读书•新知三联书店，2006：21～22.

图3.14 三大殿全景

图3.15 三大殿四角崇楼

图3.16 体仁阁

是更加动人心魄的一处空间抑扬，最后整个轴线空间序列终于在太和殿广场、三台和太和殿达到高潮。"建筑是凝固的音乐"——如果说北京城的中轴线是一阕宏大华丽的交响乐，那么由正阳门到太和殿的这一段空间序列的演绎就是这曲交响乐的华彩乐章！

■ 清代三大殿改建

明代和清初，紫禁城中轴线的主体建筑群采取"廊院制"布局，采用廊庑环绕主建筑并以左右斜廊通达主要殿堂（如太和殿、保和殿、乾清宫、坤宁宫两侧皆由斜廊与周围廊庑相连）；明代紫禁城建成不久，三大殿即为火焚，清初恢复三大殿建筑群后又屡遭火灾。廊院式布局使失火之际主体建筑群往往相互延烧，难于救济。康熙十八年（1679年）火灾后，在三十四年（1695年）重建时，一改明代以来的"廊院制"布局，取消了主殿两翼的斜廊，代之以阶梯状的封火墙；此外，三大殿东西侧原本一气呵成的廊庑也均以若干道封火山墙分隔成相对独立的段落。后两宫也做了类似的改造。这个出于防火考虑的改造大大改变了中轴线建筑群的空间效果：原来环廊相属的院落之间，空间互相渗透，显得层次丰富、轻盈通透；改造之后各重殿庭之间隔以高大的红墙（封火墙），通透性消失殆尽，不过换来的是庭院空间的完整性，尤其太和殿前的广庭围合感更强，空间的凝聚力和庄严效果有所提升。

图3.17 禁城宫阙

此外，由太和殿、保和殿两侧红墙上的四个小小的门洞北望，可以遥见内廷建筑群以及景山万春亭，可谓"小中见大"，有杜甫诗句"窗含西岭千秋雪"之意境（图3.17）。

三、文华殿、文渊阁、武英殿

文华殿、武英殿建筑群为前朝除了三大殿之外最主要的建筑群，一左一右拱卫着三大殿建筑群。

■ 文华殿

文华殿位于前朝东路，为"工"字形平面，前后殿之间连以廊庑。主殿为单檐歇山顶。文华殿是皇帝举行"经筵"的地方。现在文华殿被辟为故宫博物院的陶瓷馆，展览馆藏精美瓷器（图3.18）。清乾隆年间更于文华殿北建造了著名的文渊阁。

图3.18 文华殿

■ 文渊阁

乾隆三十八年（1773年）开《四库全书》馆，以纪昀（晓岚）为总裁，编制《四库全书》，翌年新建文渊阁于外朝东路文华殿北，以备庋藏《四库全书》，至四十一年（1776年）建成。文渊阁建筑在紫禁城内属形制至为特殊者：首层面阔五间，进深三间并前后出廊，西端又增出一小间作楼梯间，两层楼中有夹层；下层中央三间为广厅，置宝座，为经筵礼毕赐茶之处，两侧以书橱隔为东西暖室；中间夹层为"Π"形平面，中空部分与首层大厅成为共享空间，此全列书橱；顶层亦全列书橱，仅明间正中设书槅，书槅两面置御榻；屋顶为黑琉璃瓦绿剪边歇山顶，柱及栏杆作深绿色，格扇槛窗为黑色，额枋彩绘为青绿为主的苏式彩画，色彩以冷色为主，与紫禁城建筑群的红黄暖色调大相径庭，因此成为紫禁城中一道独特的风景（图3.19）。

文渊阁的建筑形制乃仿照明代宁波著名藏书家范钦的"天一阁"建造。书籍最怕失火，因此天一阁取名天一，面阔六间，取《易经》大衍郑注"天一

图3.19 文渊阁

生水，地六成之"之义，寓意水克火。文渊阁色彩取冷色，屋顶施黑琉璃瓦（黑色代表五行中的水），正脊、垂脊皆为云龙雕饰，皆取此意。阁前更设有水池、石桥，阁后假山环布，阁东御碑亭内立乾隆御制《文渊阁纪》碑。阁中藏《四库全书》36304册，并另藏《四库荟要》（12000册）、《古今图书集成》、《四库全书总目》、《四库全书考证》等，成为紫禁城中最大的一座图书馆。

■ 武英殿

武英殿位于前朝西路，明代时为皇帝斋居和召见大臣的宫殿。明末农民起义领袖李自成进京后曾在此办理政务。清乾隆年间这里成为宫廷修书、印书的地方，所印书籍称为殿本书。建筑形制与文华殿类似（图3.20）。内金水河从殿前流过，河上架汉白玉石桥三座。现在武英殿被辟为故宫书画馆，大约每一季度展览一批故宫藏书画珍品。①

图3.20 武英殿

第二节

紫禁城后寝

紫禁城"后寝"布局紧凑，庭院众多，富于生活气息（图3.21、图3.22）。其布置大致可分为中轴线上的"后三宫"（即乾清宫、交泰殿与坤宁宫，为帝后寝宫）、御花园以及对称分布于中轴线两侧的"东西六宫"（妃嫔宫室）、"乾东西五所"（皇子宫室），此外还包括清雍正朝以后的帝后寝宫"养心殿"、"外东路"（乾隆改建的太上皇宫殿宁寿宫）、"外西路"（太后、太妃宫殿）等。②

据记载，紫禁城后寝在规划设计时，是以乾清宫和坤宁宫象征"天地"，以乾清宫左右的日精、月华二门象征"日月"，以东、西六宫象征"十二辰"，以乾东、西五所象征"众星"，以"仰法天象"来表示帝王的统治是"上应天命"。

一、乾清门

乾清门为后寝正门，其与后三宫的关系一如太和门与前三殿的关系。门面阔五间，单檐歇山顶，两旁有鎏金铜狮，门左右有八字琉璃影壁，十分华丽（图3.23、图3.24）。门内有高甬道（亦称丹陛），直通乾清宫前月台。

门前为一座东西横长的广场，作为外朝与内廷之过渡。门左右为左、右内门，通东、西六宫；广场东西两端为景运、隆宗二门，通外东路宁寿宫和外西路慈宁宫。

---

① 武英殿西南有三间歇山小殿曰南薰殿，为存放历代帝王像之所在，该殿不仅有明代木构架及天花藻井，而且保留有明代彩画，极为珍贵。
② 其中紫禁城外东路、外西路建筑群将在本章第三节专门介绍。

图3.21 后三宫全景

图3.22 内廷鸟瞰全景

 图3.23 乾清门
 图3.24 乾清门铜狮

二、后三宫

后三宫为后寝的主体建筑，可谓前三殿之"具体而微者"——除体量较小之外，乾清、交泰、坤宁三殿分别与太和、中和、保和三殿建筑形制一一对应。①

■ 乾清宫

乾清宫面阔九间，重檐庑殿顶，为皇帝日常办公、接见大臣和外国使臣、受贺、赐宴之所（图3.25）。殿前月台东西侧有石台，台上陈设一对鎏金铜殿，称"社稷江山金殿"（图3.26）。清代康熙帝以乾清宫为内廷理事之所，因而围绕乾清宫的廊庑内设置了一系列办公、学习以及生活服务用房，而帝王的"御门听政"也由明代太和门移至乾清门，从康熙至咸丰等六朝一直延续此制，从而大大提高了乾清宫建筑群的地位，使其由皇帝的寝宫变为一处多功能的建筑群，成为清宫内廷的政治、起居中心。康熙六十一年（1722年）在乾清宫广庭设"千叟宴"，召六十岁以上大臣、职官、近畿之民七百三十余人与宴，一时传为盛事；乾隆五十年（1785年）依康熙旧例，再次举行千叟宴，与宴者达三千人，共设八百桌，布满殿廊下、月台、甬道、丹陛下广庭，规模空前。春节前后，乾清宫前张灯数万盏，其间数丈高的天灯两座，以示升平。凡此种种，足见乾清宫在清代成为紫禁城三大殿以外又一处中心，其使用功能极为丰富，使用率也远较外朝

图3.25 乾清宫

图3.26 社稷江山金殿

为高,尤其乾清门听政、千叟宴之举,更对官员乃至庶民开放,体现出与明宫内廷禁地大不相同的一番景象。

■ 交泰殿

交泰殿为单檐攒尖顶方殿,为存放皇帝御玺之所。其门扇雕饰以龙凤为主题,突出了建筑物象征"阴阳交泰"的含义。

■ 坤宁宫

坤宁宫明代为皇后居所。清代依照奉天行宫(今沈阳故宫)清宁宫旧制,将其改为祭神及皇帝大婚之所。坤宁宫面阔七间周回廊,东边两间的东暖阁为皇帝大婚的"洞房";西边尽间为夹屋,中部四间为神堂,堂内按满族习俗沿北、西、南三面设"卍"字炕,俗称"口袋居"。北墙东侧设烹煮祭肉的大锅及肉案——每年元旦次日及春秋两季举行大祀神于坤宁宫,以大锅煮胙肉(即祭肉),皇帝坐南炕,众官坐于侧,分食胙肉,皇后则于东暖阁内率妃嫔同受胙分

---

① 永乐时期紫禁城初建时前三殿后是乾清宫、坤宁宫,分别为帝、后寝宫,与前三殿共称"三殿两宫",构成紫禁城的核心;嘉靖年间在两宫之间加建交泰殿,遂成后三宫。

尝。可见有清一代，坤宁宫已由寝殿变为满族萨满教的神堂，另外也作为皇帝的喜房，表现出满族较为独特的习俗——整个紫禁城最能突出反映满族生活习惯者当属此殿（图3.27）。

图3.27 坤宁宫内景

■ 后三宫、紫禁城与北京城规划设计的"模数制"

在规划布局上最为意味深长的是：前三殿建筑群总平面的长与宽恰为后三宫建筑群总平面长与宽的2倍，于是前三殿总面积为后三宫总面积的4倍。傅熹年研究指出：整个紫禁城建筑群是以后三宫建筑群总平面的长与宽作为基本"模数"规划设计的；而明北京内城又是以紫禁城的长和宽为基本模数进行规划——古人通过紫禁城与北京城规划设计的模数关系体现了中国古代帝王"化家为国"的基本理念，即以帝王之家为基本单位来规划设计整个国都（图3.28）。①

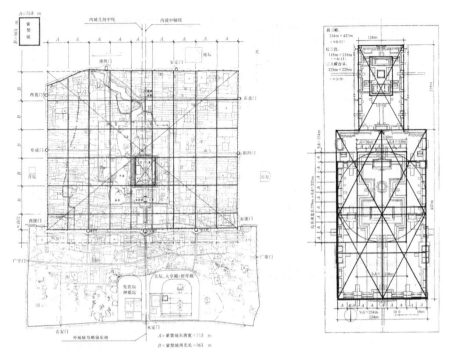

图3.28 紫禁城后三宫与三大殿、紫禁城与北京城的规划设计模数关系示意图

三、御花园

御花园在坤宁门以北，居于紫禁城中轴线末端——它是庄严肃穆的禁宫之中难得的一处轻松活泼的所在。其面积仅1.2公顷，不足紫禁城面积的2%。园中建筑密度很高，依照轴线对称的格局来安排，园路布设也呈纵横交错的几何式，山池花木仅作为建筑群的陪衬和庭院的点缀——这与一般的中国古典园林大相径庭，但却极好地配合了紫禁城的气氛，没有因为园林的自然形态而破坏紫禁城中轴线一以贯之的威严氛围（图3.29）。

全园按中、东、西三路布置，中路偏北为主殿"钦安殿"，面阔五间前出抱厦五间，重檐黄琉璃盝顶，内供元天上帝像——明代皇帝多崇道，钦安殿为宫中最主要的道教建筑。钦安殿前两株白皮松遮天蔽日，减弱了主殿中轴对称的呆板

---

① 参见：傅熹年.傅熹年建筑史论文集.北京：文物出版社，1998：357~366.

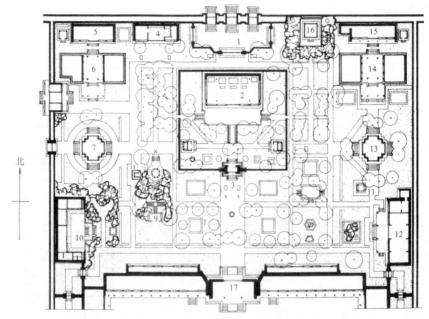

1. 承光门　2. 钦安殿　3. 天一门　4. 延晖阁　5. 位育斋　6. 澄瑞亭　7. 千秋亭
8. 四神祠　9. 鹿囿　10. 养性斋　11. 井亭　12. 绛雪轩　13. 万春亭　14. 浮碧亭
15. 摛藻堂　16. 御景亭　17. 坤宁门

图 3.29 御花园平面图

之感（图3.30）。东、西两路采取对称手法布局景观建筑物，其中最妙的是处于东、西路轴线中点的万春、千秋二亭，平面皆为十字形，屋顶首层檐为十字形，顶部则变为圆形攒尖，台基四面出陛，周以白石栏杆，两亭造型玲珑曼妙，亭亭玉立，为园内最优美别致的景色（图3.31）。此外，御花园北门承光门东侧，为太湖石堆叠的假山——"堆秀山"，山下有洞穴，沿左右可登上山顶的"御景亭"，这是帝后重阳登高、眺望紫禁城的佳处。与之相呼应，西南端养性斋东北亦设大假山一座，山前建"石台"，登台俯瞰园景也是赏心乐事。

　　虽然二十余处建筑在园中布置基本对称，但是工匠却极尽巧思，令其造型各异（共十几种不同类型），在严整中力求变化，加上假山、树木、水池、花卉的配合，足以令这座布局严谨的禁宫花园也趣味盎然。梁思成评价道：

　　禁中千门万户，阁道连云，虽庄严崇闳，不无枯涩之感。独御花园幽深窅窱，与宁寿宫之乾隆花园及慈宁宫花园，并称胜境。[①]

图3.30 御花园钦安殿

图3.31 御花园万春亭

四、东西六宫

后三宫左右为东、西六宫。东、西六宫各分两列,每列由南至北各三宫,共十二宫。这十二宫为一系列可谓"标准单元"的独立院落(图3.32),每座庭院占地约2000平方米,环以围墙,由前殿、配殿和寝殿组成,外门为琉璃花门,门内有木制或石制影壁一座,还有井亭一处。各院落之间有纵横街巷联系:南北向

图3.32 西六宫之长春宫太极殿

① 梁思成. 梁思成全集(第四卷). 北京:中国建筑工业出版社,2001:151~152.

的"一长街"宽9米,"二长街"宽7米,东西向的"巷"宽4米,规划整齐、井井有条——东西六宫的道路和住宅布局与北京城的"街道-胡同-四合院体系"(详见本书第陆章)如出一辙,只是道路尺度比城市街巷略小、而建筑单体尺度比普通四合院民居要大一些而已(图3.33、图3.34)。清代对西六宫改建较多,东六宫较多地保持了明代格局。

东六宫之南有皇帝家庙奉先殿、祭祀前斋戒之所斋宫和毓庆宫。与之相对称,西六宫之南为著名的养心殿。

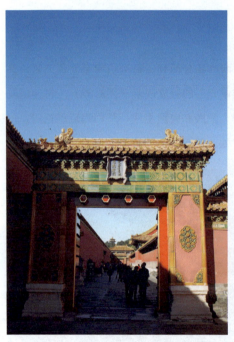
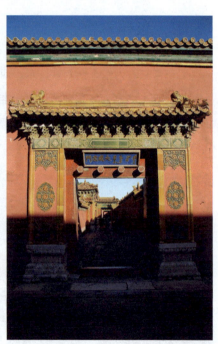

图3.33 西六宫纵街　　　　　　　　　　图3.34 东六宫横街

五、养心殿

雍正帝即位后将内廷中心由乾清宫移至紫禁城西路的养心殿,并对其进行了改建。养心殿外门(养心门)为精致的琉璃门,主体建筑平面为"工"字形,前殿七间,前出抱厦三间;后殿五间,中间以穿堂相连,亦为五间。后殿东西朵殿各三间。东西配殿各五间。

前殿内明间设宝座,上有藻井天花,左右各二间是东西暖阁,西暖阁是皇帝起居和召见亲近大臣的地方,西梢间隔出一小室,即著名的"三希堂",以乾隆珍藏的晋人王羲之《快雪时晴帖》、王献之《中秋帖》和王珣《伯远帖》得名,装饰极为精雅。东暖阁在同治以后改为召见大臣之所——慈安与慈禧"垂帘听政"即在此处(图3.35)。后殿为皇后住所。

图3.35 养心殿布局示意图

养心殿建筑群尺度宜人,空间小巧而富于变化,生活气氛浓厚,远远有别于中轴线上肃穆压迫的氛围(图3.36),实用功能远较乾清宫为佳,故雍正将此处变为施政办公、生活起居的中心地区,且这个变动一直持续到清末——清代宫廷的中心终于离开紫禁城庄严肃穆的中轴线建筑群,融入到西路的"生活区"之中,这是清代紫禁城宫殿在使用功能上最大的一个变化。

图3.36 养心殿小品——三头鹤香炉

清朝帝王们将居所由宫廷中轴线搬到西侧,又有大部分时间干脆在西北郊离宫别苑里度过,可以看出尽管入主中原时日已久,但满族人其实并未习惯明代宫廷规整的布局及压抑的气氛,包括北京的气候条件,于是想尽办法获得舒适的生活环境,并尽量亲近大自然,体现了游牧民族与汉民族不同的生活习惯——也恰恰是这样不同的生活习惯,最终致使清代帝王在北京西北郊大兴苑囿,建造了不亚于明北京城的一座园林之城(详见本书第伍章)。

六、乾东、西五所

东、西六宫的北侧分别是乾东、西五所，明代为皇子、皇孙居所。清乾隆时期先后将乾西五所改建为重华宫、漱芳斋、建福宫及西花园等园林化的建筑群（图3.37）。①

乾隆作为皇子时住在"西二所"，并于此举行大婚。乾隆即位后，因该所为"龙潜之地"，故升为"重华宫"，作为皇帝新年受贺、茶宴、接见外藩及与文臣赋诗联句之地。从乾隆的大量御制诗可以看出乾隆经常使用此宫，足见其对幼年居所的喜爱。"西一所"则改为漱芳斋，为听戏之所：庭院中面对正殿设一座重檐歇山顶戏台，皇帝元旦受贺或宴请王公大臣时于此看戏。漱芳斋后殿的"金昭玉粹"室内更有一座亭式小戏台，周围墙壁绘作室外园林状，置身其间犹如室外，帝后常常在此用膳，由南府太监（亦称内学，不同于外请戏班）演唱"伺候戏"。"西三所"紧邻重华宫，故改作御膳房。"西四所"及"西五所"合建为建福宫及西花园建筑群——一组集宴赏、集会、园林于一身的宫苑。东半部是布置在南北中轴线上的建福门、抚辰殿、建福宫、惠风亭、存性门、静宜轩、慧曜楼建筑群，其中静宜轩为三卷勾连搭屋顶，富于园林趣味。西半部以延春阁为主体建筑，延春阁（与元大都大内后寝主殿阁同名）规模宏敞，为面阔、进深均为七间并周以回廊的二层方形大阁。阁后为敬胜斋，阁前叠石为山，山巅立积翠亭，此外另有玉壶冰、凝晖堂、碧琳馆、吉云楼以及廊庑等环列四周，既有延春阁的体量与轴线控制整组建筑群布局，同时又不拘泥于严整对称，富有园林趣味，体现出乾隆年间御苑建造不同于明代御花园的特点，而这样的艺术手法在宁寿宫"乾隆花园"得到了进一步发挥。园内延春阁牡丹、碧琳馆竹子、静宜轩梅花皆为名种，乾隆皆有诗歌题咏，他原拟退位后在此养老，后来又兴建了规模更为钜丽的宁寿宫作为颐养天年之地。

可惜民国十二年（1923年）敬胜斋失火，殃及全园，西花园及建福宫建筑群除了惠风亭与假山石，余皆付之一炬。②

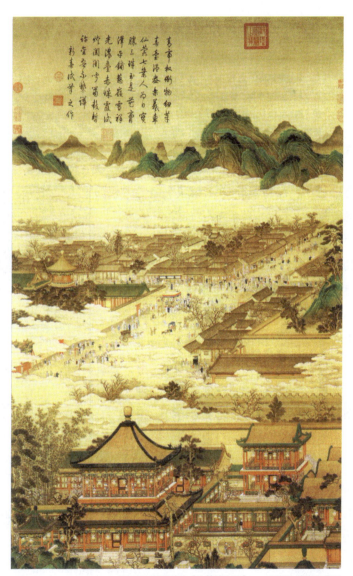

图3.37 丁观鹏绘《太簇始和图》——下部为建福宫花园

① 嘉庆时期又在宁寿宫南面建南三所作为皇太子居所,乾东五所改为库房。
② 现已由中国文物保护基金会提供资金重建完成,弥补了紫禁城"最大的伤疤"。

第三节

紫禁城外东路与外西路

一、宁寿宫（外东路）

乾隆三十七年（1772年）在紫禁城东北隅大规模改建宁寿宫，预备作为自己归政后的"太上皇宫"，因而宁寿宫可谓清代兴建的宫廷建筑群之代表，其建筑艺术也充分体现了乾隆朝鼎盛时期的风格。[①]宁寿宫实为紫禁城之"具体而微者"，一处"城中城"。建筑群东西宽120米，南北深395米，为一纵长平面，故有"左倚城隅直似弦"之谓（图3.38）。宫殿分前后两部分：前半部分是对康熙年间宁寿宫的改建，以三间七楼琉璃券门皇极门为正门，其南正对五色琉璃九龙壁一座。门内沿中轴线布置宁寿门、皇极殿（形制如保和殿，图3.39）、宁寿宫（内部布置依照坤宁宫，为祭神之所，图3.40），与周围附属建筑共同组成宁寿宫的"前朝"。

后半部分即宁寿宫之"后寝"，分作中、东、西三路。中路为寝宫主体，依轴线布置养性门、前殿养性殿、后殿乐寿

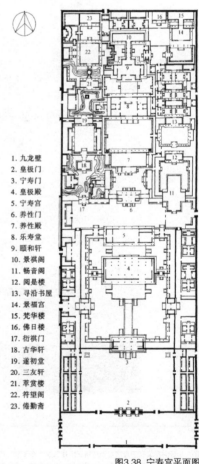

1. 九龙壁
2. 皇极门
3. 宁寿门
4. 皇极殿
5. 宁寿宫
6. 养性门
7. 养性殿
8. 乐寿堂
9. 颐和轩
10. 景祺阁
11. 畅音阁
12. 阅是楼
13. 寻沿书屋
14. 景福宫
15. 梵华楼
16. 佛日楼
17. 衍祺门
18. 古华轩
19. 遂初堂
20. 三友轩
21. 萃赏楼
22. 符望阁
23. 倦勤斋

图3.38 宁寿宫平面图

图3.39 宁寿宫皇极殿　　　　　　　　　　　　　　图3.40 宁寿宫

堂,其后为颐和轩与景祺阁,二者以穿廊相连呈"工"字形布局。养性殿平面布置全部模仿养心殿。乐寿堂之规制则模仿圆明园中的长春园淳化轩,面阔七间带回廊,室内以装修将进深方向分作前后两部,东西又隔出暖阁,平面灵活自由,具有江南园林"鸳鸯厅"的风格;其内檐装修之碧纱橱、落地罩、仙楼等皆硬木制作,并以玉石、景泰蓝装饰,天花全部为楠木井口天花,天花板雕刻卷叶草,完全体现了乾隆时代的装饰风格,是清宫廷室内装修的经典(图3.41、图3.42)。

图3.41 宁寿宫乐寿堂　　　　　　　　　　　　　　图3.42 宁寿宫乐寿堂仙楼

　　东路主体建筑为五间三层的大戏台"畅音阁",此戏台也是紫禁城最大的戏台。戏台北面为阅是楼,为帝后观戏处,周围有转角楼32间(群臣看戏房),戏台、楼阁与转角楼共同围合成院落——成为禁宫内的一处"戏园子"

---

① 此处原为明代外东裕库与仁寿殿旧址,康熙二十八年(1689年)改建为宁寿宫,作为太皇太后、皇太后寝宫。雍正、乾隆朝皇太后、妃等均住乾清宫,乾隆三十七年(1772年)大规模改建宁寿宫,工程前后进行约六年,倾注大量心血。

（图3.43）。① 戏园之北为寻沿书屋、庆寿堂等小型建筑群，最北端为景福宫及供佛的梵华、佛日二楼。景福宫乃仿建福宫之静宜轩，梵华楼则贮有大量佛塔、佛龛、佛像以及佛教壁画。

乾隆花园

西路即著名的宁寿宫花园，俗称"乾隆花园"，与建福宫"西花园"一东一西遥相呼应。其园基地宽37米，深160米，轮廓甚为狭长，为造园者带来极大挑战。最终匠师们巧妙地完成其园林构思：总体布局采取南北串连式，自南向北安排了四进院落，院落之间似隔非隔、互为因借、彼此渗透，十分精彩（图3.44）。

第一进院落以假山障景，辅以轩、亭、廊、斋，塑造了一个布局自由、气氛幽闭的空间；第二进院则豁然开朗，以一正两厢加垂花门的典型四合院布局大大方方展现于观者眼前；第三进院落为假山所充盈，楼亭皆结合山道部署，极富变化；最后一进院落恢复工整宏阔，以五间两层的大阁"符望阁"为主体，并与西花园的"延春阁"东西对峙，相映成趣。阁北为仿照西花园敬胜斋建造的倦勤斋，作为全园的结束。符望阁下层以各类落地罩、格扇、门窗、板墙等纵横交错隔作许多

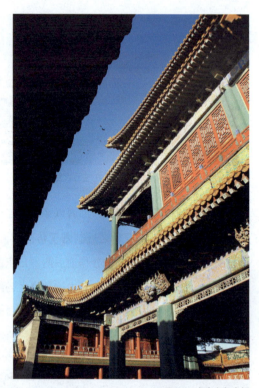

图3.43 宁寿宫畅音阁

图3.44 乾隆花园

房间，并设有夹层，因而交通错综复杂，有"迷楼"之称；二层则为三开间见方的大间，中设宝座，登临周围敞廊，可以北望景山，西望琼岛，南望禁城，东望宁寿宫全貌，实为观景胜地。乾隆花园的设计，以西花园为参照，又结合自身狭长的用地，因地制宜、一气呵成地营造了起承转合的四处庭院空间，大大超越了西花园以及明代御花园的艺术造诣。

二、外西路

西六宫西侧为太后、太妃们的宫室，俗称"外西路"，包括慈宁宫、寿安宫、寿康宫等。

■ 慈宁宫

慈宁宫正殿在乾隆年间重建时建为重檐庑殿顶，很像坐朝用的大殿。后殿供满佛像，又叫大佛堂。慈宁宫花园是紫禁城重要的园林之一（图3.45）。

图3.45 慈宁宫花园鸟瞰图

---

① 紫禁城里戏台众多，至今保存完好的除了畅音阁大戏台之外，还有倦勤斋室内的小戏台、重华宫漱芳斋院中的戏台和斋内的"风雅存"小戏台，以及长春宫院内的戏台等。

■ 雨花阁

雨花阁[①] 是紫禁城"外西路"延庆殿与寿安宫之间一组藏传佛教建筑群的主体建筑，是乾隆年间在明代隆德殿旧址改建的——隆德殿原为明代宫廷的道教建筑中心，清代将之改作佛教重地，足见清代"扬佛抑道"的宗教倾向。

雨花阁建于乾隆十四年（1749年），平面呈南北纵长的矩形，阁分三层，下层四面出抱厦，中层为歇山顶黄琉璃瓦蓝剪边屋面，上层为正方形四角攒尖顶，并以镀金铜瓦覆盖，四条垂脊各饰以金龙，以金色宝塔作为顶部结束，建筑轮廓极为精巧华丽。阁外观三层，内部加上暗层实为四层，每层供奉不同佛祖坛城，其中底层安置有三座珐琅制作的坛城模型，称大曼荼罗，是甚为华美的工艺品。

紫禁城建筑群千万重屋宇皆以黄琉璃瓦覆盖，屋顶造型和谐整一——而雨花阁（包括上文提到的文渊阁）独特的造型轮廓与屋瓦色泽在这片金色的海洋之中即显得格外突出，大大增加了整组建筑群的生机；同时由于这类特殊建筑数量的稀少，又保证了紫禁城的整体气魄不受破坏（图3.46）。

总观紫禁城，庞大复杂的建筑群沿中轴线分为"前朝后寝"，并于东西两侧辅以"东路"、"西路"两道次要轴线，布局井井有条、至为严谨。其美感

图3.46 雨花阁

特征体现为高度和谐统一的整体美。梁思成在其《中国建筑史》一书中称赞故宫建筑群：

清宫建筑之所予人印象最深处，在其一贯之雄伟气魄，在其毫不畏惧之单调。其建筑一律以黄瓦、红墙碧绘为标准样式（仅有极少数用绿瓦者），其更重要庄严者，则衬以白玉阶陛。在紫禁城中万数千间，凡目之所及，莫不如是，整齐严肃，气象雄伟，为世上任何一组建筑所不及。②

紫禁城为中国古代宫殿的最后遗存。中国历代宫殿为中国古代建筑最高成就之代表。但自项羽火烧阿房宫开始，历朝历代改朝换代之时，宫殿往往为战火或人为毁灭。单就北京而论，金中都、元大都宫殿建筑群之宏伟壮丽皆不亚于紫禁城，然而皆片瓦不留。即便是明代紫禁城，亦绝大部分为清代帝王重建，其得以留存至今，为中国两千余年帝王宫殿之唯一遗存，至为宝贵。③

不仅如此，紫禁城可谓中国历代宫殿建筑艺术的集大成者。虽然其规模、气魄不及汉唐宫殿诸如汉未央宫、唐大明宫之类，但紫禁城依旧为中国宫殿建筑之杰出代表，并且从规划布局之严谨有序方面来看，比之汉唐宫殿犹有过之——明北京之于隋唐长安，若论都城之宏大、建筑之豪劲，明北京似不及唐长安，但若看规划之严整，设计之精当，则明北京又胜过唐长安。紫禁城最直接受到北宋汴梁、金中都、元大都、明中都（位于今安徽凤阳）、明南京宫殿建筑的影响，为中国古代宫殿建筑臻于成熟完美之境的杰作。比之古都北京城墙消失的巨大遗憾，紫禁城得以几乎完整地保存下来，实为北京作为中国古都之最大幸事！

不仅如此，北京作为中国古代都城的重要代表，其各种类型的建筑群诸如坛庙、陵墓、苑囿、园林、王府、会馆、街市、民居、寺观、佛塔等均有杰出的代表留存至今，实属难能可贵，不仅应当倍感珍贵，并且实在应该抱着"如数家珍"的心情，仔细欣赏一番。

---

① 在《日下旧闻考》等古籍中亦写作雨华阁。
② 梁思成. 梁思成全集（第四卷）.北京：中国建筑工业出版社，2001.179.
③ 尽管现在东北留存有沈阳故宫，但终究不能算作是汉族的宫殿建筑。

第肆章

坛庙陵墓

《大明十三陵》

在中国所有的艺术创造中，就单件作品来说，称天坛为至美无上的珍品恐怕并不过分，它甚至要超过中国的绘画艺术。

——林语堂：《辉煌的北京》

本章讨论的是北京皇家建筑除宫殿以外的另外一些重要类型：即坛、庙和陵墓。

此类建筑群均以祭祀为重要功能，带有十分强烈的礼制的乃至于宗教的色彩，包含了中国古人"天人合一"、"慎终追远"、"事死如事生"等文化理念，是北京古建筑中具有深刻文化内涵的类型，也是最具独特意境的类型。

由于坛庙陵墓具有浓厚的宗教色彩，使得此类建筑群深受西方人青睐，比如天坛和十三陵历来都受到西方艺术家或学者的高度赞颂：朱丽叶·布莱顿（Juliet Bredon）称天坛为"人类建筑的瑰宝"，"准确地反映了生命与永恒的真谛"；[①] 而李约瑟（Joseph Needham）则将十三陵誉为"最大的杰作"。[②]

第一节

坛庙概说

祭坛和祠庙都是祭祀神灵的场所。台而不屋为坛，设屋而祭为庙。坛庙建筑是中国古代都城建设中极其重要的组成部分：经过元明清三代的经营，北京城最终形成一个包括太庙、社稷坛、天坛、地坛、日坛、月坛、先农坛、先蚕坛、孔庙、历代帝王庙、堂子等诸多坛庙的宏大而复杂的祭祀建筑系统（图4.1）。[③]

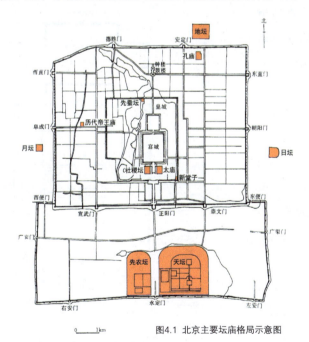

图4.1 北京主要坛庙格局示意图

[①] 参见：林语堂 著. 赵沛林，张钧 等译. 辉煌的北京. 西安：陕西师范大学出版社，2002：126～127.
[②] [英]李约瑟 著. 中国之科学与文明（第十册）. 陈立夫 主译. 台北：台湾商务印书馆股份有限公司，1977年4月初版，1985年2月第4版：275.
[③] 除上述坛庙之外，紫禁城内的奉先殿和景山内的寿皇殿也是重要的皇家祭祖场所，前者为皇室家庙，后者为供奉皇帝"圣容"即画像的所在。

一、太庙、社稷坛——左祖右社

依照《周礼·考工记》中的"左祖右社"之制，太庙与社稷坛分立天安门与午门之间御街的东、西两侧，形成"一实一虚"的空间格局——太庙以巍峨的三大殿建筑为核心，而社稷坛则以低矮的祭坛空间为核心。①

■ 太庙

太庙为明清两代皇室的祖庙，是国家祭祀设施中"庙"的最高等级的建筑群（图4.2）。太庙共设三重墙垣：外垣内绝大部分面积被柏树林覆盖；第二重墙垣内为太庙主体建筑群；最内一重墙垣环绕太庙的核心建筑。内垣（即第二重墙垣）南门称"戟门"，② 门前有七座汉白玉石桥跨在小河之上（类似紫禁城内金水河之制）。戟门屋顶曲线优美，出檐较大，梁架简洁，天花华丽而不失纤巧，表现出典型明代殿宇的特征，为明永乐时期的重要遗存。戟门内为中轴线上的前、中、后三殿，为太庙主体建筑

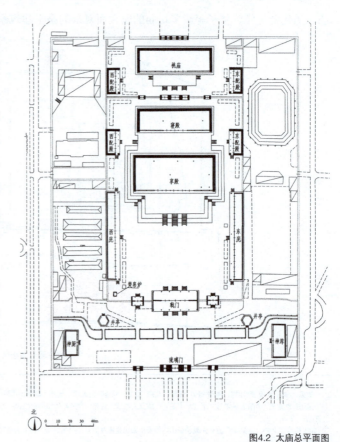

图4.2 太庙总平面图

前殿为祭殿,亦称"享殿",是皇帝祭祀时行礼之所,面阔九间(清乾隆年间加建周回廊成为面阔十一间),进深四间,黄琉璃瓦重檐庑殿顶,立于三重汉白玉石基之上,为紫禁城太和殿的"具体而微者"(图4.3)。殿前有极其宽广的庭院,中央为石铺御路,两侧满用条砖墁地,平整空阔,与墙外古柏森森的气氛形成鲜明的对比。祭殿之后为寝殿,面阔九间,黄琉璃瓦单檐庑殿顶,与祭殿共处在"干"字形(由北向南望则为"土"字形)的高台之上,呈"前朝后寝"的格局。后殿称祧庙,规制一如寝殿。

综观太庙全局,布局严谨,形制尊崇,红墙、黄瓦、汉白玉阶基——为皇城内仅次于紫禁城外朝三大殿的建筑群,规模甚至在后三宫之上。建筑群环以柏林,林间古柏参天蔽日,增添了太庙作为皇家最尊贵的祭祀建筑群的庄严沉穆之气。

图4.3 太庙祭殿

---

① 元大都的太庙、社稷坛即按"左祖右社"之制布局,于大都城齐化门(今朝阳门)内建太庙,平则门(今阜成门位置)内建社稷坛;相比之下明北京太庙、社稷坛与紫禁城关系更加紧密,布局更加严谨,成为一个不可分割的整体,可谓更加成熟的作品。
② 戟门内外原列有戟一百二十枝,故名。见:[清]于敏忠 等编纂.日下旧闻考.北京:北京古籍出版社,1983:129.

■ 社稷坛

社稷坛为明清两代祭祀社、稷神祇的祭坛。社稷为"太社"和"太稷"的合称，社为土地神，稷为五谷神，二者皆为农业社会之重要根基。

社稷坛主体建筑群为双重墙垣环绕（图4.4）。其中内垣所环绕的社稷坛，是

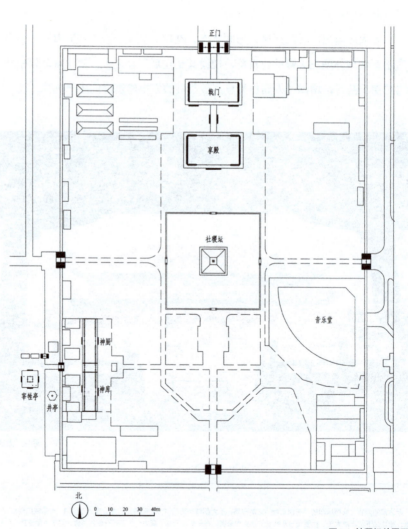

图4.4 社稷坛总平面图

图4.5 社稷坛及坛墙

整个建筑群的核心所在。内垣称"壝墙",为琉璃砖砌筑的矮墙(高1.7米),各面墙垣长度一致(均为62米),并按五行方位选用不同色彩的琉璃砖砌筑:东为青、南为朱、西为白、北为黑,色彩鲜艳夺目。壝墙四面各设一座汉白玉棂星门(门上原有朱漆栅栏门,现已无存)。墙内中央的社稷坛为正方形三层平台,四出陛。① 坛上层铺"五色土"——中黄、东青、南朱、西白、北黑。以五色之土象征普天之下的国土,皇权居于中央并控制四方,从而永保江山社稷——这个图案是北京最富于象征意义(尤其是色彩的象征意义)的设计。坛中央设有一根方形石柱,为"社主",又名"江山石",象征江山永固(图4.5)。②

社稷坛与太庙除了在空间上呈现为一虚一实的对比效果之外,在布局上则是太庙坐北朝南,祭祀时由南向北行进;社稷坛则坐南朝北,祭祀时由北向南行进。

二、天坛、地坛、日坛、月坛

明初实行郊祀制度,明北京主要祭坛均设在城郊,嘉靖年间修建外城后原本位于南郊的天坛与山川坛(清代称先农坛)被圈入外城,而日坛、月坛、地坛则分别位于明北京城的东、西、北郊。其中天坛、地坛相对,天坛建筑群坐北朝南,地坛坐南朝北;日坛、月坛相对,前者坐东朝西,后者坐西朝东。天、地、日、月四坛环拱京城,成为北京城有机的组成部分。天坛将于下节详述,以下略述其余诸坛。

---

① 众多明清历史文献均记载社稷坛为二层方坛,但现状为三层方坛,至于何时由二层改建为三层并基于何种原因尚待考。
② 原坛中还有一根木制的"稷主",后无存。

■ 地坛

地坛又名"方泽坛",与天坛(又名"圜丘坛")相对,位于北京城安定门外的北郊,是夏至日祭祀皇地祇的所在。建筑群坐南朝北,有双重墙垣环绕,中轴线上是方泽坛与皇祇室,西北隅、西南隅分别有斋宫及神厨、神库、宰牲亭等附属建筑群。按"天圆地方"的观念,地坛平面为方形,高两层,皆用黄色琉璃砖、青白石砌筑(图4.6)。

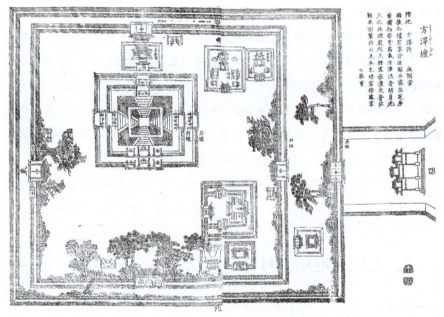

图4.6 《唐土名胜图会》中的地坛

■ 日坛

日坛和月坛东西相对。日坛(又名"朝日坛")位于北京城东、朝阳门外,是春分日祭祀大明之神(太阳神)的场所。日坛为一层方坛,西向,阶九级(阳数)。坛面为红琉璃砖,以象征太阳(清代改为方砖墁砌)。四周为圆形壝墙,仍取"天圆地方"之意。坛外墙轮廓类似天坛形制,西方东圆。坛西北为具服殿,东北为神厨、神库、宰牲亭等(图4.7)。

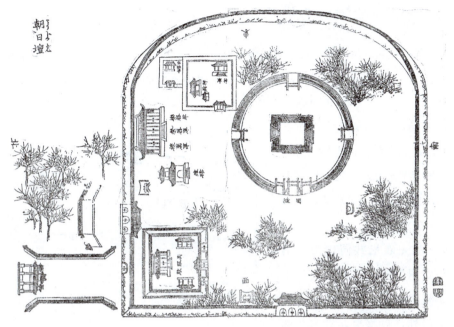

图4.7 《唐土名胜图会》中的日坛

■ 月坛

月坛（又名"夕月坛"）位于北京城西、阜成门外，是祭祀夜明之神（月亮神）和天上诸星宿神的场所。夕月坛也为方坛，东向，坛制基本如日坛，但阶级数等用阴数，坛面铺白石，墙墙方形。坛东北为具服殿，西南为神厨、神库、宰牲亭等（图4.8）。

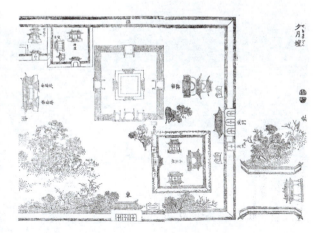

图4.8 《唐土名胜图会》中的月坛

三、先农坛、先蚕坛

先农坛与天坛东西相对，明初称"山川坛"，是融太岁坛、天神坛（祭祀风云雷雨）、地祇坛（祭祀岳、镇、海、渎、钟山、天寿山、京畿天下名山大川之神）、先农坛为一体的综合祭祀场所；后来改称"先农坛"，以上祭祀内容仍然得以保留（图4.9）。先农坛的祭祀场面可见本书第玖章第五节《祭先农坛图》。

与先农坛共同作为"男耕女织"的象征的是与其南北相对的先蚕坛：原位于安定门外，后移至北海东北部（图4.10）。

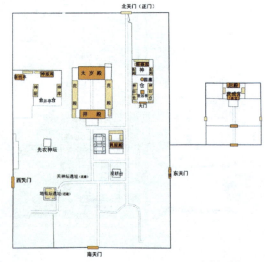

图4.9 先农坛总平面图

图4.10 北海先蚕坛

四、孔庙

北京东城国子监街北侧，东为孔庙，西为国子监，两组建筑群宏大庄严，左右比邻，呈"左庙右学"的格局（图4.11、图4.12），从元大都时期一直延续至今，具有极为深厚的文化内涵。

北京孔庙为国家性的祭孔建筑，规模仅次于山东曲阜孔庙。始建于元大德十年（1306年），明、清两代沿用，屡经重修。建筑群占地宏敞（约22000平方米），布局疏朗，中轴线上依次建有影壁、先师门、大成门、大成殿和崇圣祠，轴线两侧辅以配殿廊庑，庭院中对列碑亭、石碑及数百年之古柏，庄严肃穆，蔚为壮观。

孔庙建筑群的一大特色是碑亭众多，共计十四座。碑亭面阔三间、进深三间，黄琉璃瓦歇山顶，四角为红墙，四面开券门，中央立巨大石碑。众多红墙黄瓦、造型挺秀的碑亭掩映于翠柏之间，为庄严肃穆的孔庙增添了许多幽丽之色。北京孔庙虽历

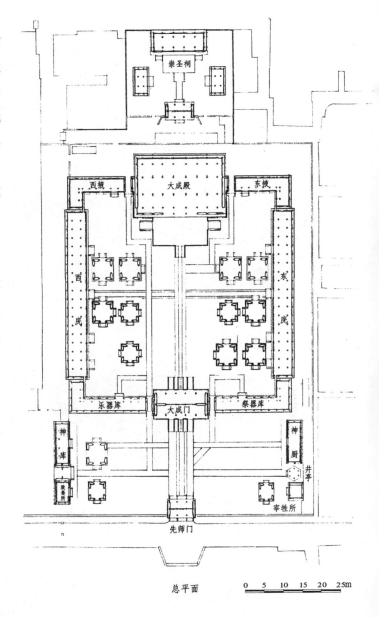

图4.11 孔庙平面图

图4.12 孔庙国子监图

图4.13 孔庙大成殿

经修缮，正殿更建于近代，然而沿用元大都孔庙故址，外门先师门外檐斗栱为元代遗存，价值极高。此外，殿庭内古柏参天，皆为四五百年以上之古木（更有"除奸柏"、"柏上桑"等奇观），许多柏树藤萝缠绕，意境高古（图4.13）。

五、历代帝王庙

历代帝王庙为明、清两代祭祀历代帝王之地。始建于明代嘉靖九年（1530年），嘉靖十一年（1532年）建成。清代继续沿用，雍正、乾隆两代均有过大修。它是明清两朝集中祭祀中华祖先三皇五帝、历代帝王和功臣名将的一座皇家庙宇。

历代帝王庙建筑群规模宏大，屋宇崇丽，总占地约18000平方米，沿中轴线南北依次建有影壁、大门、景德崇圣门、景德崇圣殿、祭器库，两侧辅以配殿、碑亭等（图4.14）。历代帝王庙门前的大街（今阜成门内大街）上，原本横跨两座"景德街"牌楼，均为三间四柱七楼样式，造型优美，雕饰尤为精丽，堪称京城牌楼中之杰作（图4.15）。此外，这两座牌楼的独特位置更为其增添无限意蕴：

图4.14 历代帝王庙碑亭

图4.15 历代帝王庙"景德街"牌楼

第肆章 坛庙陵墓

西有白塔寺浮图入云，东有广济寺游人如织，并与阜成门城楼、西四牌楼遥遥相对，这组"双牌楼"的设计，也令阜成门大街成为京城最壮丽的大街之一。1953年，这两座牌楼因修马路被拆除，京城街头因此又少了一道美轮美奂的风景；如今在首都博物馆大厅中，用1950年代拆卸下来的原构件复建了其中一座牌楼。

六、堂子

堂子为满语的音译，为满族用于拜天、祭神、敬佛的神庙，源于其先人信奉的萨满教。如果说上述坛庙皆为汉民族文化的产物，那么堂子则是典型的满族庙宇。《大清一统志》称："堂子在长安左门外玉河桥东，每年元旦亲祭。凡国家有征讨大事，必亲祭告。"

清顺治元年（1644年）在北京长安左门外、玉河桥东（今台基厂北口路西中国人民对外友好协会处）建立堂子。庚子（1900年）之乱后老堂子被八国联军强占，圈入意大利使馆。因"祀典攸关"，所以到光绪二十七年（1901年），清廷不得已将老堂子"照式勘丈绘图"，择地"东安门内迤南河东岸尽东南隅"，从洋人手中"购还"原堂子拆下的材料，重建新堂子，设计者为"样式雷"第六代传人雷廷昌（图4.16）。

新堂子入口设在西北角，为栅栏门形式，门外有挡众木，保

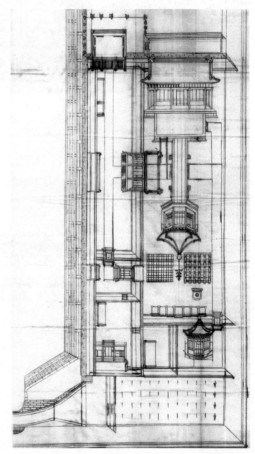

图4.16 新堂子立样（"样式雷"画样，藏于中国国家图书馆）

留了满族先人树栅木为城寨的习俗。由入口南行折而东为宫门三间，门内北面为神殿，南向；其南与丹陛相连的是圜殿八方神亭（亦称拜天圜殿、迎神殿、堂子亭式殿、八角亭等），位于院落中心，平面八角形，周围廊，单檐八角攒尖屋顶（图4.17）。殿内供奉满洲诸神。圜殿之南设有皇帝致祭时立神竿的大石座一个，两侧为宗室王公致祭的小石座各36个。石座东南有水井一口，再南另有神树架7座。过东南角门为尚锡神亭，平面八角形，门南向，内供尚锡神即田苗神。三座主体建筑"均黄色琉璃瓦米色油饰"。

民国以后，祭祀停止，但新堂子建筑仍得以完好保留——直至1985年因修建贵宾楼饭店，堂子被拆除，十分可惜。①

图4.17 新堂子圜殿八方神亭

---

① 参见：罗哲文，杨永生 主编. 失去的建筑. 增订版. 北京：中国建筑工业出版社，2002：32.

第二节

天坛——天人对话

天坛为古都北京坛庙建筑群中最重要者，同时也是明清北京城中规模最为宏大、布局最为疏朗、艺术造诣最为卓绝的建筑群（图4.18）。

图4.18 天坛鸟瞰（远处为正阳门与箭楼）

一、总体格局

天坛总占地面积达273万平方米，约四倍于紫禁城。而在如此浩阔的范围里，仅布置十余处建筑群，其余大部分地域为苍翠的柏林所覆盖——天坛也因而成为繁华帝都中最为肃穆、幽静的去处。建筑群主入口朝西，与先农坛主入口隔着中轴线御街相对。天坛共有内外两重坛墙环绕，两重坛墙的西北、东北隅皆为弧形，从而呈现"南方北圆"的形状，以象征"天圆地方"的传统理念（明初天坛原为天地共祀之所）。①

内墙以内称"内坛"，布置有天坛的主体建筑群：其中，位于内坛中央偏东处是纵贯内坛的南北中轴线，也是整个天坛规划布局的主轴线，其南北两端分别为祭天的圜丘、皇穹宇和祈祷丰年的祈年殿两组建筑群，为全坛祭祀建筑的主体；② 中轴线东侧建有分别附属于圜丘、祈年殿建筑群的神厨、神库、宰牲亭等小型建筑；内坛墙西门南侧为斋宫，为皇帝祭天前住宿、斋戒之所。此外，外坛墙与内坛墙之间的还布置有饲养祭祀所用牲畜的牺牲所和舞乐人员居住的神乐署。从天坛西门（主入口）经内坛西门"西天门"直抵内坛东墙形成一东西主干道，与南北中轴线相交，成为天坛布局的辅助轴线。内坛、外坛余下的广袤地段即为一片片绿海，将天坛与喧嚣帝都相隔绝（图4.19）。

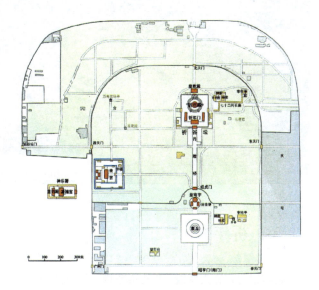

图4.19 天坛总平面图

整个规划设计和艺术构思的核心集中在从祈年殿到圜丘的中轴线，全长900余米，与紫禁城进深相当。位于轴线南北两端的圜丘和祈年殿由高出地面3米余的甬道相连，甬道宽29.4米，全长361米，俗称"丹陛桥"。甬道两侧包砌砖壁，顶面

---

① 天坛在明永乐十八年（1420年）初建时称作"天地坛"，为帝王同时祭祀天地之所；直至明嘉靖九年（1530年），又在北京北郊安定门外建地坛，并将原来的"天地坛"改名为"天坛"，天坛才从此成为明清两代帝王专为祭祀上天和祈求丰收而斋戒礼拜的神圣场所。明代初建时天坛的内外宫墙为土坯砌筑，比较简陋；至清乾隆十二年（1747年）又在原来土墙之外包砖，从而形成了现在的砖砌宫墙。

② 圜丘和祈年殿两组建筑群是明清两代帝王祭祀上天、祈祷五谷丰登，以及在大旱之年祈雨的场所。每年的一些重要时节，如冬天的冬至日、春天的正月上辛日，以及一年时间的居中时节——孟夏日，皇帝都会亲赴天坛进行祭祀与祈祷。

中央铺条石御路（呈中央拱起的浅弧形），御路两旁用条砖海墁铺砌——这条漫长而庄严的道路成为整个中轴线的骨干：由于其高高架起，似乎悬浮在两旁的林杪之间，大大增强了整个祭祀空间的神秘气氛（图4.20）。

图4.20 天坛中轴线建筑群俯瞰

二、祈年殿

祈年殿明代称大享殿，亦称泰享殿，清乾隆十六年（1751年）改称祈年殿，为天坛中体量最大的建筑，也是北京城形制最为独特的建筑，如今已常常作为古都北京的象征之一（图4.21～图4.22）。祈年殿建筑群位于天坛中轴线的最北端，是整个天坛建筑群的"重心"所在，周围筑有一圈2米高的围墙，四面各辟一座拱门。南面的门内又设一座面阔五间、单檐庑殿顶的殿门：祈年门。祈年殿建于一座直径90.9米、高约6米的三层汉白玉圆形台基（称"祈谷坛"）之上。祈年殿平面也为圆形，直径（按柱心计）24.5米，高约38米，三重檐攒尖屋顶——这一造型在北京独一无二。三重屋檐在明代初建时上檐施以青色琉璃瓦，中檐施以黄色琉璃瓦，下檐施以绿色琉璃瓦，以象征天、地、万物，清乾隆十六年（1751年）改为三檐一律覆以青色琉璃瓦，即今天所见的形象——应该说经乾隆朝的改动以后，祈年殿的色

图4.21 祈年殿

图4.22 祈年殿西侧全景

彩更加凝练、统一，建筑从上到下为蓝顶、红身与白色基座，宝顶与彩绘施以少许金色，艺术效果应较明代更为庄重、大气（图4.23）。

对应祈年殿独特的外观造型，建筑采取了独特的内部结构：圆形大殿有内外三圈柱子，直接对应三重屋顶：最内圈是位于殿内中部的4根最高的柱子，直接承

图4.23 乾隆十五年前后的天坛祈年殿示意图

托着上层屋顶,称"钻金柱";在4根钻金柱之外,用12根高度适中的柱子来支撑第二层屋顶,称"金柱";在金柱之外,又有一圈12根较为矮小的柱子支撑第一层屋檐,称"檐柱"。此外,承托上檐的柱子除了4根钻心柱之外,在钻金柱之间的横梁上,对应中檐与下檐的12根柱子的位置,另立了8根短柱,称"童柱",与4根钻金柱共同组成了支撑上檐的12根柱子。殿内屋顶天花施以九龙藻井,造型极其精美华丽。祈年殿室内一圈圈立柱和藻井共同营造了充满向心感的室内空间。

三、皇穹宇

祈年殿正南方约700米为皇穹宇,是存放"昊天上帝"牌位之所。它的外围环绕着直径约63米的正圆形围墙,即著名的"回音壁"。若在清晨四顾无人之际行走其间,仅能听到自己脚步声的回音,充满了神秘的宗教气息。[①]

皇穹宇也是圆形建筑,明代初建时为重檐攒尖屋顶,清代改建为今所见的单檐顶[②]——整个皇穹宇建筑亦可看作祈年殿的"具体而微者"(图4.24)。

图4.24 皇穹宇

四、圜丘

皇穹宇以南即为祭天的祭坛——圜丘，为三层汉白玉圆台，下层直径54.5米，最上一层直径23.5米，四面皆设台阶可以登坛。由于是形制最高的祭祀之所，圜丘的台阶、栏杆数都取九的倍数，以示尊贵；栏板三层共三百六十块，象征周天；三层台面的直径按古尺设计，上层直径九丈，取一、九数，中层直径十五丈，取三、五数，下层直径21丈，取三、七数，合在一起象征"一、三、五、七、九"五个"阳数"。上层台面以中心一块圆石为圆心，其外铺九环石块，每环石块数亦为九的倍数，中、下层台面也同样……诸如此类的象征

---

① 据说现存皇穹宇的围墙为乾隆十七年（1752年）砌筑，用澄泥砖磨砖对缝砌筑，内壁十分光洁平整，因而形成绝佳的声反射体，而圆形墙壁又有着均匀而相同的曲率，使得声音能够沿着墙壁内侧连续反射，因而即使位于围墙内东西两端的人轻声低语，也能清晰地交谈，造成了妙趣横生的效果。此外，在皇穹宇石台基前，还有三块特殊的石板，即著名的"回音石"：站在靠近台基的第一块石板上击掌，可听到一声回音；站在第二块石板上击掌则闻两声回音；站在第三块石板击掌则闻三声回音，成为天坛游客争相尝试的奇妙游戏。

② 嘉靖十年（1531年）初建的皇穹宇为重檐攒尖顶，应当是在乾隆十二年（1747年）至乾隆十六年（1751年）的改建中改作单檐攒尖顶的。应当说乾隆年间对皇穹宇的改建，有助于突出祈年殿的标志性和提升圜丘台周围的空阔感，是比较成功的改建。

寓意在天坛的规划设计中比比皆是，从而也使天坛成为北京城最富象征意义的建筑群之一。①

需要特别指出的是：由于连接祈年殿与圜丘的甬道设计为北高南低微带坡度，因而祭天的人众从北向南走向圜丘祭坛时，随着地势的降低，周围的柏林则渐渐升高，将四周所有景物全部屏蔽在外，只剩下低矮的壝墙环绕下的三重崇台，背景是犹如穹隆般高高在上的天幕，偌大的北京城仿佛瞬间消失——这个空间效果比之祈年殿耸入云霄的屋顶更加富有震撼力，它通过圜丘极其凝练的造型衬托出"天"的浩阔与威严，充分展示了设计者对于"空"、"虚"、"无"这些中国古代哲学理念的理解与把握，以及将其运用于空间营造的高超技艺。从这个角度来讲，天坛圜丘是北京所有古建筑中最能展现中国古代艺术对于"无"的境界（诸如绘画中所谓"无画处皆为妙境"，音乐中所谓"此时无声胜有声"，文学中所谓"不着一字，尽得风流"等）的追求——整座古都最神圣的祭祀场所竟然是一处"空无一物"的平台，再没有什么比这个构思更加恰当地表现出中国艺术对于"无"的强烈偏好了……

此外，建造圜丘的工匠更通过精密的声学设计使站在圜丘顶层中央石块上的人（古时自然是皇帝）发出的声响被周围的石块反射后放大并增加回响，大大增加了祭天仪式的神秘感；配合上燔炉中缭绕的烟霭，鼓乐歌舞的表演，最终共同塑造出"天人交感"的效果，形成了"天人对话"般的神秘境界（图4.25、图4.26）。正如王贵祥指出的：

> 可以说，它是用来象征中国人理念中的天地关系的建筑，它是用来体现古代中国人的独特宇宙观的；它也是为古代帝王所提供的，人世的统治者——帝王，与宇宙万物的主宰者——天，进行交流沟通的神圣场所。②

天坛特别是圜丘所营造的空间无疑成为北京城最具神性的场所——它与前文描绘的紫禁城太和殿的空间共同构成明清北京城建筑空间艺术的两大巅峰；相比之下，太和殿所象征的皇权深具世俗色彩，而圜丘"天人对话"的巧妙构思则更富于宗教意味。朱丽叶·布莱顿（Juliet Bredon）在其《北京》（Peking, 1931）一书中曾以诗人般的敏感描写她静观天坛时的感受：

> 若想真正体会天坛的精妙绝伦，你得选择月明星稀或瑞雪缤纷的夜晚，月光

图4.25 民国时期圜丘俯瞰

图4.26 圜丘现状

① 天坛规划设计中的数字象征的例子还有：以祈年殿的三重屋檐象征天，以殿身周围的十二根柱子象征一年的十二个月，以室内的四根金井柱象征一年中的四季，以梁上的二十四根童柱象征一年中的二十四个节气等。用阳数中最为尊贵的数字九以及九的倍数来设计、铺装圜丘坛的台阶阶级数、地面石铺装数量等。特别有意味的是天坛建筑群外垣周长九里三十步，九为阳数之尊，三十为阴数之至，二者的结合表达了对阴阳和合的圆满境界的追求。参见：王贵祥. 北京天坛. 北京：清华大学出版社，2009：94～101.

② 王贵祥. 北京天坛. 北京：清华大学出版社，2009：6.

是如此的神秘,雪花是那样的轻盈,只有此时此刻,你才能切身体验到天坛,这人类建筑的瑰宝,与那树木的美妙,与那苍穹的空旷是如何和谐,它是如何准确地反映了生命与永恒的真谛!只有此时此刻,你才能领悟这树丛与建筑象征了智慧、爱心、敬畏与无所不在的宁静。神用这些启示教育混沌无知的人类。①

同样,林语堂也认为"沐浴在月色中的天坛是最令人肃然起敬的,因为在那时天幕低垂,天坛这座雄伟的穹顶建筑与周围的自然景物水乳交融,浑然一体","天坛恐怕是世界上最能体现人类自然崇拜意识的建筑","天坛与哥特式大教堂一样,真正能让人们体察到神灵的启示"(图4.27)。林语堂甚至宣称:

"在中国所有的艺术创造中,就单件作品来说,称天坛为至美无上的珍品恐怕并不过分,它甚至要超过中国的绘画艺术。"②

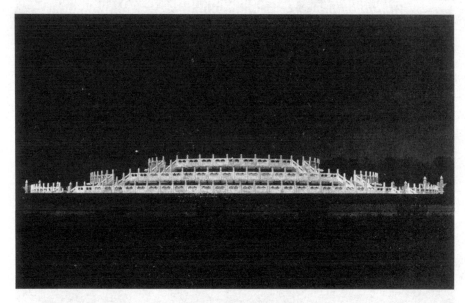

图4.27 月光下的圜丘——此幅女摄影师赫达·莫里逊的月下圜丘照片摄于20世纪30年代,它与文中所引朱丽叶·布莱顿描绘的夜色中的天坛正好可以互为参照,意境绝美

第三节

墓葬概说

中国古代把帝王陵墓称作"陵寝",本章虽名曰"坛庙陵墓",但也希望简要论及古都北京广泛分布的各类墓葬建筑群,然后单独介绍明十三陵这一帝王陵墓群的典型代表及其蕴含的中国古人"事死如事生"、"陵墓若都邑"等重要的规划设计理念。

一、历代墓葬

京郊大地广泛分布着各历史时期墓葬。

北京地区已发掘的历代墓葬中以汉墓数量最多,最具代表性的是1974年发掘的丰台大葆台汉墓,为大型木椁墓,由墓道、甬道、外回廊、"黄肠题凑"、前室、后室等部分组成,墓道中有随葬的车、马。从形制、封土、出土物及人骨鉴定,并结合文献记载,发掘者判定墓主人是西汉时期的燕王刘建及夫人(图1.3)。此外,石景山和丰台分别出土了《汉故幽州书佐秦君之神道》石阙(现藏于海淀区五塔寺,图4.28)及东汉石人。

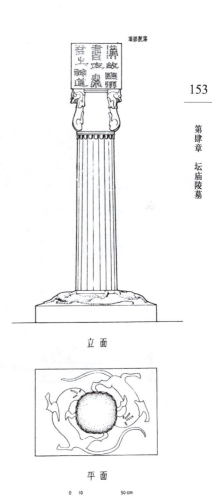

图4.28 《汉故幽州书佐秦君之神道》石墓表

---

① 转引自:林语堂 著.辉煌的北京.赵沛林,张钧 等译.西安:陕西师范大学出版社,2002:126~127.
② 转引自:林语堂 著.辉煌的北京.赵沛林,张钧 等译.西安:陕西师范大学出版社,2002:126~127.

金、明、清三代均在北京留下了许多皇家墓葬建筑群。

金代皇陵位于房山西部的大房山东麓,初建于金海陵王时期(1149—1160年),陵区面积约60平方公里,有17座王陵及诸王兆域,是北京地区年代最早的帝王陵寝(图4.29)。

图4.29 《鸿雪因缘图记》"房山拜陵"一图中的金陵

明北京墓葬建筑群首推规模宏伟的明十三陵,将在下节专论。此外,明代宗朱祁钰由于特殊的历史原因未能葬入皇陵区,而是葬于西北郊金山景泰陵。除此之外,京郊还广泛分布着明代各类墓葬,包括妃嫔墓、藩王墓、公主墓、外戚墓以及太监墓等。

清代的皇陵虽不在今天的北京境内，但诸王及公主的墓葬群大都位于京郊，据统计北京共有清代诸王及公主园寝200余座，不过绝大多数已毁，现在尚存大量以诸王、公主墓园为名的地名如"八王坟"、"公主坟"，等等。

北京历代墓葬遗存数量不少，分布亦广，然而除明十三陵帝王陵寝之外，地上建筑保存较为完整者却寥寥无几。以下选择两处较为完好的墓葬建筑群略加介绍，其一为明代大太监田义墓葬，其墓园石刻堪为北京石刻艺术的杰作；其二为清代醇亲王墓（俗称"七王坟"），可谓清代亲王墓的最重要遗存。

二、田义墓

田义墓为明万历年间司礼监掌印太监田义的墓园，是目前全国范围内规格最高、保存最完好、石刻最精美的太监墓园。墓园建于明万历三十三年（1605年），占地约0.6公顷，由神道区、享堂区和寿域区三大部分组成，形成"前方后圆"的格局——神道区、享堂区为两重方形庭院，寿域区平面呈半圆形（图4.30）。整个

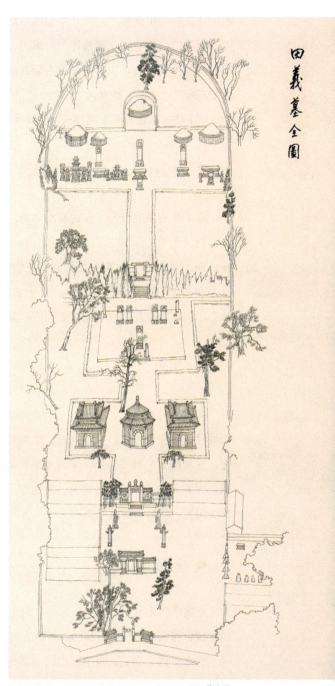

图4.30 田义墓全图

墓园建筑群依山就势，沿南北中轴线布局，由南至北顺次为神道门、华表、石像生、棂星门、碑亭、享殿遗址、寿域门、石供桌、墓碑、宝顶等，为研究明代墓葬制度的重要实例。田义墓最受人瞩目的则是其精彩绝伦的石雕艺术，代表了明晚期石雕艺术的最高成就。

以下依次略述该墓主要建筑及附属雕刻。

■ 神道门

田义墓的神道门为一座砖石小门楼，硬山卷棚顶，门框、门槛、门枕、门楣及门簪皆为青石制成。门垛下半部为石制须弥座，束腰上雕如意连纹，精细流畅。四个八角形门簪簪心上刻成莲花的四种不同造型，分别为"莲苞欲放"、"莲蕊初绽"、"绿荷怒放"、"子实成熟"，寓意"冬蕴、春长、夏绽、秋结"，同时象征人生的不同阶段及因果境遇——可谓构思精巧、寓意深刻。

■ 华表

神道门内为神道，神道两旁分立华表、石象生各一对。华表通高7米余，为八棱柱，直径85厘米，下雕江涯，上刻祥云。柱顶承露盘上蹲坐两只神兽面朝南方，昂首挺胸、神采飞扬。华表底部的须弥座雕有雄狮、麒麟、獬豸、貔貅、天禄、辟邪、海马、宝象、神驼、玉兔等十余种不同的神兽以及狮舞绣球、双龙戏珠等图案，雕刻丰富而华美。

■ 石象生

神道华表北侧为石象生一对，东为文官、西为武将，高约3米，比明十三陵神道文武官石象生略小，但却比清西陵的还大。

文官头戴七梁冠，身穿朝服，手捧笏板，面容谦和。在其朝服的垂带上雕有仙鹤一对，为文官一品的标识，雕刻线条流畅精美。武将头戴金盔，身着铠甲，手杵钢鞭，神态威严。武将周身雕琢细腻，甲胄上的甲页、鞭柄上的宝石、战靴上的神兽乃至绳结均刻画入微。武将身后的护腰大带上刻有一组"胡人驯狮图"，为一品武官饰品。

■ 棂星门

神道的北端为棂星门，通体为汉白玉雕成，中央为二柱牌坊式门，左右为影壁两座，面阔7.7米，高5.7米，比例匀称、造型厚重、雕饰精美。两个方形门柱柱头上蹲坐两只对望的石狮，双狮共同守卫着门中央象征灵魂不熄的火焰宝珠（图4.31）。

图4.31 田义墓神道石象生棂灵门及棂星门

门左右的石影壁南北两面四组雕刻为棂星门的精华所在。南面两幅雕刻主题均为狮子，东壁为一只雄狮休闲地卧在祥花瑞草之间；西壁则描绘一只大狮与一只幼狮于山林间嬉戏。北面的雕刻则以鹿为主题，东、西壁均为双鹿图，背景衬以松树、蝙蝠，以象征"福"（蝠）、"禄"（鹿）、"寿"（松）。四幅雕刻皆采用高浮雕技法，雕工精湛，且画面经营十分细腻生动，观者可由画面背景的林间花草之中不经意发现栩栩如生的昆虫如蝈蝈、蜜蜂等藏匿其间。

■ 碑亭

棂星门内为一字排开的三座碑亭，是整个墓园保存最完整的三座砖石建筑。

位于中轴线上的中亭平面呈八角形，首层檐为八角形，上为圆形攒尖顶，形制颇奇特。东西南北四面各辟券门一道。东、西两碑亭为造型一致的方形碑亭，屋顶为重檐歇山顶，南北两面各辟券门，东西两面雕出券形假窗。三座碑亭造型小巧精致，屋顶方圆成趣，以砖石模拟木结构亭阁的效果，惟妙惟肖。各亭内部全部为青砖券砌成的穹隆顶，顶端为汉白玉雕成的圆形高浮雕龙纹压顶石——中亭图案为蛟龙探海，东西二亭为双龙戏珠。

其中，中亭内石碑的方趺座雕工细致精美，为田义墓石雕艺术的代表作：正面与背面均雕三龙，一条正面坐龙和两条侧面坐龙，刀工遒劲，庄严大气。方趺座东西两侧分别雕"雄狮林间休憩图"和"猛虎啸山狂风图"——比之南、北两面之"三龙戏珠"图，东西两侧的狮虎雕刻显得更加生动传神、妙趣横生，尤其在狮虎等画面主角之外，匠师还在背景中加入"螳螂捕蝉"等细节，充满浪漫的生活情趣。

■ 寿域

享堂亦称"显德祠"，原为墓园中最大的祭祀建筑，位于全园核心，可惜民国时期为当地富户薛厚田拆毁。享堂遗迹之北为平面半圆形的寿域。寿域的主体为一字排开的五座宝顶（即坟冢的象征），其中中轴线上最大者为田义坟冢，其西为马荣墓，东为王奉墓，最西为无名墓，最东为慈有方墓。学者依据各墓的方位推测：马荣为田义属下，王奉为马荣属下，无名墓主为王奉属下，慈有方为无名墓主属下（图4.32）。

寿域区的石刻艺术分别体现在各墓的石五供（包括香炉一只、烛台一对及宝瓶一对）、石供案、石碑及环绕宝顶的圆形矮墙之上。其石刻题材丰富、手法多样、风格各异、蔚为大观。

五座宝顶之前均有石五供、石供案及石碑。诸墓的五供、供案和墓碑大都残缺不全，其中西侧二墓较全，东侧二墓残损较严重。

图4.32 田义墓寿域全景——由左至右依次为无名墓、马荣墓、田义墓、王奉墓、慈有方墓

田义墓前由南至北为石香炉一座、石供案一方和石碑一通。石五供虽仅余中央大香炉，然而造型魁伟，雕凿华美，由此可推想五供之规模。大石碑高4.1米，碑座方趺，碑身高2.24米，宽、厚皆为0.8米，呈正方形，重约10吨，体量之大在北京地区为不多见。碑额镌有篆书"明皇"二字，碑身刻"司礼监掌印太监兼酒醋面局印渭川讳义田公之墓"，全碑上下周围雕有盘龙、游龙达42条之多，碑座两侧雕麒麟。宝顶环以八角形砖墙（从其余宝顶外墙为精致的石雕可以推测田义墓宝顶外墙原来也应当饰以石雕），中部为穹隆形封土。其下为地宫，由墓道和墓室组成，砖石结构，面积约20平方米，民国时墓室曾被盗，现建筑保存完好。

其余诸墓中，最西端的无名墓前的石五供最为完整，造型、雕饰最为华丽，其形制之高堪与明十三陵中崇祯皇帝思陵前之石五供相媲美——甚至其石香炉炉帽的重檐歇山屋顶规格还要高于思陵，其形式及雕刻风格也与思陵石五供惊人地一致（图4.33）。

各墓前五供及供案的每个平面几乎都布满雕刻，宝顶侧墙也是遍身纹饰，题材从历史故事、民间传说到佛教图案，极其丰富，趣味盎然（图4.34）。

北京石刻艺术遗存颇丰，诸如天宁寺塔辽代砖雕、居庸关云台元代石雕，均蜚声遐迩，但如田义墓这样种类丰富、题材博大的大型石雕群却不多见——实在是一座难得的石雕艺术露天博物馆。

图4.33 田义墓西侧无名墓石五供南面全景

图4.34 田义墓寿域石刻——彭祖焚香

三、醇亲王墓（七王坟）

醇亲王墓为清道光皇帝第七子奕譞（光绪皇帝之父）之墓，又称七王坟。墓址为金章宗"西山八大水院"之一"香水院"旧址，位于京城西北妙高峰一带，层峦叠嶂，翠柏成林，流水潺潺，风景幽丽。墓园建筑群坐西朝东，前方后圆，依山而建，层层递上，东西长200米，南北宽40米，四周筑有围墙。整个建筑群沿东西中轴线形成颇为壮伟的空间序列，为清代亲王陵墓之杰作（图4.35）。

图4.35 醇亲王墓全图

以下沿中轴线由东向西略述各主体建筑。

■ 碑亭

最前方为台阶七十余级陡起，台阶尽头处露出碑亭之黄琉璃瓦歇山屋顶，具有先声夺人之气势，拾级而上可见碑亭全貌。因醇亲王为"皇帝本生考"即光绪皇帝之父，故碑亭得以建为黄琉璃瓦歇山顶，亭内石碑的满汉两种文字皆为光绪皇帝御书，这座碑亭既是陵墓建筑群的序幕，也显示了醇亲王的尊崇地位非一般亲王可比（图4.36）。

■ **神桥**

紧靠碑亭西侧有月牙河，上跨石拱神桥一座，该桥坡度极为陡峭且无台阶，或许是因地势所限，并且为了在桥顶能遥望隆恩门之碧瓦顶才修成这样的高度。过桥再登上数十级台阶，在两重平台之上为隆恩门及南北朝房（图4.37）。

图4.36 醇亲王墓碑亭西面全景

图4.37 醇亲王墓神桥遥望隆恩门

■ 隆恩门

隆恩门面阔三间，当心间辟为大门，绿琉璃瓦硬山顶。门前平台宽广，植有两株古松，姿态极为飘逸古雅，意境绝佳。由广台回望神桥、碑亭，极为壮观。门内原为主殿隆恩殿，现已无存。

■ 宝城（宝顶）

隆恩殿基址以西为宝城，拾级而上穿过一座小巧的宝城门即达宝城之内。宝城环以弧墙，正中为醇亲王与福晋合葬之宝顶，两侧还有三座侧福晋的小宝顶，背后衬托着妙高峰的重峦如屏，更显庄严肃穆。

宝城之后是一片古松林，为金代"香水院"金鱼池遗址。附近山石有"云片"、"一卷永镇"以及"逸尘"、"挂月"、"插云"、"漱石枕流"等石刻，不少为醇亲王手书。

■ 退潜别墅

墓园建筑群即阴宅北侧为其阳宅，即"退潜别墅"，为守墓之所。阴、阳宅间由"隔尘入世"城关式券门相连。阳宅由层层升高的五重院落组成，一层院落是看院人和车马库；二层为纳神堂，其北侧有跨院，为一小花园，有叠石假山、池塘及记述墓地选址经过的卧碑及碑亭；三层为醇亲王寝殿，北侧原有流杯亭，今亭已毁，仅余流杯石座，亭北有两层小楼，是专供醇王府公主小姐居住的公主楼；四层、五层院落仅有少量房屋建筑。

以上略述古都北京历代墓葬建筑之概要。当然北京墓葬建筑群的代表则非明十三陵莫属。

第四节

明十三陵——事死如生

明十三陵位于北京城北郊昌平天寿山南面的山谷之中，明永乐帝到崇祯帝共十三代帝王都埋葬于此。这里汇集了规模宏大、艺术造诣高超的陵墓建筑群，既是明代帝王陵寝的最重要代表，也是中国古代建筑群规划设计的典范——李约瑟更将它誉为中国皇陵中"最大的杰作"。

以下通过明十三陵的总体格局、陵寝形制及其规划设计所体现的象征意义和意境追求来简要介绍这一艺术杰作。

一、总体格局

明十三陵的营建始于永乐帝修长陵。《明太宗实录》记载：

永乐七年（公元1409年）五月……己卯，营山陵于昌平县。时仁孝皇后来（"未"字之误）葬，上命礼部尚书赵羾以明地理者廖均卿等择地，得吉（壤）于昌平县东黄土山。车驾临视，遂封其山为天寿山。①

黄土山（即今之天寿山）这一选址极为成功：陵区占地约120平方公里（群山内的平原面积约40平方公里），四面群山环绕呈马蹄状，中间是广袤的盆地，具有天然的封闭隔绝之势——仅西南方山脉中断，形成一处缺口，成为整个陵区的入口。入口处两座东西对峙的小山更被巧妙地当作"双阙"，体现了人工与自然的巧妙结合。由外界进入群山环抱的陵区之中，的确有一种"别有洞天"之感。

---

① 转引自：胡汉生.明十三陵.北京：中国青年出版社，1998：25.

十三陵的总体布局气势磅礴,形成了波澜壮阔的空间序列。通往诸陵的主神道由石牌坊、大红门、碑亭、石象生及龙凤门组成,引人入胜(图4.38)。

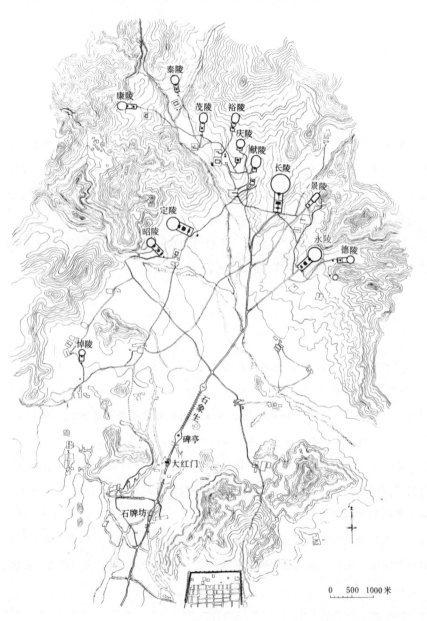

图4.38 明十三陵总平面图

■ 石牌坊

这首宏大的"乐曲"以陵区入口外1公里处巨大的汉白玉石牌坊为"序曲",石坊宽29米,高14米,呈"五间六柱十一楼"形制,造型魁伟、雕工精美,为中国古代石牌坊中的极品;此外,石坊的当心间正对11公里之外的天寿山主峰,形成一条壮伟的轴线,极富张力,更是景观设计的杰作(图4.39)。

图4.39 十三陵入口石牌坊——中间正对天寿山主峰

■ 大红门、碑亭

由石坊北行约1300米,是位于东西龙、虎二山(双阙)之间横脊上的陵区大门——大宫门(俗称大红门),门东西两侧设"下马碑",原本在大红门两侧还有墙垣环绕,将整个陵区加以圈护。大红门里外道路都是上坡的坡道,从陵区之外一步步登上大门,忽然望见600米开外黄瓦红墙的碑亭及其两侧洁白无瑕的华表(明代称擎天柱),衬以绵延如屏的远山,立刻感到一股庄严肃穆的气氛;而由碑亭回望地势高起的大红门,则有"天国大门"的神圣之感——足见陵区大门选址及构思的精妙(图4.40、图4.41)。

图4.40 由碑亭南望大红门

图4.41 碑亭及华表现状

■ 石象生

由碑亭继续向北则是乐曲的"展开部"——石象生神道。这段神道长约1200米，两侧成对伫立着二石柱及四狮子、四獬豸、四骆驼、四象、四麒麟、四马、四武将、四文臣、四勋臣组成的十八对整石雕刻——"石象生"（明宣德十年即1435年造），气象端严，俨然是紫禁城宫廷仪仗队的写照（图4.42）。

图4.42 神道石象生

- **龙凤门**

神道最终以一字排开的三座汉白玉棂星门（俗称龙凤门）作结（图4.43）。此外，在石牌坊与大红门间有三孔桥，龙凤门以北有南五孔桥、七孔桥、北五孔桥等桥梁，各陵之前也大多建有若干座跨水石桥。陵区内还有一些行宫及附属建筑群。

图4.43 龙凤门

- **十三陵的"树状结构"**

与明清北京城中轴线的纵贯南北、一气呵成不同，十三陵主轴线的规划设计因地制宜，略偏东北方向并且蜿蜒曲折，更加重要的是：自龙凤门向北，轴线开始产生许多分支——其中神道由龙凤门继续向东北延伸至位于天寿山主峰南麓的长陵，其余十二陵除思陵以外（思陵即崇祯帝陵，为清代建造，偏于陵区西南隅，原址为崇祯帝宠妃田氏之墓，因此严格地说不在其余帝王陵墓群总体规划之内），分别布列在长陵的东、西两侧呈众星拱月之势；其中献陵、景陵、永陵、昭陵四陵的神道分别从长陵的"总神道"上分支，其余诸陵则分别从各自就近的宗陵神道分支，如裕陵神道自献陵神道分支、定陵神道自昭陵神道分支、德陵神道自永陵神道分支，等等。这样，十二座皇陵共同组成一个"树状结构"的总体布局（图4.44）。这个"树状结构"以石牌坊、大红门、碑亭、石象生、龙凤门及长陵为"主干"，其余十一陵为分支（或分支的分支）。每座"支陵"都以背后的一座山峰为依托，而"主陵"长陵则以天寿山主峰为背景；各陵实际上都是长陵的"具体而微者"，与长陵共同构成浑然一体却又主次分明的整体格局。不妨再以音乐为喻：与一般乐曲的"序曲－发展－高潮－尾声"的结构不同，十三陵在发展部分之后，分支为十二个大小不同但"母题"一致的分乐章，各有自身的完整结构，即清人所谓"水抱山环，

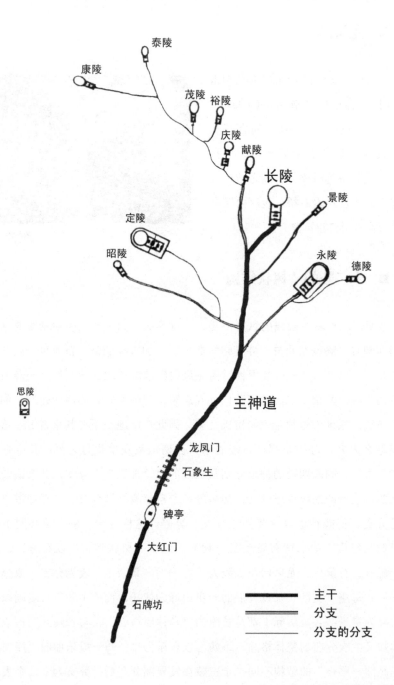

图4.44 十三陵总体布局的"树状结构"示意图

无不自具形势"——而整个乐曲又以长陵为"主旋律",并在长陵的核心建筑——祾恩殿达到"高潮",最终以天寿山主峰及周围的连绵群山作为回味无穷的"尾声",构成波澜壮阔而又丰富多彩的交响!

以下略述各陵寝建筑形制。

二、长陵

长陵为明成祖朱棣陵寝。陵宫依山而建、坐北朝南,呈"前方后圆"式布局:中轴线上由南到北依次排列陵宫门、祾恩门、祾恩殿、内红门、二柱牌楼门、石供案(俗称石五供)、方城明楼以及宝顶(或称宝城)(图4.45、图4.46)。

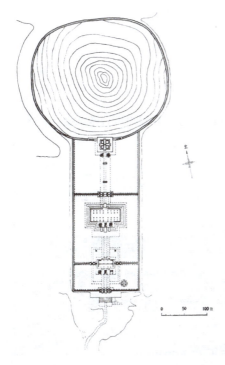

图4.45 明长陵平面图

图4.46 长陵鸟瞰全景

■ 宫门及碑亭

陵门外是一片平坦的小广场，东、南、西三面松柏环绕，北面高台上的砖石建筑为陵宫门，黄琉璃瓦歇山顶，三道券门。明代在门东有宰牲亭，门西有具服殿五间，现已不存。门内庭院东西侧本有神厨、神库各五间，现亦不存。仅庭院东南角一碑亭尚存。亭内石碑龙首龟趺，雕刻生动，石质润泽，在明陵诸碑中是罕见的精品。

■ 祾恩门

陵门内是祾恩门，面阔五间，单檐黄琉璃瓦歇山顶——与太庙戟门、天坛祈年殿门形式几乎一样。

■ 祾恩殿

位于长陵前三进院落中央的是整个祭祀建筑群的中心——祾恩殿，其形制与北京紫禁城太和殿相近，面阔九间，进深五间（取帝王"九五之尊"的象征意义），面积仅比太和殿略小，面阔甚至略大于太和殿，为中国现存第二大的木构殿堂（图4.47）。上覆重檐庑殿黄琉璃瓦顶，立于三重汉白玉台基之上，台基通高3.13米——比太和殿8.13米的台基要低矮许多，加之殿前广场也比太和殿小，因而整体气势不及太和殿宏敞。但台基中央御路雕刻云龙，雕工古朴严谨，与故宫三大殿前明嘉靖间所雕云龙风格及图案均不同，应是明初原物。

祾恩殿内林立着32棵

图4.47 长陵祾恩殿

柱子，与外檐柱合计，共有62根柱子。各内柱直径都在1米以上，中间四根柱径达1.17米，高度有的超过12米，每柱皆是整根香楠木制成。明代宫殿建筑例用楠木建造，据顾炎武记载，此殿各柱都涂漆，中间四柱饰以金莲。入清以后，年久失修，油饰

图4.48 长陵祾恩殿楠木大厅

脱落，露出木材本质，解放后重修时加以磨光烫蜡，使这些巨材呈现为带乌光的深棕色，配以用石绿为主调的天花，形成独特的素雅大气的效果——较油漆金饰的柱子更加壮美动人（图4.48）。

■ 方城明楼

除祾恩殿之外，长陵的另一座标志性建筑是位于"前方后圆"交界处的方城明楼。方城明楼既是宝城的门户，也是整个陵寝建筑群的制高点：明代"陵寝之制，宝城最高，明楼当城台上，又高，远望无不见"。① 因此，十三陵诸陵的方城明楼既是远眺周围山川的佳处，又是陵寝建筑群的标志——从远望诸陵，最先映入眼帘的就是森森松柏间黄瓦红墙的明楼。

长陵的方城明楼由下部方城与上部明楼组成，方城边长35米，高15米，南面正中辟门洞，可由其中通道登城；城上明楼为重檐歇山顶的砖石建筑，四面开拱门（与碑亭形制相似），内立"大明成祖文皇帝之陵"石碑，明楼边长18米，高20米，和其下方城共同构成高峻挺拔的身姿，与雄浑宽广的祾恩殿形成造型、体量上强烈的对比，是中国古代建筑群设计构图的又一佳例。

方城明楼前有长方形石桌，上有石制巨大的香炉、烛台、花瓶共五件，称"石几筵"或"石五供"。

---

① 清代梁份《帝陵图说》卷二，转引自：刘毅.明代帝王陵墓制度研究.北京：人民出版社，2006：87.

■ **宝城**

方城明楼之后为圆形的宝城，由城墙环绕着东西直径310米、南北直径280米的坟冢，其上满植柏树，郁郁葱葱，其下即称为"玄宫"的墓室。宝城迤北是天寿山的主峰，作为长陵的依托和屏障。

三、其余诸陵

至长陵建成，明代陵寝制度基本确立。十三陵其余诸陵与长陵形制大同小异而规模都小于长陵，且各陵不再设置独立的神道空间序列，仅由总神道分支出的一小段引路与陵宫组成。陵宫的布局可分为三类（图4.49）：

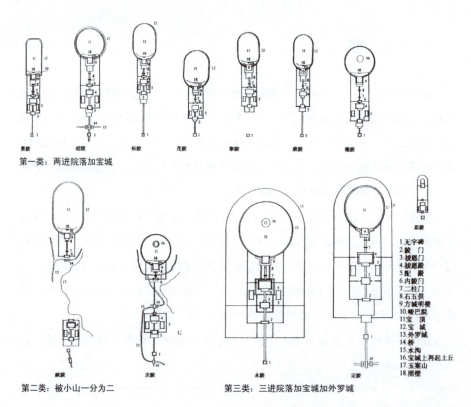

图4.49 长陵以外诸陵平面图：分为三大类型（思陵不算在三类之中）

第一类，将长陵的三进院落简化为二进，即省去陵宫门，直接以祾恩门为入口；另外祾恩殿后的内红门由三座琉璃花门代替；此外陵宫前加设碑亭一座——景、裕、茂、泰、康、昭、德七陵都是如此。

第二类，仁宗献陵与光宗庆陵则是上一种布局形式的变体：由于所处地形的限制，将陵宫分为前后两组院落，前一组由碑亭至祾恩殿；后一组由三座琉璃花门至宝城——二者之间隔着一座小山（即顾炎武所谓"玉案山"或"土冈"），为陵寝之"龙砂"，又是天寿山主山之余脉，为了不伤及"龙砂"、"龙脉"，于是因地制宜做了"一分为二"的变化。

图4.50 昭陵哑巴院影壁

第三类，世宗永陵和神宗定陵，规格高于前两种，陵宫恢复三重院落，但与长陵亦有明显的区别，尤其是在陵宫三进院落之外增设一道"外罗城"，将陵宫与宝城封闭起来，更加强了防卫；此外不设内红门或琉璃花门，而是在祾恩殿两侧设随墙门。

此外，诸陵的宝城形状（或呈圆形或呈椭圆形或前方后圆）、平面布局（有的在方城明楼与宝顶有"哑巴院"的设计，图4.50）等方面也有一些细微的差异。思陵由于是清代所建，形制最为卑小。

■ 定陵玄宫

1956—1958年对定陵（万历帝陵）地下墓室——即"玄宫"进行了发掘，令明代帝王陵寝最神秘的部分公诸于众，对于探索明代皇陵地下建筑的布局起到了关键作用。定陵位于长陵西南方大峪山下，坐西朝东。宝城之下的"玄宫"是一座石砌拱券结构的宏大地下宫殿：平面布局呈"五室三隧"之制，由东向西分别为前、中、后殿，南北各有一座配殿，前殿和两座配殿各有一条隧道通往宝城之外。五座殿宇皆由条石砌筑，顶棚为拱券式（即所谓无梁殿），并在墙上开设石门，门上方刻有石雕门楼，脊、枋、檐、瓦、吻兽等一应俱全，门扇由整石雕成，并有刻门钉、铺首。前殿、中殿为纵深式平

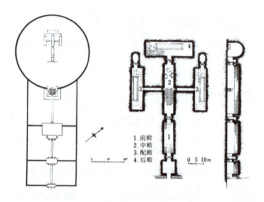

图4.51 定陵平面图及玄宫平、剖面图

面，中殿设汉白玉宝座及供器；后殿是玄宫的核心，供奉帝后棺椁（图4.51）。玄宫外部虽然未经发掘，然而学者初步推断玄宫的石拱券之上应当有和地面宫廷建筑一样的黄琉璃瓦屋顶，其具体建筑形制有北京皇史宬大殿可供参照。

四、十三陵规划设计的象征意义与意境追求

中国历代帝王陵寝都有着丰富而深刻的象征含义，其中最基本的两个方面表现为对都城的摹拟和对山的象征。明十三陵在这两方面既继承了传统，又有"大手笔"的革新，创造了中国古代陵寝建筑群的一个全新意境。

■ "陵墓若都邑"——明十三陵与明北京城的象征关系

中国自古有"事死如事生"的观念，[①] 因此历代帝王都十分重视陵寝的营建：帝王去世后的"阴宅"应该按照其"阳宅"——都城（尤其是皇宫）来修建，即《吕氏春秋》所说的陵墓"若都邑"。[②]

正如秦始皇陵象征咸阳、唐乾陵象征长安、明孝陵象征南京等诸多先例一样，明长陵（包括十三陵其余诸陵）也与明北京有着非常直接的象征关系：长陵总神道上的石牌坊、大红门、碑亭及华表、神道石象生可分别与北京中轴线上的正阳门（门前立有五牌楼）、大明门、天安门及华表、天安门与午门之间的御道（举行盛大仪式时两

侧列有仪仗队）互相对应。陵宫建筑群则显然是紫禁城的象征：其"前方后圆"的平面布局正是紫禁城规划布局中"前朝后寝"的象征——陵门、祾恩门、祾恩殿分别可以对应紫禁城的午门、太和门、太和殿；方城明楼则对应乾清门，是"前朝"与"后寝"的分界，也是寝宫的大门；宝城（尤其是深埋其下的玄宫）则象征"后寝"。此外，长陵以北的天寿山主峰则与紫禁城北面的景山相呼应（图4.52）。

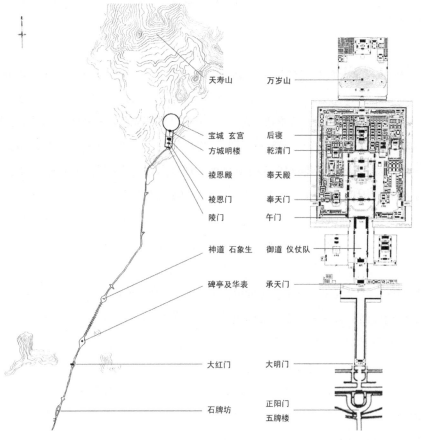

图4.52 明十三陵与明北京之象征关系示意图

---

① 《礼记·中庸》："敬其所尊，爱其所亲，事死如事生，事亡如事存，孝之至也。"《荀子·论礼》："礼者，谨于治生死者也。生，人之始也；死，人之终也。……故事死如生，事亡如存，始终一也。"转引自：孙宗文. 中国建筑与哲学. 南京：江苏科学技术出版社，2000：123.
② 《吕氏春秋·安死》："世之为丘垄也，其高大若山，其树之若林，其设阙庭、为宫室、造宾阼也若都邑……"见：[战国] 吕不韦 著. 陈奇猷 校释. 吕氏春秋新校释. 上海：上海古籍出版社，2002：542.

综上所述，明北京的皇陵与京城关系密切：皇陵主神道象征了京城正阳门至午门的空间序列；而十三陵诸陵都是一座"具体而微"的紫禁城，并且各陵背后的山峰还起到了与景山类似的"屏风"般的效果。整个十三陵之气势磅礴丝毫不在北京城之下：长陵主轴线从石牌坊至方城明楼为7.3公里（北京城中轴线为7.8公里）；整个陵区面积则几乎为北京城的两倍。由此可见，十三陵的规划设计可谓是"陵墓若都邑"这一思想的典型代表，它与北京城在规划设计理念上构成了一个有机整体。

■ 从"筑陵以象山"到"融于山水中"——明十三陵的意境追求

除了"陵墓若都邑"的规划理念之外，中国古代帝王陵寝在外观形象上往往表现出对山的摹拟，从陵墓、陵寝的"陵"字即可看出这一点："陵"字本义即高大的山丘，大约在不晚于春秋战国之际已引申为高大坟冢之意。中国历代陵寝与山的关系都十分密切："封土为陵"者以封土象山（如秦始皇陵），"因山为陵"者更是直接以自然山岳为标志（如唐乾陵）——可以说明代以前历代皇陵所追求的基本意境都是"筑陵以象山"，亦即陶渊明所说的"托体同山阿"。

明十三陵的规划布局不仅与山有着密切的关系，而且与天寿山一带的整体自然环境浑然一体——这是受了明代十分流行的风水观念尤其是"江西派"（又称"形势宗"）的风水学说之影响所致。前文提到长陵的选址即由江西风水术士廖均卿参与择定，长陵以后诸陵选址亦大多有风水术士参加，风水理论对陵寝选址起着举足轻重的作用。经过"形势宗"风水理论的指导，十三陵诸陵陵址四周都有青龙、白虎、朱雀、玄武等山丘环抱，并且陵前有"朱雀

1.长陵陵宫 2.天寿山中峰（长陵主山） 3.天寿山西峰 4.天寿山东峰 5.燕山山脉 6.太行山脉 7.昆仑山 8.宝山（长陵朝案） 9.蟒山（长陵龙砂） 10.虎峪（长陵虎砂） 11.长陵神道 12.昌平城 13.水流（注入温榆河） 14.水口村 15.马兰峪 16.西山

图4.53 长陵风水形势示意图

水"横亘,左右有"虾须水"相夹;各陵尤其注重宝城的选址,其位置即风水理论中所谓的"穴":位于玄武山前的小山包往往即"龙脉止处",为寿宫之"吉穴"——从而形成了十三陵诸陵以身后大山(玄武山)为依托,在山前的缓坡之上建陵的基本模式(图4.53)。有学者认为中国古代帝王陵寝经历了"封土为陵"、"因山为陵"和"依山建陵"三个发展阶段,明代陵寝即开创了"依山建陵"的模式,将前两种模式巧妙地合而为一。①

除了对陵寝周围完美的山川"形势"的追求之外,依照形势宗的"千尺为势,百尺为形"的观念,十三陵建筑群不论在大尺度(势,即建筑群与山水环境的和谐),还是在中、小尺度(形,即建筑与人的和谐)上都处理地十分精当。在这种"陵制与山水相称"的规划原则之下,明十三陵的建筑意境既不像秦始皇陵那样建造高大粗犷的封土于广袤平原之上,也不同于唐代陵寝那般选择"孤峰回绕"的独立山峦作为象征,而是通过观风水、择吉穴,在群山环抱的环境中建造陵宫,并以层峦叠嶂对建筑群进行烘托。这样一方面与"封土为陵"、"因山为陵"一样具有"筑陵以象山"的崇高感,另一方面由于取消了以墙垣环绕封土或山陵的模式,代之以山水环抱陵寝的模式,从而实现了自然与人工的完美结合,形成了全新的"融于山水中"的意境(图4.54)。

傅熹年描绘了由龙凤门北面的广阔河滩上环视四周所见的画面:

在回环10余公里宽的山麓上,散列着一丛丛的密林,簇拥着红墙黄瓦的方城明楼,各自背倚一山头以为屏蔽,以中央主峰之下体量最巨大的长陵为中心,形成一幅壮丽的画卷。②

明十三陵所努力追求和精心营造的整体意境正是一幅建筑群与自然山水环境和谐交融的长卷——从许多古人绘制的十三陵图卷中都可以清晰地感受到此中意境。

十三陵作为明代帝王陵墓群的代表,深刻地影响了清东、西陵的规划设计,③

---

① 南京大学文化与自然遗产研究所 孝陵博物馆编.世界遗产论坛——明清皇家陵寝专辑.北京:科学出版社,2004:109.
② 傅熹年.傅熹年建筑史论文集.北京:文物出版社,1998:434.
③ 清东、西陵虽位于远离都城的今河北遵化和易县,然而某种程度上也可看做清代京师的有机组成部分,一些介绍古都北京的书籍甚至把东、西陵亦纳入其中,本书则从略。

甚至民国时期中山陵的规划设计也从明代陵寝建筑群的布局中汲取了不少灵感。不仅如此，十三陵与北京城市规划设计的密切关联、与自然山水的和谐相融及其整体布局的宏伟气魄、空间序列的丰富变化，对于我们今天的城市、建筑群规划设计以及山水园林、景观设计等方面都能提供许许多多创作理念乃至具体手法方面的启示。

坛庙与陵墓是帝都的重要组成部分，是皇家建筑的代表。其建筑艺术造诣有时甚至比之宫殿还有过之而无不及。

天坛与十三陵更是其中的佼佼者，二者都已被列入世界文化遗产。除了反映与宫殿建筑一样的"非令壮丽无以重威严"的皇权至上的规划设计理念之外，还特别地体现了中国人"天人合一"、"慎终追远"、"事死如事生"等诸多文化

图4.54 "融于山水中"——由定陵远眺长陵及天寿山全景

观念。在建筑艺术创造方面,坛庙与陵寝则往往比宫殿更加注重与自然山水的融合。不论是天坛所营造的"天人对话"的气氛,或是十三陵所展现的祭祀建筑群"融于山水间"的意境,都充分展现了古都北京卓越而独特的建筑艺术成就。

如果把天坛、十三陵与上一章讨论的紫禁城宫殿放在一起进行一番审视,我们可以发现一种有趣的象征意义:天坛、十三陵和紫禁城分别以其登峰造极的建筑艺术和截然不同的建筑意境,将古都北京(尤其是皇家建筑)与天、地、人的关系加以完满诠释:紫禁城为帝王的人间居所,天坛是帝王与天对话的神圣场所,而十三陵则是帝王永久长眠的山水环抱的地下宫殿。

如果说本章所述的天坛和十三陵都是古都北京建筑与自然充分结合的典范之作的话,那么北京城种类丰富的园林更是与北京的山川景胜完美融合,是都城与自然相融合的中国古代城市规划理念的最佳代表,试看下文。

《颐和园图》

第伍章

山水园林

> 薰风十里琼华岛，一派歌声唱采莲。
>
> ——史学：《宫词》

古都北京之伟大，不仅仅在于拥有金碧辉煌的宫殿、坛庙和陵寝，更因为它得天独厚的山水环境和历朝历代在自然山水的基础上营建的数量丰富、种类繁多的园林，使得北京既是壮伟的帝国之都，同时又是柔媚的山水城市，集壮美与优美于一身，刚柔并济，体现了中国传统城市美学的理想追求。

古都北京从整个区域的山水形胜，到规模宏大的皇家园林以及风景如画的公共园林，从达官显贵的私家园林，到平民百姓的庭院小景，加上寺观庙宇的园林景胜……形成了蔚为大观的山水园林体系。从城市设计角度来看，皇家西苑（三海）与民间什刹海共同构成与古都北京中轴线相辅相成的城市设计大手笔，清代在西北郊营建的三山五园等园林群落更形成一座与北京城南北相望的"园林之城"；此外，大量的私家园林与住宅庭院虽然规模有限、自成小天地，但是从城市整体空间形态上却把古都北京城变成一座树林中的城市或曰"绿色城市"。

第一节

山水形胜

北京所在的"北京小平原"西、北、东三面环山：太行山自华北大平原延亘至北京，与东西向的燕山相环接，在北京附近的太行山称"西山"，与之相接的这段燕山称"军都山"，北京东面的山地也属于燕山山脉；唯有东南方向开敞，面向渤海，宛如一个海湾，因此当代学者形象地称北京及其周围地区为"北京湾"（图5.1）。

而中国古人则把这种对山川地理的分析与把握视作"形胜"——下面来看古人对历代北京形胜之评说。

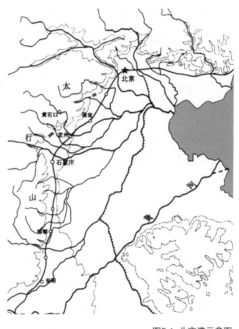

图5.1 北京湾示意图

一、形胜

从清代《日下旧闻考》中"形胜"卷① 援引的历代对于北京城"形胜"的描述中，一方面可以看出北京城在中华大地上举足轻重的战略地位，另一方面也可以看出古人对于北京城山水格局的欣赏与赞叹。

---

① [清]于敏忠 等编纂. 日下旧闻考. 北京：北京古籍出版社，1983：68～126.

早在宋代，朱熹就以"堪舆"（或曰"风水"）的视角盛赞北京城（当时为金中都）的形胜：

冀都山脉从云中发来，前则黄河环绕，泰山耸左为龙，华山耸右为虎，嵩为前案，淮南诸山为第二重案，江南五岭诸山为第三重案。故古今建都之地莫过于冀。所谓无风以散之，有水以界之也。

而在元人陶宗仪的《南村辍耕录》中，北京城（其时为元大都）除了山川形胜，都城内的山水格局也已十分壮伟：

至元四年正月，城京师，以为天下本。右拥太行，左注沧海，抚中原，正南面，枕居庸，莫朔方，峙万岁山，浚太液池，派玉泉，通金水，萦畿带甸，负山引河。壮哉帝居，择此天府。

到了明代，京师形胜甲于天下更是深入人心，戴璟《博物策会》称：

左环沧海，右拥太行，北枕居庸，南襟河济，形胜甲于天下，诚天府之国也。

黄训《读书一得》亦称：

幽州之地，左环沧海，右拥太行，北枕居庸，南襟河济，诚所谓天府之国者。而太行之山自平阳之绛西来，北为居庸，东入于海，龙飞凤舞，绵亘千里，重关峻口，一可当万，独开南面，以朝万国，非天为我华造此形胜也哉！

其中"左环沧海，右拥太行，北枕居庸，南襟河济"这段文字业已成为概括北京山川形胜的最脍炙人口的字句。

清代《大兴县志》中的一段文字可看作对北京山水形胜的总括：

东枕辽海，沃野数千里，关山以外，直抵盛京。气势庞厚，文武之丰镐不是过也。天津襟带河海，运道咽喉，转东南之粟以实天庾，通州屹为畿辅要地。北则居庸耸峙，为天下九塞之一。悬崖峭壁，保障都城，雄关叠嶂，直接宣府，尤重镇也。西山秀色甲天下，寺则香山、碧云，水则玉泉、海淀，而卢沟桥关门巍立，即古之桑乾河，京邑之瀍涧也。畿南皆平野沃壤，桑麻榆柳，百昌繁殖。渐远则瀛海为古河济交汇处，水聚溪回。若夫万里河山而都城位北，南向以收其朝拱之势，梯航车马，络绎奔赴，皆自南而北以奉神京，岂非古今第一形胜哉！

以上评述可看作是古人对于北京城山水环境及都城整体气魄的把握和欣赏——尤其在描绘其作为帝都的形胜时，更是以天子坐北朝南、君临天下的姿态加以抒写的。这些关于北京城"形胜"的描述，可谓是我们欣赏古都北京的第一个层次，而北京城内外的古建筑群布局皆与北京的山水格局或曰"形胜"密不可分。

下面分别来看古代北京的"山"与"水"。

二、西山

西山为太行余脉，因地处京城西部，故名。明蒋一葵《长安客话》称：

西山，神京右臂，太行山第八陉，《图经》亦名小清凉。[1]

西山自北京西南部延伸向西北，形成一道弧形的天然屏障，它南起房山区，中经门头沟区、石景山区，北抵昌平区，将北京拱卫起来，连绵延亘一百八十里——人们习惯称其为"二百里西山"。《日下旧闻考》引《西迁注》描绘了西山山川之壮美：

西山内接太行，外属诸边，磅礴数千里，林麓苍黝，溪涧镂错，其中物产甚饶，古称神皋奥区也。卢沟、琉璃、胡良三桥，山水所泄，多归其中，其水皆藻绿异常，风日荡漾，水叶递映，倚阑流览，令人欣然有欲赋京都之意。[2]

北京历代在西山营建了数不尽的寺观、园林，由于风景如画、古迹众多，西山也成为京城文人、市民重要的郊游之所——明代大学士李东阳《西山》诗叹曰："日日车尘马足间，梦魂连夜到西山。"著名的燕京八景中有"西山晴雪"一景吟咏西山雪后壮美景色（图9.35）。

---

[1] [明]蒋一葵. 长安客话. 北京：北京古籍出版社，1994: 52.
[2] [清]于敏忠 等编纂. 日下旧闻考. 北京：北京古籍出版社，1983: 1673.

三、燕山

昌平区西部、北部为山区，以南口及居庸关为界，西部山区属于西山（太行山脉）；北部山区属燕山山脉。燕山山脉著名的山有天寿山、银山、龙泉山、叠翠山、驻跸山、虎峪山等，层峦叠嶂，构成了昌平壮美的山色。其中天寿山由于天然的风水佳致，被明成祖朱棣选作明代皇陵之址，终于形成了上一章中宏大壮伟的明十三陵建筑群（详见本书第肆章）。小汤山以温泉佳致著称。居庸关一带则有燕京八景之一——"居庸叠翠"。

四、水系

北京地区的河流全部属于海河水系。从东到西分布有蓟运河、潮白河、北运河、永定河及大清河五大水系，分别由北向南或由西北向东南穿过军都山及西山进入北京小平原。其中永定河为最大河流，它与潮白河对北京湾的形成起到了至关重要的作用。永定河历来被视为北京城之母亲河，其上的卢沟桥为北京重要的金代遗存，燕京八景之一的"卢沟晓月"即咏卢沟桥景致。

这些水系在北京小平原上形成了许多天然湖泊，例如莲花池、白莲潭（今天北京六海之前身）、瓮山泊（今颐和园昆明湖之前身）等——这些湖泊同古代北京的城市生活与园林营建发生了十分密切的联系（图5.2）。在上述天然形成的水系格局之基础上，古代北京城经过长达三千多年的城市建设，逐渐形成了自身特有的城市水系。

■ 莲花池水系

从西周的蓟城一直到金代的中都，北京城址都是位于明清北京城西南部、今莲花池以东的地区，城市用水与园林营建都依托着"莲花池水系"。这一水系在北京城发展初期（如蓟城、燕上都、唐幽州、辽南京、金中都等）基本上满足了各方面的用水需求，但是随着北京成为全国政治中心（元大都），莲花池水系有限的水源已经不堪重负。

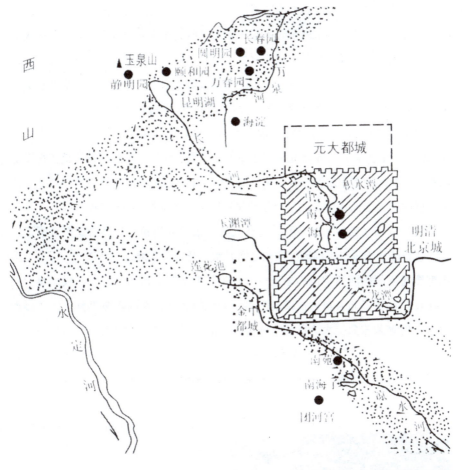

图5.2 北京水系与园林关系示意图

■ 高梁河水系与通惠河

元代建大都，放弃了莲花池水系上历代相沿的城址，而在金中都的东北郊选择新址，重建新城。新址以金代离宫大宁宫周围的湖泊（金代称白莲潭）为中心，这片湖泊为高梁河所灌注，属于"高梁河水系"。

元代杰出的水利专家郭守敬亲自踏勘了元大都西北郊山区的泉流水道，发现大都城西北六十里外的昌平神山（今凤凰山）白浮泉，该处水源水量充沛，于是郭守敬巧妙地引白浮泉水沿西山脚下汇集诸多傍山泉流，最终汇于瓮山泊（今昆明湖前身），并从此将水引至元大都和义门（明清北京城西直门）北水关入大都城，汇入积水潭内（元代积水潭即今之什刹海，明北京城墙改建后，高梁河水改由德胜门西侧水关入城），就此开辟了北京城前所未有的新水系。积水潭水从万宁桥（即今地安门桥，俗称后门桥）流出，沿皇城东墙外南下出丽正门东水关，转而东南至文明门外，最终抵达通州大运河口。这项水利工程于至元二十九年（1292年）春开工，次年秋完成，被命名为"通惠河"，从此南方的粮货得以源源不断运抵元大都积水潭——自此京杭大运河的漕运成为元、明、清三代北京作为全国政治中心的"生命线"。虽然早在隋炀帝大业四年（607年）即开"永济渠"以达涿郡（当时的北京），辽代又有"萧太后运粮河"供给辽南京漕运，金代也曾陆续尝试引卢沟河（即永定河）水、开金口以通金中都漕运，以及开凿中都至通州的闸河等，但均未能形成较为长期高效的漕运系统。元代通惠河的开通真正实现了元大都大规模的漕运，元世祖忽必烈在积水潭见到一派"舳舻蔽水"的繁荣气象，大为欣悦——通惠河的开通标志着京杭大运河的最终完成（图5.3）。通惠河的开凿成功，在北京城市建设史上是一件大事：一方面城市拥有了新的充沛水源，漕运大大繁荣了都城的经济，也带来了元大都街市的繁

图5.3 通惠河旧影

华气象；另一方面，元、明、清三代围绕新的水系——特别是玉泉水、瓮山泊（昆明湖）、长河、海淀、六海等水域，营建了大量园林，从而塑造了古都北京优美的山水园林格局。

■ 清代西北郊水利工程

清乾隆时期在营建玉泉山静明园、清漪园（今颐和园之前身）等皇家园林之际，对北京西北郊水系进行了又一次彻底整治，将元代郭守敬的水利工程进一步拓展与完善。乾隆初年，由于海淀附近陆续兴建与扩建的园林越来越多，大量的园林用水已使城市的主要水系——玉泉山水系不堪重负。为了彻底解决这一问题，乾隆十四年（1749年）开始了大规模的水系治理。水系疏浚工程结合"开源"与"节流"，进行了三方面治理：一是汇集西山、香山、寿安山一带的大小山泉入玉泉山水系；二是结合兴建清漪园来拓宽昆明湖作为蓄水库；三是疏浚长河。此外还于香山之东、昆明湖之西开挖了两条泄洪之河，一条东入清河，一条东南入玉渊潭。经过此番水系疏浚，不仅塑造了更适宜造园的山水环境，同时保证了西北郊广袤农田的灌溉之利，使得清代西北郊的园林群落有田园环护，更富风园诗意。

以上略微勾勒了古都北京之"山水"格局——它为北京城及郊外的园林营建提供了有利的条件，以下将分门别类述之。

第二节

西苑三海——太液仙山

最能代表古都北京园林艺术成就的非皇家园林莫属。今天北京的"三海"（即北海、中海和南海）原为明清北京城内最主要的皇家园林——西苑的主体。西苑由金代大宁宫、元代太液池逐步发展而成，历经金、元、明、清历朝不断添建，踵事增华，愈趋成熟，成为北京皇家园林的代表。

一、北海

北海南端为团城，中部为琼华岛（又称万岁山、白塔山），岛上有白塔俏立山巅，成为北海的标志，环湖布列诸多寺观亭台以及园中之园，最著名的包括东岸的濠濮间、画舫斋；北岸的小西天、五龙亭、阐福寺、快雪堂、大西天、静心斋等，蔚为大观（图5.4）。

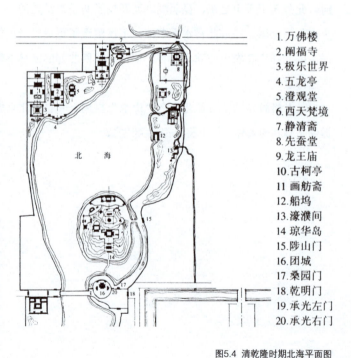

图5.4 清乾隆时期北海平面图

1. 万佛楼
2. 阐福寺
3. 极乐世界
4. 五龙亭
5. 澄观堂
6. 西天梵境
7. 静清斋
8. 先蚕堂
9. 龙王庙
10. 古柯亭
11. 画舫斋
12. 船坞
13. 濠濮间
14. 琼华岛
15. 陟山门
16. 团城
17. 桑园门
18. 乾明门
19. 承光左门
20. 承光右门

以下略述北海的重要园林建筑群。

■ 团城

团城元代称"圆坻",是太液池中的独立岛屿,据马可·波罗称,岛上栽有"北京最美之松树,如白裹松之类"。① 明代改建西苑,填平了圆坻与东岸间的水面,圆坻由水中岛屿变为突出于东岸的半岛,并将原来土筑的高台改为包砖的城台,更名"团城"。团城中央为清代重建的承光殿,一座平面呈"十"字形的殿宇,造型优美别致(图5.5)。团城与北海西岸间曾建大型石桥,桥东、西两端各建精美牌楼一座,牌楼上分别书"玉蝀"、"金鳌",故此桥称"金鳌玉蝀

图5.5 团城承光殿

---

① [意]马可·波罗 著.马可波罗行纪.冯承钧 译.上海:上海书店出版社,2001.8:208.

桥"。团城、金鳌玉𫠉桥共同组成西苑的一大美景（图5.6）——《日下旧闻考》引《戴司成集》描绘道：

> 太液池中驾长桥，两端立二坊，西曰金鳌，东曰玉𫠉。天气清明，日光滉漾，清彻可爱。

图5.6 金鳌玉𫠉桥

团城、承光殿至今保存完好，为中国传统皇家苑囿中"台榭"的难得实例——中国早在春秋战国之际就有"高台榭、美宫室"的传统，可惜早期的著名台榭如黄金台、铜雀台等早已灰飞烟灭，北海团城为台榭建筑的珍贵遗存。城台上更有姿态优美的白皮松"白袍将军"、古松"遮阴侯"等古树（图5.7）。而元代曾置于琼华岛广寒殿的巨型玉瓮"渎山大玉海"（为蒙古人盛酒之器）清代流落至西安门外真武庙，最终被乾隆皇帝安放于承光殿前亭中，为团城增添了历史的趣味（图5.8）。可惜"金鳌玉𫠉桥"及牌楼在20世纪50年代被拆除，改建为现在的北海大桥，不复昔日之旖旎风光。

图5.7 团城白皮松（白袍将军）

图5.8 团城渎山大玉海

■ 琼华岛（万岁山、白塔山）

金代大宁宫中央岛屿称"琼华岛"；元代称"琼华岛"为"万岁山"，为太液池中心，山顶为广寒殿，坐落于元大都的制高点，四望空阔，既可以远眺西山，也可以俯瞰街衢。元人陶宗仪《辍耕录》描绘该山景致曰：

其山皆叠玲珑石为之，峰峦隐映，松桧隆郁，秀若天成。①

清顺治八年（1651年）拆毁广寒殿改建白塔一座——琼华岛也从此得名"白塔山"。新建成的白塔顶部距城市地平面67米，成为清代全北京城的最高点。白塔与白塔山南麓的永安寺建筑群构成了一条南北贯穿的中轴线，并通过白塔山南端的"积翠堆云桥"（桥之南北两端各建牌楼曰"积翠"、"堆云"，因而得名，与"金鳌玉蝀桥"相呼应②）延续至团城（图5.9）。

图5.9 琼华岛南面全貌

---

① [元]陶宗仪. 南村辍耕录. 北京: 中华书局, 1959: 255.
② 古人有"积翠堆云山似玉，金鳌玉蝀水如蓝"之句（夏言《御舟歌》）。参见: [清]于敏忠 等编纂. 日下旧闻考. 北京: 北京古籍出版社, 1983: 554.

登临白塔，俯瞰京城，比之景山万春亭又是另一番气象：南可望紫禁城宫阙侧影，纵观中南海浩淼烟波；东可观景山万春亭雄姿；北可饱看什刹海水光潋滟；西面则眼底街衢市井、近处城台雉堞以至远郊西山映带，尽可一目了然，美不胜收——鸟瞰京城景胜，若将景山、琼岛两处兼顾，所感受的北京之美将更加丰满。琼华岛、景山这两处"城市山林"，一出金元之手，一出明清之手，并肩峭立于京城中央，分别雄踞城市中轴线与六海水面的中心，宛如金中都、元大都与明清北京的"历史对话"，实为古都北京最为壮阔奇绝的风景。①

■ **濠濮间、画舫斋**

由白塔山东面渡桥折而北，过陟山门，于人工堆筑、蜿蜒起伏的丘陵东侧，"隐藏"着沿南北向展开的濠濮间、画舫斋两组主要园林，十分幽僻，为北海东岸之精华所在（图5.10）。

由南而北先依土丘而上建云岫厂、崇淑室并由爬山廊串连，继而下至水榭濠

濮间，豁然开朗。水上架曲折石桥，桥北设石坊。若换一方向，由北部濠濮间与画舫斋之间的山路曲折南行，于峰回路转之际蓦然抬首，发现山径中忽现石坊曲桥、幽池亭榭，意境更妙——此处园林设计极为隐蔽，深得曲径通幽、濠濮冥思之趣（图5.11）。由此北上，两山对峙，过山口即为画舫斋。画舫斋为一处园墙围绕的多进庭园，主庭院为一方形水院，四面廊庑环绕，与濠濮间的不规则水池形成鲜明对照。主院之前院以院外丘陵余脉造景，形状方正；后院竹石玲珑，造型自由；最精彩的则是东北方一处偏院——古柯庭，与画舫斋水院似分而合，其内古柯苍劲，亭廊错落，东南隅更筑曲廊一段，庭园虽小，空间却极尽变化之能事：由主院东北处游廊入古柯庭之曲廊或由后院经画舫斋东墙入古柯庭之折廊，两处入口所见之景截然不同，各备其妙。

1-大门 2-云岫 3-崇淑宫 4-抱濮间
5-春雨林塘 6-画舫斋 7-古柯庭

图5.10 濠濮间–画舫斋总平面图

① 在元代时，皇城的布局是大内（即宫城）、隆福宫、兴圣宫三宫环绕琼华岛布局，足见琼华岛在元大都皇城的中心地位。

图5.11 濠濮间全景

■ 静心斋

梁思成《中国建筑史》称北海北岸"布置精巧清秀者，莫如镜清斋"。镜清斋（光绪年间改名静心斋）为一处园中之园，全园占地广110余米，深70余米，面积不大，尤其进深较为促狭，然而通过造园者的精心设计，"予人之印象，似面积广大且纯属天然"，造就了空间层次极为丰富的一组庭园（图5.12）。

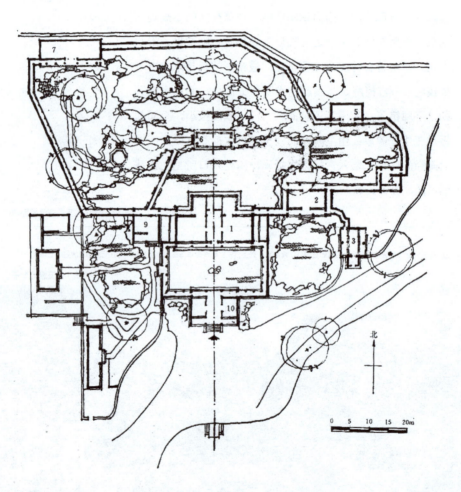

1.静心斋 2.抱素书屋 3.韵琴斋 4.焙茶坞 5.罨画轩
6.沁泉廊 7.叠翠楼 8.枕峦亭 9.画峰室 10.园门

图5.12 静心斋总平面图

园林正门南向，正对烟波浩淼的太液池，入门则为一座面阔约30米进深约15米的长方形水院——荷沼，由宏敞的北海北岸骤然进入这处幽闭的小水院，空间对比至为强烈，人的心理一下子收束从而获得"静心"的效果；整个方形水池中满植荷蕖，仅水中央立小巧湖石一峰，顿成视觉焦点，进一步让人精神为之集中：这是全园设计的序幕。荷沼北面为全园正厅"镜清斋"，阔五间，北面出抱厦三间临水。斋北水面呈东西宽、南北窄之态，为园林主体，并分别向东、东南、西南三个方向延伸，环绕主体水面和三处支流筑山构屋，形成一大三小四处庭园，似分还连，加上入口荷沼水院，五院环抱镜清斋厅舍。主庭院为全园精华所在（图5.13）——北面堆筑大型山石，由西北自东南逐渐降低，并将余脉伸入东部罨画轩所在小园；山石以南为东西横贯的水池，为了

图5.13 静心斋后院

增加水池南北向的进深感与空间层次，于水中央筑"沁泉廊"水榭，两翼叠以低矮山石并逐渐与池北大假山相接，于是呈现前低后高的两重峰峦环抱水榭之态，也将水域分割作南宽北狭的两处，从而在40米左右的进深方向，由南而北造成斋－水－榭（山）－水－山的丰富空间层次，令观者顿觉空间深远。水榭、主厅以及正门共同构成一条全园的主轴线；另于主庭院西部山巅设"枕峦亭"，它与庭院东部的石拱桥遥相呼应，并构成一条东西轴线，从而控制住全园的构图（图5.14）。主体山石高踞园林北面，将园外嘈杂屏蔽一空，即使是今天，园外即为车流熙攘的平安大街，园内在游人稀少时依旧呈现出昔日的宁静祥和。

图5.14 静心斋图

二、中海

中南海明清时期与北海一同属于西苑（图5.15）。民国初年，袁世凯以中南海为总统府，将乾隆时期修建的南海南端的宝月楼改建为新华门，作为总统府大门。1929年中南海辟为公园。1949年以后成为党中央和国务院所在地。

与北海的壮美繁丽相比，中海布局十分疏朗，风景格外幽丽（图5.16）。明清北京西苑正门位于中海东岸，与紫禁城西华门正对。入西苑门可见中海全景，明人韩雍《赐游西苑记》描绘道：

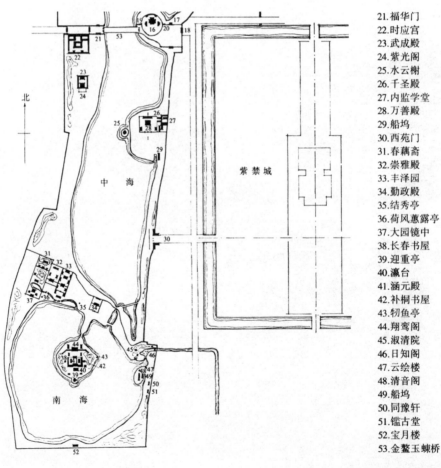

21. 福华门
22. 时应宫
23. 武成殿
24. 紫光阁
25. 水云榭
26. 千圣殿
27. 内监学堂
28. 万善殿
29. 船坞
30. 西苑门
31. 春藕斋
32. 崇雅殿
33. 丰泽园
34. 勤政殿
35. 结秀亭
36. 荷风蕙露亭
37. 大园镜中
38. 长春书屋
39. 迎重亭
40. 瀛台
41. 涵元殿
42. 补桐书屋
43. 牣鱼亭
44. 翔鸾阁
45. 淑清院
46. 日知阁
47. 云绘楼
48. 清音阁
49. 船坞
50. 同豫轩
51. 鉴古堂
52. 宝月楼
53. 金鳌玉蝀桥

图5.15 清乾隆时期中南海平面图

图5.16 民国时由北海琼华岛鸟瞰北海与中海（近处为金鳌玉蝀桥）

烟霏苍莽，蒲荻丛茂，水禽飞鸣，游戏于其间。隔岸林树阴森，苍翠可爱。[①]

循中海东岸往北为蕉园，亦名椒园。西岸建紫光阁，每年端午节皇帝于阁前观赏龙舟戏水等活动。值得一提的是，乾隆将"燕京八景"之一的"太液秋风"御碑置于中海东岸的水云榭中——这一选址体现了乾隆帝园林鉴赏的独到眼光：从三海整体构图来看，水云榭所在位置适居整个太液池的中心，可谓四面环水、八面来风，北对金鳌玉蝀桥、团城及琼岛白塔；南望南海瀛台，西与紫光阁互为对景，东以万善殿为依托——实在是品味"太液秋风"之最佳处。而水云榭本身的十字形平面、歇山屋顶、四出歇山卷棚抱厦的奇特造型也极好地吻合了太液秋风的意境：可以饱览太液四面之美景、吸纳八方徐来之秋风（图5.17）。

图5.17 中海水云榭

---

① 转引自：周维权.中国古典园林史.第二版.北京：清华大学出版社，1999：266.

图5.18 民国时南海全景

三、南海

明代南海为三海中最僻静幽深、富于田园风光之所在。水中筑大岛曰"南台",南台一带林木深茂,沙鸥水禽如在镜中,宛若村舍田野之风光(图5.18)。皇帝在此亲自耕种"御田",以示劝农之意。文徵明有诗曰:

> 西林迤逦转回塘,南去高台对苑墙。
> 暖日旌旗春欲动,薰风殿阁昼生凉。
> 别开水榭亲鱼鸟,下见平田熟稻粱。
> 圣主一游还一豫,居然清禁有江乡。[①]

清代康熙选中南海作为日常处理政务、接见臣僚、御前进讲以及耕作御田之所,于是大加营建,并聘请江南著名叠石匠师张然主持叠山。改建后的南台改名"瀛台",其北堤上新建一组宫殿曰"勤政殿"。瀛台上为另一组更大的宫殿建筑群:共四进院落,由北而南呈轴线布局。乾隆年间又于瀛台南面建宝月楼(今中南海新华门),进一步强化了瀛台岛的中轴线(图5.19)。主轴线东西两侧另有长春书屋、补桐书屋以及假山叠石、亭台轩馆环衬。隔水观望,岛上建筑群红墙黄瓦、金碧辉煌,宛如"瀛台"仙境。

图5.19 南海迎薰亭望宝月楼

综观西苑园林：三海南北纵列如银河倒挂，北海壮丽、中海疏朗、南海华美而不失幽雅，各尽其妙又一气呵成，与东面的左祖右社、紫禁城和景山形成的中轴线建筑群一柔一刚，互相衬托，实为古都北京城市设计的精髓所在（图5.20）。中国历代皇家园林都努力营造"东海三山"（即蓬莱、方丈、瀛洲）的仙境意象，西苑三海之中，北有琼华岛、中有团城、南有瀛台，一池三山俱备，岛、城和台上皆是一派琼楼玉宇的境界，完美地呈现了"太液仙山"的意境。

图5.20 三海现状鸟瞰

① [清]于敏忠 等编纂.日下旧闻考.北京：北京古籍出版社，1983：557.

第三节

三山五园——园林之城

清代帝王不满足于对西苑三海的经营，而是着力在京城西北郊进行大规模的皇家园林营建，最终形成了西起香山、东到海淀、南临长河的一座"园林之城"。这座园林之城以皇家园林畅春园、圆明园、香山静宜园、玉泉山静明园以及万寿山清漪园（即著名的"三山五园"）为核心。其中有以山取胜的香山静宜园，有山水俱佳的静明园、清漪园，还有人工叠山构池的畅春、圆明二园，圆明园更以其荟萃性成为"万园之园"——正如周维权在《中国古典园林史》中所言：

三山五园荟聚了中国风景式园林的全部形式，代表着后期中国宫廷造园艺术的精华。①

三山五园有着各自不同的园林意象，它们所构成的整体则呈现出丰富博大的文化内涵。五园之中，畅春园以"朴素"为主要特点，反映了康熙的审美趣味；圆明园则包罗万有，体现出与畅春园正相反的"华丽"的气象；静宜园则以山之"雄"取胜，当然也有"见心斋"这样"雄中藏秀"的景致；静明园与静宜园正

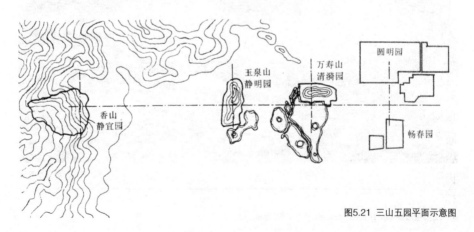

图5.21 三山五园平面示意图

好形成对比，山明水秀，尤以泉胜，更多体现出"秀"的气质，当然也有宝塔的雄劲之姿；最晚建成的清漪园则是乾隆园林审美情趣的代表，其自然山水意境胜过以上诸园，为五园中之最柔媚者——乾隆所称道的"何处燕山最畅情，无双风月属昆明"可以见出该园"妩媚"的基本意象（图5.21）。

可惜清末三山五园在英法联军和八国联军的劫掠之下受到严重破坏，完整保留至今的仅有在清漪园基础上改建而成的颐和园——可谓中国古代皇家园林最后的杰作。

以下略述三山五园各园林基本意象。

一、畅春园

康熙二十三年（1684年），康熙首次南巡，对江南园林甚为青睐，归来后立即在北京西北郊南海淀明代皇亲李伟的别墅"清华园"废址上修建了一座大型人工山水园林，即清代的第一座离宫苑囿——畅春园，为三山五园中最早建成的园林。畅春园竣工后的大部分时间康熙都居住于此，处理政务，畅春园实际成为紫禁城以外第二个政治中心。从此以后，清代历朝皇帝园居遂成惯例。

园林由供奉内廷的江南籍山水画家叶洮参与规划，聘请江南叠石名家张然主持叠山。明代"清华园"本以水胜，时人称：

> 清华园前后重湖，一望漾渺，在都下为名园第一。若以水论，江淮以北亦当第一也。②

畅春园的建造充分利用了李园的原有优势——康熙在《畅春园记》中明确指出其造园宗旨：

> 当时韦曲之壮丽，历历可考，圮废之余，遗址周环十里。虽岁远零落，故迹堪寻。瞰飞楼之郁律，循水槛之逶迤。古树苍藤，往往而在。爰诏内司，少加规度，依高为阜，即阜成池。相体势之自然，取石甓夫固有。计庸畀值，不役一

---

① 周维权.中国古典园林史.第二版.北京：清华大学出版社，1999：338.
② 明水轩日记.转引自：[清]于敏忠 等编纂.日下旧闻考.北京：北京古籍出版社，1983：1316.

夫……视昔亭台丘壑林木泉石之胜，絜其广袤，十仅存夫六七。惟弥望涟漪，水势加胜耳。①

可见康熙巧妙地利用了清华园原有的基础，因势利导、稍事加工即得其神韵，甚至"水势"还要更胜一筹。造园也秉承了康熙一贯崇尚俭朴的作风——规模仅有李伟私园的十之六七。从《康熙六旬万寿盛典图》中所绘畅春园可见到，大宫门及两厢朝房均为卷棚硬山顶灰瓦屋面，体量小巧，宫墙则为虎皮石墙，十分素朴（图5.22）。

图5.22 《康熙六旬万寿盛典图》中的畅春园宫门前景象

全园东西宽约600米，南北长约1000米，占地约60公顷，为三山五园中最小的一座（图5.23）。宫廷区位于园南面偏东，外朝为三进院落；内廷两进院落；此外，大宫门外还有东西朝房各五间，大宫门南面为影壁一座。

宫廷区以外，畅春园绝大部分面积是园林区，并以水景为主：由岛堤划分为前湖、后湖，四周环绕以萦回的水道。整个园林的水源在畅春园南部的万泉庄（今中国人民大学内），水由园林西南角闸口引入，从园西北角流出，形成完整的水系。园中的亭台景点大致按中、东、西三路布置。中路为宫廷区轴线向北之延伸，内廷以北是一进院落，主殿云涯馆；再北为前湖中之大岛，上建三重殿阁，分别为瑞景轩、林香山翠、延爽楼，其中延爽楼面阔九间，高三层，为全园最大的建筑，也是观赏畅春园景致的佳处。楼北是深入前湖中的水亭鸢飞鱼跃，湖中遍植荷花。前湖东面有长堤一道名丁香堤，西面又有芝兰堤和桃花堤。前湖之北为水面更加开阔的后湖。东、西两路建筑则结合河堤岗阜，或成群组，或散点布置，因地制宜、不拘一格。

如今园已全毁，遗址也夷为平地，唯余两座小庙门——恩佑寺、恩慕寺山门立于车水马龙的苏州街畔，可惜这座三山五园中最早的园林湮灭得最为彻底。

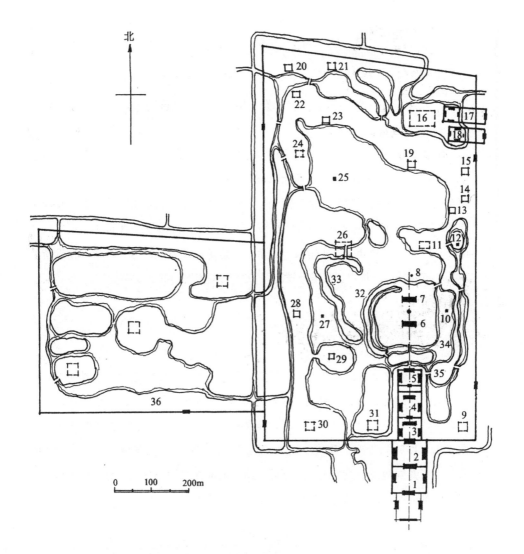

1. 大宫门　2. 九经三事殿　3. 春晖堂　4. 寿萱春永　5. 云涯馆　6. 瑞景轩　7. 延爽楼
8. 鸢飞鱼跃亭　9. 澹宁居　10. 藏辉阁　11. 渊鉴斋　12. 龙王庙　13. 佩文斋　14. 藏拙斋
15. 疏峰轩　16. 清溪书屋　17. 恩慕寺　18. 恩佑寺　19. 太仆轩　20. 雅玩斋　21. 天馥斋
22. 紫云堂　23. 观澜榭　24. 集凤轩　25. 蕊珠院　26. 凝春堂　27. 娘娘庙　28. 关帝庙
29. 韵松轩　30. 无逸斋　31. 玩芳斋　32. 芝兰堤　33. 桃花堤　34. 丁香堤　35. 剑山　36. 西花园

图5.23 畅春园平面示意图

---

① [清]于敏忠 等编纂. 日下旧闻考. 北京: 北京古籍出版社, 1983: 1268～1269.

二、圆明园

雍正三年（1725年），雍正把他的"赐园"圆明园正式改作离宫御苑，大加扩建。雍正年间的圆明园已达200余公顷，乾隆时期圆明园"四十景"①中有二十八处已建成。

乾隆二年（1737年）对圆明园进行第二次扩建，营建了"四十景"的其余十二处；此后乾嘉两朝又在圆明园东部与东南部建"长春园"和"绮春园"，与圆明园合称"圆明三园"。圆明园全盛时期规模浩瀚，居三山五园之首：总面积达350余公顷，约五倍于北京紫禁城；人工开凿水面占总面积一半以上，人工堆叠山丘岛屿约三百余处；各式桥梁一百余座，建筑总面积约16万平方米（接近紫禁城）；三园外墙总长约10公里，设园门19座，水闸5座（图5.24）。

■ 总体规划

圆明三园的最大特点是"平地起山水"，以人工山水为造园之"骨架"。与通常的一池三山、山北水南负阴抱阳的简单构图不同，圆明园的山水勾连环抱，呈现岗、阜、岛、堤与河、海、湖、池交织嵌套、"虚实相生"的独特构图。全园以山水结构为骨架，并依山临水、因地制宜布置大量点景建筑群，与大小水景、山形共同构成一系列大中小型园林组合而成的"园林群"：每一处山水"景点"所构成的小园林成为圆明园的"细胞"，恰如每座"四合院"是紫禁城（以

至北京城)的"细胞"一般。与北京城、紫禁城的"城中套城"的模式一样,圆明园也呈现"园中有园"的模式,而且这数目众多、规模各异的景点(圆明园四十景、长春园、绮春园三十景)呈现出千姿百态、变化万千的造园意境,因而全园所展现的意象为一种"集锦式"或"荟萃式"的园林之美(图5.25)。

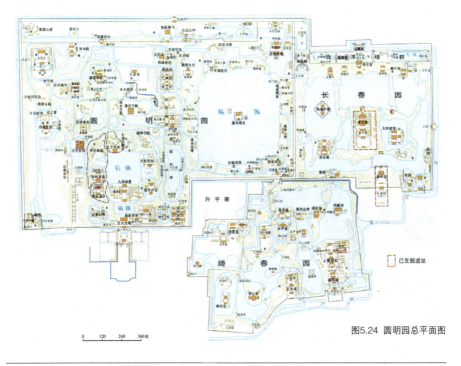

图5.24 圆明园总平面图

① 乾隆命宫廷画师沈源、唐岱等作《圆明园四十景图》设色绢本,加上乾隆的题跋共80幅。

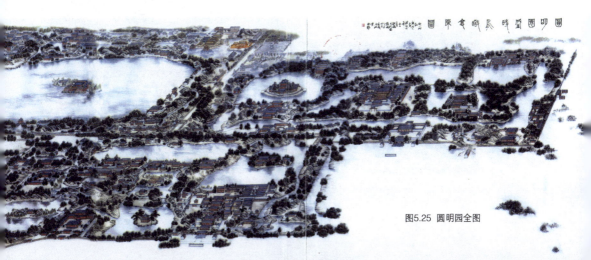

图5.25 圆明园全图

全园规划的重点在西部中路，即宫廷区所形成的规划主轴线上。由南而北分别布置宫廷－前湖－后湖。其中后湖为中轴线上的核心景区，沿湖为九岛环列（状若内城九门拱卫帝都），每一座岛上布列不同形式的建筑群，自成一景，而合在一起又成为"禹贡九州"的象征，并以最南端、位于中轴线上的"九州清晏"建筑群为核心，体现"普天之下，莫非王土"的造园意境（图5.26）。中轴线上这组园林群落可以看作宫廷建筑群的规划"理念"在园林中的"显现"——虽然各岛屿上多呈现自由的园林景观，如西部"坦坦荡荡"摹拟杭州的"玉泉观

图5.26 内廷"九州清晏"

图5.27 蓬岛瑶台

图5.28 平湖秋月

图5.29 方壶胜境

鱼"之致，北部的"上下天光"描绘"云梦泽"之景，"慈云普护"缩写"天台之境"，然而最终"九州环抱"的整体意象仍是体现皇权的至高无上，这与紫禁城的规划理念是一致的。

前湖、后湖之东、西、北三面则星罗棋布29个景点，有如众星拱月围绕这中轴线景区。圆明园东部则为以福海为中心的大景区，福海为全园最大的水域，宽广均为600米左右，中央三座小岛设置"蓬岛瑶台"景点，取传统"一池三山"之意境（图5.27）。

此外十座不同形状的洲岛环列福海四周——全景区近乎方形，福海水面也呈方形，而十岛则蜿蜒曲折，姿态各异，使得福海景区既变化多端又大气磅礴。环海岛屿间分布多处佳景，其中"南屏晚钟"、"平湖秋月"、"三潭印月"明显取材自杭州西湖水景（图5.28），而水景最盛处当属"方壶胜境"，创意尤佳：其位于东北隅，南面单独一湖与福海大湖以桥相隔，建筑群建在临水北岸，其汉白玉台基呈"山"字形并伸入池中，上建一榭五亭，亭亭玉立；建筑群北面亦环以水池——乍看之下，整组楼台如水中之琼楼玉宇，玲珑剔透，美不胜收（图5.29）。沿北宫墙的狭长景区则取法于扬州瘦西湖，一派水村乡野之景。

■ 长春园

圆明园东为长春园，分作南、北二区，南部景区为全园主景，以中央大岛上之"淳化轩"为中心，八处形状互异的水面环抱中心岛，诸景点结合水面、岛堤布局，呈现与后湖、福海景区虚实对调的构图意匠——后湖、福海皆为"岛环水"模式，而长春园南区则为"水环岛"模式——尤为别致，其造园立意甚至比圆明园有过之而无不及。圆明各园均为山（岛）与水环环相套，严格地说不存在"岛环水"或"水环岛"这类单一模式，例如后湖、福海虽诸岛环拱，然而岛外复环以水，水外又各有岛堤环伺；同样淳化轩中心岛外虽八水环抱，其外又有岛屿水系交织——这里只是就总体构图大的虚实感觉而言，后湖、福海皆为完整水面环以岛屿，而长春园南区则为中心岛屿环以水域，二者意趣迥异，颇可玩味。

■ 绮春园

绮春园全部为小园林的连缀，比之圆明园、长春园布局更为灵活自由，亦更具水村野居的自然情调。园内共有景点29处，其中佛寺正觉寺为圆明三园中唯一完整留存下来的景点。

■ 西洋楼

长春园北部景区与全园景色大异其趣，即著名的"西洋楼"，包括六座西洋建筑物、三组大型喷泉及若干园林、小品，沿长春园北墙一字排开，形成东西长约800米的轴线（超过紫禁城的宽度，图5.30）。乾隆出于对西洋建筑、园林（尤其是喷泉）"猎奇"的兴趣，命西方传教士建造了这处著名的西式园林建筑群，蒋友仁（Michael Benoist，法国人）负责喷泉设计，郎世宁（Giuseppe Castiglione，意大利人）、王致诚（Jean Denis Attiret，法国人）等人负责建筑设计，艾启蒙（Ignace Sichelbarth，波西米亚人）负责庭园设计，并有圆明园如意馆画师沈源、孙祜等参与。乾隆二十四年（1759年）除远瀛观外全部完工。当时的欧洲正值巴洛克（Baroque）建筑与勒诺特（Le Notre，凡尔赛宫园林设计者）式园林盛行时期，西洋楼景区的规划设计充分体现了这些影响。

谐奇趣、蓄水楼、养雀笼、方外观、海晏堂和远瀛观这六座建筑都是巴洛克宫

图5.30 西洋楼景区全图

殿样式,坡屋面不起翘,不过施以中国传统琉璃瓦,屋脊上还使用了中国建筑的装饰,外檐的雕刻细部也融入了中国传统纹样,建筑材料大多采用汉白玉石柱,墙身或嵌五色琉璃砖或抹粉红色石灰。人工喷泉当时称作"泰西水法",共三组,分别位于谐奇趣、海晏堂与远瀛观,其中远瀛观前的一组最宏大,称"大水法"——其两座喷水塔则做成了中国佛塔的造型。园林规划则充分运用了勒诺特惯用的轴线控制、均齐对称的手法,自西向东800米的轴线上分布着养雀笼、方外观、大水法、法线山、方河、法线墙等建筑与雕刻;此外,轴线中央则是由远瀛观、大水法、观水法(皇帝观赏喷泉处)组成的一条南北轴线;另外在景区最西端,由万花阵(一处西洋园林常见的迷宫)、谐奇趣形成另一条南北次轴线。园中的植物配置也采用欧洲古典园林常用的手法,诸如修剪整齐的绿篱、成行栽植的树木、修剪成几何形的灌木以及用花草镶嵌为"地毯"式的图案花坛等等——不过有一个显著的变化:即欧洲园林常见的裸体雕像则不予设立,代之以中国人惯见的石雕动物、太湖石等,显示了中西审美之有趣的差异(图5.31、图5.32)。

综观圆明三园,正如《中国古典园林史》中所说:

圆明三园是集中国古典园林平地造园的筑山理水手法之大成。①

---

① 周维权.中国古典园林史.第二版.北京:清华大学出版社,1999:381.

图5.31 海晏堂西面　　　　　　　　　图5.32 大水法正面

圆明园山水景胜的另一大特点是"集仿"江南风景，即所谓"谁道江南风景佳，移天缩地在君怀"。[①] 与此相应的大量"主题园林"营造也荟萃了江南各地经典的园林景观：除了前面已经提及的诸景，还有"四宜书屋"、"小有天园"、"狮子林"、"如园"效仿当时江南的四大名园即海宁"安澜园"、杭州"小有天园"、苏州"狮子林"及南京"瞻园"，即所谓"行所流连赏四境，画师仿写开双境"。这一类再现江南风光与园景的例子在圆明园数十景中占了很大一部分，其结果是在这万园之园中对江南的迷人地貌与园林景胜进行一次次再创造，可称作"南园北鉴"。综上可见，圆明园以其包罗万有的气象成为清代北京皇家园林的代表，它有着紫禁城一样的恢宏气度，如同一座"园林组成的宫殿"。

咸丰十年（1860年），英法联军劫掠了园中珍宝，并纵火焚烧了建筑物，光绪二十六年（1900年）再遭八国联军劫掠，现仅存山形水系及万春园的正觉寺、长春园西洋楼部分石雕残迹等（图5.33、图5.34）。近年来，文物部门对圆明园遗址进行了调查、勘探和部分地区的清理发掘。

图5.33　1860—1900年间拍摄的廓然　　　　图5.34　大水法与远瀛观老照片
　　　　　大公之规月桥

需要特别指出的是：由于圆明园遗址中最醒目的是壮观的西洋楼遗迹，使得很多人误认为圆明园是一座西洋式园林，其实如前文所言，圆明园绝大部分面积为中国古典山水园林，西洋楼仅仅为其东北一隅的"点缀"而已。关于鼎盛时期圆明园最直观的视觉资料则是《圆明园四十景图》——这些珍贵的宫廷画师笔下的作品还原了圆明园作为一座荟萃式中国传统园林的风姿（参见本书第玖章）。

三、香山静宜园

香山位居西山东端，主峰海拔550米，南北两面均有侧岭往东延伸，犹如两臂回抱而烘托出主峰之神秀，所谓"万山突而止，两岭南北抱"。香山历代皆为北京人钟爱的游历之所，从清代康熙朝开始却逐渐成为皇家独享的行宫御苑——静

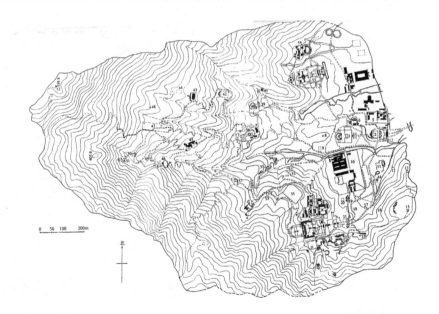

1.东宫门 2.勤政殿 3.横云馆 4.丽瞩楼 5.致远斋 6.韵琴斋 7.听雪轩 8.多云亭 9.绿云舫 10.中宫 11.屏水带山 12.翠微亭 13.青未了 14.云径苔菲 15.看云起时 16.驯鹿坡 17.清音亭 18.买卖街 19.璎珞岩 20.绿云深处 21.知乐濠 22.蟾蜍峰 23.鹿园 24.欢喜园（双井）25.松坞云庄（双清）26.唳霜皋 27.香山寺 28.来青轩 29.半山亭 30.万松深处 31.宏光寺 32.霞标磴（十八盘）33.绚秋林 34.罗汉影 35.玉乳泉 36.雨香馆 37.阆风亭 38.玉华寺 39.静含太古 40.芙蓉坪 41.观音阁 42.重翠亭（颐静山庄）43.梯云山馆 44.洁素履 45.栖月岩 46.森玉笏 47.静翠 48.西山晴雪 49.晞阳阿 50.朝阳洞 51.研乐亭 52.重翻亭 53.昭庙 54.见心斋

图5.35 香山静宜园平面图

---

① 王闿运.圆明园宫词.转引自：周维权.中国古典园林史.第二版.北京：清华大学出版社，1999：381.

宜园。乾隆十一年（1746年）扩建完工后，静宜园成为包括内垣、外垣、别垣三部分，面积达140公顷的大型山岳园林，包括大小景观五十余处，其中乾隆题跋的有"二十八景"，蔚为大观（图5.35）。

■ 内垣

内垣在全园东南部，包括宫廷区与历史上已极具规模的香山寺、宏光寺等古刹，集中了静宜园的主要景点。

香山寺：为金代永安寺及会景楼故址，经元、明、清陆续重修、增建，成为静宜园内第一古刹，与香山东北之碧云寺齐名。寺依山势跨壑架岩而建，坐西朝东，五进院落。寺东为全寺最著名之景点——来青轩，是该寺意境最佳处，受到历代文人墨客无数赞咏（图5.36）。乾隆称来青轩"远眺绝旷，尽挹山川之秀，故为西山最著名处"。①

可惜这座古刹遭英法联军和八国联军两度焚掠，几乎毁坏殆尽，今天仅残存知乐濠、娑罗树御碑及石屏等少量遗迹——从其重重高台之规模，仍可揣想当年盛况。

图5.36 《静宜园全图》中的香山寺与来青轩

■ 外垣

外垣为静宜园最富特色的高山景区，其园林意境大大区别于三山五园其他四园。香山为西山诸峰中造型极佳者，主峰拔地而起500余米，外垣景区以香山最高峰（俗称"鬼见愁"，位于外垣西端）为构图中心，布列十余处景点，极为疏朗，富于"幽燕沉雄之气"。

外垣景点有晞阳阿、芙蓉坪、香雾窟、栖月崖（图5.37）、重翠崦、玉华岫、森玉笏、隔云钟等，皆依山就势而设，各具幽致。其间最负盛名的是"西山晴雪"，为燕京八景之一 ②。古人笔下的"西山晴雪"景致如诗如画——《日下旧闻考》引《戴司成集》曰：

西山来自太行，连冈叠岫，上干云霄，挹抱回环，争奇献秀。值大雪初霁，凝华积素，若屑琼雕玉，千岩万壑，宛然图画。

■ 别垣

别垣这一区建置较晚，位于园东北隅，内有昭庙、正凝堂（嘉庆间改名见心斋）两组主要建筑群。

昭庙：全名"宗镜大昭之庙"，建于乾隆四十七年（1782年），为一座汉藏混合式样的大型佛寺，是纪念班禅额尔德尼来京为

图5.37 静宜园栖月崖

图5.38 昭庙琉璃塔远眺

---

① 乾隆十一年御制来青轩诗.[清]于敏忠 等编纂.日下旧闻考.北京：北京古籍出版社，1983：1448.
② 金明昌时初名"西山积雪"，元时改称"西山晴雪"，明《诗序》又改称"西山霁雪"，乾隆时恢复元代名称。

皇帝祝寿而建，模仿了西藏日喀则的扎什伦布寺，它与承德须弥福寿庙属于同一形制，但规模较小，二者堪称姊妹篇。寺坐西朝东，规模钜丽。山门之内为琉璃牌楼一座，堪与国子监、卧佛寺诸牌楼相媲美。门内为前殿三楹。藏式大白台环绕前殿的东、南、北三面，上下凡四层。其后为清净法智殿，又后为藏式大红台四层，再后为六角七层琉璃塔，壮美异常，为香山之冠（图5.38）。

见心斋：昭庙北为正凝堂（见心斋），与北海静心斋、颐和园谐趣园类似，为典型的园中之园。其布局依别垣东坡，西高东低，东、南、北三面环山涧，园墙随山势涧流而呈自然形状，逶迤高下，比之北海静心斋另有一番韵味（图5.39）。园自西而东分作高低二院，西部高处依山造景，略作方形院落，主厅正凝堂坐西

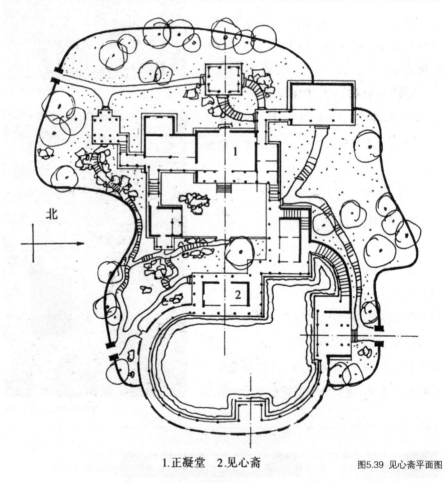

1. 正凝堂　2. 见心斋

图5.39　见心斋平面图

图5.40 见心斋水院全景

朝东；东部低处引涧水营造一座水院，水面略呈椭圆形，西北隅曲折延伸作源头状，环水建厅、榭、游廊，为全园趣味最佳处（图5.40）。正厅见心斋与正凝堂形成全园主轴线，并与环水亭榭互为对景。

综观全园，建筑互以游廊、爬山廊串成一气，更与山石、水面环抱勾连，因借体宜、高下成趣，为静宜园这座以"雄浑"为主题的山岳林园增加了一笔"纤秀"之色，可谓是"雄中藏秀"。

静宜园经过咸丰和光绪年间帝国主义侵略军的两度焚掠破坏，建筑大部分被毁。新中国成立后对其进行了保护、修整，开辟为香山公园。现在二十八景中的璎珞岩、蟾蜍峰、玉乳泉、芙蓉坪、栖月崖、森玉笏等依旧，"香山红叶"景胜更是名满全国。此外，香山公园西南隅有著名建筑师贝聿铭设计的香山饭店及园林。

四、玉泉山静明园

玉泉山位于香山之东，山形呈南北走向，纵深约1300米，东西最宽处约450米，主峰高出地面50米（为香山的1/10）。山形匀婷秀丽，山中林木蓊郁，多奇岩幽洞，尤以泉胜——其山水与北京城市生活关系最为密切，因为自元大都以来，玉泉山诸泉一直为北京城重要的水源头。明代《帝京景物略》这样描绘玉泉山景胜：

山，块然石也，鳞起为苍龙皮。山根碎石卓卓，泉亦碎而涌流，声短短不属，杂然难静听，絮如语。去山不数武，遂湖，裂帛湖也。泉逆湖底，伏如练帛，裂而珠之，直弹湖面，涣然合于湖……湖方数丈，水澄以鲜，深而浮色，定而荡光，数石朱碧，屑屑历历，漾沙金色，波波萦萦，一客一影，一荇一影，客无匿发,荇无匿丝矣。水拂荇也,如风拂柳,条条皆东……去湖遂溪,缘山修修,岸柳低回而不得留。石梁过溪,亭其湖左,曰望湖亭,宣庙驻跸者,今圮焉……山旧有芙蓉殿,金章宗行宫也。昭化寺,元世祖建也。志存焉,今不可复迹其址。①

山中泉眼众多,所谓"沙痕石隙随地皆泉";石洞也极多,深者二三十丈,浅者十余丈,都是游赏佳处。其中泉水以山南麓的玉泉最为著名,早在金章宗时期就成为"燕京八景"之一,称"玉泉垂虹"。此外,山东南麓的裂帛湖、东麓的龙泉湖均颇有名。除泉水之外,明代玉泉山最有名的景点为望湖亭,从亭上俯瞰西湖(即今颐和园昆明湖),景色绝佳。袁中道曾经描写道:"见西湖明如半月,又如积雪未消。"②

清康熙十九年(1680年)在玉泉山建行宫,初名澄心园,三十一年(1692年)更名静明园。清康、雍时期的静明园大约在玉泉山南坡和玉泉湖、裂帛湖一带。乾隆十五年(1750年)大规模扩建静明园,把玉泉山及山麓的河湖全部圈入宫墙之内。乾隆十八年(1753年)再度扩建,并命名了"静明园十六景"。乾隆二十四年(1759年)全园建成,乾隆五十七年(1792年)大修一次——整个乾隆年间为玉泉山静明园的鼎盛时期。

图5.41　19世纪末由颐和园西堤遥望玉泉山静明园

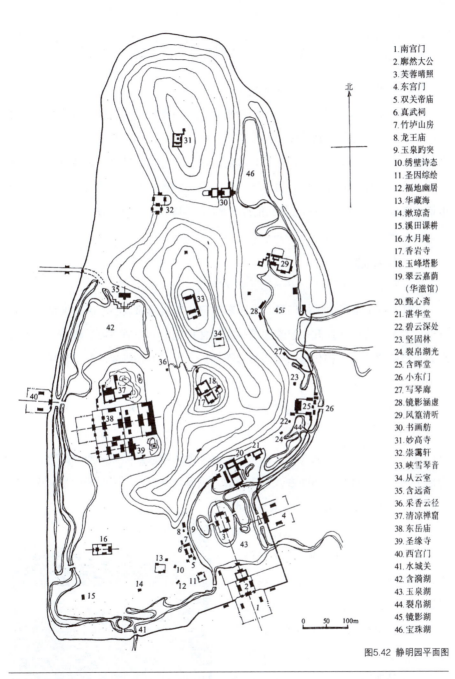

图5.42 静明园平面图

1. 南宫门
2. 廓然大公
3. 芙蓉晴照
4. 东宫门
5. 双关帝庙
6. 真武祠
7. 竹炉山房
8. 龙王庙
9. 玉泉趵突
10. 绣壁诗态
11. 圣因综绘
12. 福地幽居
13. 华藏海
14. 漱琼斋
15. 溪田课耕
16. 水月庵
17. 香岩寺
18. 玉峰塔影
19. 翠云嘉荫（华滋馆）
20. 甄心斋
21. 湛华堂
22. 碧云深处
23. 坚固林
24. 裂帛湖光
25. 含晖堂
26. 小东门
27. 写琴廊
28. 镜影涵虚
29. 风篁清听
30. 书画舫
31. 妙高寺
32. 崇霭轩
33. 峡雪琴音
34. 从云室
35. 含远斋
36. 采香云径
37. 清凉禅窟
38. 东岳庙
39. 圣缘寺
40. 西宫门
41. 水城关
42. 含漪湖
43. 玉泉湖
44. 裂帛湖
45. 镜影湖
46. 宝珠湖

① [明]刘侗,于奕正.帝京景物略.北京:北京古籍出版社,1983:296~297.
② 参见：周维权.中国古典园林史.第二版.北京:清华大学出版社,1999:369.

■ 整体格局

静明园南北长1350米，东西宽590米，面积约65公顷，以自然山景为主，点缀以庙宇、佛塔；以泉流水景为辅，结合水景经营园林。玉泉山主峰与侧峰南北对峙、略呈马鞍形起伏的优美轮廓，山麓东、南、西三面环列漪湖、玉泉湖、裂帛湖、镜影湖及宝珠湖五个湖泊，并以水道连缀，使得全园呈"五湖环山"的山水格局——园林营建围绕五处湖泊进行，五座不同性格的水景园共同烘托中央自然山景，极富江南丘陵、水网般婉约的山水情趣（图5.41、图5.42）。

■ 玉泉湖

玉泉湖位于玉泉山主峰南麓、全园东南部，为全园的核心景区。玉泉湖近似方形，湖中三岛一字排开，沿袭中国皇家园林传统的"一池三山"格局，中央大岛为芙蓉晴照景点，相传为金章宗芙蓉殿旧址，正厅为乐成阁，背后衬托着玉泉山形似莲花萼的峰峦。

湖之西岸为玉泉山最负盛名的景点"玉泉趵突"，为"燕京八景"之一。"玉泉趵突"金代以来一直称"玉泉垂虹"，因为古人"以兹山之泉，逶迤曲折，蜿蜒其流若虹，故曰玉泉垂虹"；而乾隆认为该泉类似济南"趵突泉"，为由下而上喷涌成湖，非如古人所比喻的"飞瀑之垂虹"，因而改此景名作"玉泉趵突"。此外，乾隆更认为玉泉之水为天下第一，专门撰文《玉泉山天下第一泉记》，将玉泉山水质与塞上伊逊之水、济南珍珠泉、扬子金山泉、惠山、虎跑、平山、清凉山、白沙、虎丘及西山碧云寺诸泉相比，最终得出结论：玉泉山水质天下第一，故为"天下第一泉"。于是在玉泉畔立二碑，分别刻御笔"天下第一泉"和《玉泉山天下第一

图5.43 玉泉湖（民国时期）冬日清晨景色

泉记》，自此玉泉山泉水声名更盛。

湖西岸除了玉泉之外，还有龙王庙、竹垆山房、开锦斋、赏迁楼、吕祖洞、观音洞、真武庙、双关帝庙等景致，这些建筑群背山濒水，上下天光互相掩映，又与山顶华藏塔遥相呼应，形成玉泉湖西岸的经典画卷，民国时期留下不少该角度的老照片，美不胜收（图5.43）。

除玉泉湖水园之外，其余四处水园也各具幽致。

■ 玉峰塔

静明园的另一个突出特点是庙宇众多，尤其值得强调的是静明园的佛塔，其构成了静明园的一系列重要地标：全园中部玉泉山主峰上建玉峰塔（图5.44），南端余脉侧峰之巅建华藏塔，北部侧峰顶建妙高塔——这三峰与三塔呈鼎足之势，将玉泉山山形衬托得愈加劲秀挺拔。此外玉泉山西麓圣缘寺还建有琉璃砖塔。

玉泉山主峰的最主要景点为雄踞峰顶的香岩寺、普门观建筑群，依山就势层叠而建。玉峰塔居于建筑群中央，为八面七层琉璃砖塔，仿镇江金山寺塔的形制，各层供铜制佛像，中有旋梯可上，登临塔顶，极目四方八极，神京西北郊山色湖光、村舍田畴、离宫别苑尽收眼底（图5.45）。由于塔本身雄踞全园最高处，因而园中处处可见"玉峰塔影"之景——"玉峰塔影"因而也成为玉泉山静明园的象征，为造园艺术中画龙点睛之笔。从三山五园的总体形态观之，静明园之形态、轮廓尤以塔取胜，在各园中为第一，玉泉山诸峰之塔（尤

图5.44 玉泉山静明园玉峰塔

图5.45 民国时期玉泉山静明园东高水湖及界湖楼遗址

其是主峰上的玉峰塔)亦成为其余诸园借景的主要对象;例如在颐和园知春亭等处望玉泉山塔皆为颐和园最佳景致之一。这种塔、山结合的手法虽在北海琼华岛有过先例,但白塔造型敦实,其灵秀之气终不及玉泉诸塔;玉泉山以楼阁式砖塔烘托山形的手法更多地受到江南风景园林的启发,诸如南通狼山指云塔、无锡锡山龙光塔、苏州灵岩山灵岩塔、杭州宝石山保俶塔以及前面提到的镇江金山寺塔等,都是玉泉山塔的"原型"。

纵观静明园,由于对江南山水韵致的借鉴,使玉泉山一带颇具江南风光灵秀的特点,与香山静宜园形成"灵秀"与"沉雄"的对照。

可惜咸丰十年(1860年)北京西北郊诸园遭到英法侵略军焚掠,静明园也未能幸免,园内建筑物大部分被毁。然而新中国成立以后一直为部队占用,不对外开放,今天仅能从院外隔着院墙依稀遥望院内景色。

五、万寿山清漪园（颐和园）

在清漪园基础上改建而成的颐和园可谓中国古代皇家园林最后的杰作（图5.46）。该园位处三山五园的中央，西为玉泉山静明园和香山静宜园，东为圆明园和畅春园，堪称三山五园之"枢纽"（图5.21）。

清漪园的"山水骨架"为瓮山与西湖（即今天万寿山与昆明湖的前身），清乾隆朝以前的西湖位于瓮山西南，瓮山东侧则为广袤的田畴，形成山前"左田右湖"之格局，一派江南水乡的气氛。明代文征明《西湖》诗曰：

> 春湖落日水拖蓝，天影楼台上下涵。
> 十里青山行画里，双飞白鸟似江南。

这一带酷似江南风景的湖光山色，深深打动了乾隆：对比平地造景的畅春、圆明二园，这里有真山真水的气魄；而静宜、静明二园虽具雄山秀水，但终无西湖这样浩淼之水景与周围之田园风光。另外，就西北郊皇家园林整体格局来看，东、西四座园林已各自成形，唯独中部瓮山、西湖还属于未加仔细经营的自然郊野，一旦依山傍水造成园景，则三山五园将连成一气，海淀、西山之间的一片"园林之海"也将贯通。因而正如周维权所言，清漪园"一园建成，全局皆活"。乾隆自然深谙此理，因此尽管乾隆九年（1744年）圆明园扩建告一段落时乾隆曾作《圆明园后记》宣告"后世子孙必不舍此而重费民力以创设苑囿，斯则深契朕法皇考勤俭之心以为心矣"，然而依旧自食其言，以"为母祝寿"与"兴修水利"为名开始兴建清漪园。① 乾隆二十九年（1764年），清漪园全部完工，占地约295公顷。万寿山东西宽约1000米，山顶高于地面60米，昆明湖南北1930米，东西最宽处1600米。比之三山五园其余诸园以大小景点、"园中之园"串联而成的造园模式，清漪园则体现出独一无二的整体规划设计的"大手笔"。

---

① 参见：周维权. 中国古典园林史. 第二版. 北京：清华大学出版社，1999: 409.

■ 整体格局

颐和园总体呈山北水南之势，万寿山与昆明湖呈"负阴抱阳"的环抱势态，构成颐和园绝佳的山水骨架（图5.47）。昆明湖北面直抵万寿山南麓，昆明湖中央的大岛——"南湖岛"，比万寿山佛香阁之南北中轴线略微偏东，与万寿山北坡"须弥灵境"建筑群轴线大致吻合。湖东岸建"东堤"，东堤上造"二龙闸"控制泄水，使园

图5.46 颐和园——最后的皇家园林（画面正中为玉泉山，背景为香山）

东面与畅春园之间的大量水田得以灌溉。湖西部更设纵贯南北的一道大堤——"西堤"，西堤以东为昆明湖主体，以西为附属水域，内筑"治镜阁"、"藻鉴堂"二岛，甚为幽僻，并与"南湖岛"共同构成"一池三山"的皇家园林传统意象。在山北水南的大格局之下，又从昆明湖西北角另开河道往北延伸，由万寿山西麓过青龙桥入园北的清河，这道水渠的支流由万寿山西麓转抱山北，形成后山一条蜿蜒的河道，称"后溪河"，成为颐和园最幽静的去处，与山南风景区大异其趣。

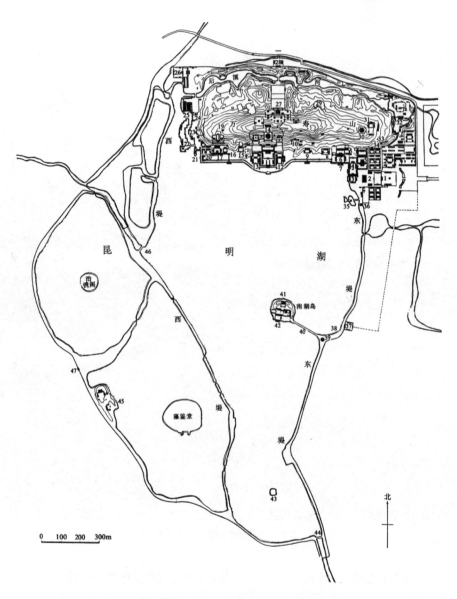

1.东宫门 2.仁寿殿 3.玉澜堂 4.宜芸馆 5.德和园 6.乐寿堂 7.水木自亲 8.养云轩 9.无尽意轩
10.写秋轩 11.排云殿 12.介寿堂 13.清华轩 14.佛香阁 15.云松巢 16.山色湖光共一楼
17.听鹂馆 18.画中游 19.湖山真意 20.石丈亭 21.石舫 22.小西泠 23.延清赏 24.贝阙 25.大船坞
26.西北门 27.须弥灵境 28.北宫门 29.花承阁 30.景福阁 31.益寿堂 32.谐趣园 33.赤城霞起
34.东八所 35.知春亭 36.文昌阁 37.新宫门 38.铜牛 39.廓如亭 40.十七孔长桥 41.涵虚堂
42.鉴远堂 43.凤凰墩 44.绣绮桥 45.畅观堂 46.玉带桥 47.西宫门

图5.47 颐和园总平面图

综观万寿山、昆明湖之山水意境，实际上从杭州西湖获得了许多灵感：万寿山、昆明湖的山水构图，昆明湖水域之划分，西堤的名称与形态，乃至周围环境都酷似杭州西湖——乾隆《万寿山即事》诗曰："背山面水地，明湖仿浙西。琳琅三竺宇，花柳六桥堤。"足见杭州西湖即乾隆时期清漪园、昆明湖的构思"蓝本"（图5.48）。

乾隆时期清漪园的规划设计有一难得的"大手笔"，即于昆明湖东、南、西三面均不设宫墙，大大改变了历代皇家苑囿封闭的"禁苑"气氛，从而使清漪园与玉泉山、高水湖、养水湖、玉河及两侧田园连成一体，视线毫无阻隔——在园中西望西山、玉泉山，东望畅春园、圆明园，处处皆景，如诗如画，其山水意境堪为三山五园之冠，最为开阔、自然（图5.49）。可惜慈禧太后改建后的颐和园加筑围墙，使得清漪园原有的意境大大受损，尤其东堤一带更显逼仄，不得不说是一大遗憾。

颐和园总体布局大致可分为宫廷区、前山前湖景区及后山后河景区三个主要部分。

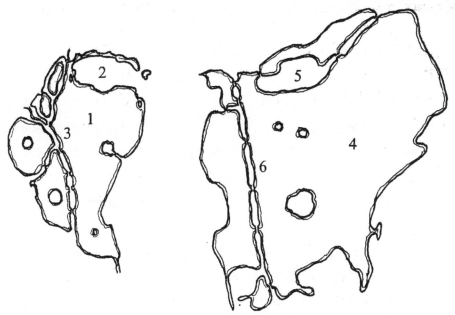

1.昆明湖　2.万寿山　3.西堤　4.西湖　5.孤山　6.苏堤

图5.48 清漪园（左）与杭州西湖（右）比较图

图5.49 由颐和园知春亭遥望玉泉山静明园

■ 宫廷区

宫廷区居于全园东北,由东宫门(全园正门)、仁寿门、仁寿殿构成东西主轴线,东宫门前更有影壁、金水河、牌楼。仁寿殿可谓宫廷区的"前朝"部分,而"后寝"部分则是位于仁寿殿西侧的玉澜堂建筑群,其西北部的乐寿堂建筑群为慈禧太后寝宫。宫廷区东北面为德和园大戏楼(图5.50)。

通过宫廷区几进规模不大的中型院落,一下子进入寥廓的园林景区,昆明湖横亘眼底,万寿山偏居右侧,玉泉山遥遥在望——颐和园这一入口空间的经营不但收到了中国古典园林常见的"欲扬先抑"的效果,而且使万寿山较为矮秃的山形缺陷被隐藏起来,而是以其侧面较为挺秀的姿态"迎人",加上远处玉泉山及玉峰塔的映衬,令观者对于全园的"第一印象"奇佳,可谓是"先声夺人"的一笔。因而宫廷区以及主入口设置在东北隅,在园林空间设计方面可谓是极具匠心之巧思(图5.46)。

图5.50 颐和园宫廷区鸟瞰

■ 前山前湖景区

颐和园浩阔的园景可分作"前山前湖"与"后山后河"两大景区，并且分别呈现为"旷"与"幽"的不同意境，二者的对比极为鲜明，遍游前、后山给人带来极大的审美享受——这是颐和园园林构思的一大特色。

"前山前湖"景区（约占全园面积的88%，图5.51）的"旷"首先源于昆明湖布局的空阔疏朗：东堤、西堤、三大岛（南湖岛、治镜阁、藻鉴堂）、三小岛（小西泠、知春亭、凤凰礅）为昆明湖主要景观，各岛上建造点景建筑群，岛、

图5.51 颐和园前山前湖冬景——琼楼玉宇

图5.52 柳桥

图5.53 玉带桥

堤之间连以桥梁。乾隆帝对于烟波浩淼的昆明湖十分得意，曾有"何处燕山最畅情，无双风月属昆明"之赞叹。

西堤六桥：纵贯全湖的西堤为杭州西湖"苏堤"之翻版，亦为颐和园昆明湖意境绝佳处。苏堤为苏东坡担任杭州太守时所筑，纵贯西湖，长2.8公里，其上设有六桥，两岸垂柳夹道，为西湖经典美景——"苏堤春晓"更是位列"西湖十景"之首。昆明湖西堤与西湖苏堤在位置、走向上完全一致，而且同样在堤上筑六桥。清漪园时期六桥由南而北分别为界湖桥、练桥、镜桥、玉带桥、桑苎桥、柳桥。光绪时期重修颐和园将界湖桥与柳桥之名互换，桑苎桥改为豳风桥，于是由南而北依次为柳桥（图5.52）、练桥、镜桥、玉带桥（图5.53）、豳风桥、界湖桥。与苏堤六桥均为清一色石拱桥不同，西堤六桥造型多姿多彩。其中玉带桥为曲线饱满流畅的石拱桥，界湖桥则为方拱石桥，其余四座均摹自扬州瘦西湖的亭桥：镜桥上建重檐攒尖六角亭；练桥上建重檐攒尖方亭；柳桥上建重檐歇山方亭；豳风桥上建重檐歇山方形亭榭。

十七孔桥：连接东堤与南台岛的十七孔桥成为昆明湖景观设计上的华彩：整座桥长达150米，宽8米，共十七个拱洞，全部用汉白玉砌成。桥两端雕有四只石狮子，造型各异，为颐和园石雕之精品。十七孔桥如"长虹卧波"，与西端南湖岛和东端的廓如亭组成昆明湖上的经典画卷（图5.54）。

图5.54 廓如亭、十七孔桥与南湖岛

万寿山：与昆明湖格局的"疏"相对比，万寿山前山建筑群布局体现为"密"——整个前山建筑群规模宏丽、气势如虹。

中部的排云殿建筑群形成万寿山南麓的规划主轴线：自下而上依次建牌楼、

图5.55 颐和园万寿山排云殿、佛香阁建筑群鸟瞰

排云门、二宫门、排云殿、德辉殿、佛香阁,一直延伸至偏东一些的"众香界"琉璃牌楼、无梁殿"智慧海",加上两翼配殿、爬山廊,形成极其庄重稳健的中心构图(图5.55)。中轴线东、西分别布置转轮藏、慈福楼建筑群和宝云阁、罗汉堂建筑群,构成东、西次轴线。而与主轴线、次轴线建筑群的"大块文章"不同,前山西侧、东侧则点缀着自由布局的几处景点,更富园林幽致,诸如西侧画中游、湖山真意亭、云松巢,东侧无尽意轩、养云轩、景福阁等等。

佛香阁:佛香阁为万寿山核心建筑。其下部为倚山而筑的暖灰色石台,面阔进深均为45米,正面高23米,设八字形"朝真蹬"大型石阶——石台既是佛香阁主体建筑的大台基,增加了建筑构图的稳定感;同时又成为其下金碧辉煌的排云殿建筑群与更加灿烂夺目的佛香阁之间的一大段"灰色块",有助于全体建筑群体量、质感与色彩的和谐。佛香阁主体建筑为八角形四层楼阁,攒尖屋顶上置金色宝顶,造型既稳重又峻拔,与下部石台的比例也十分匀称。佛香阁从台基到宝顶总高36.44米,其高度在中国现存古代木结构建筑中仅次于山西应县木塔和河北承德普宁寺大乘阁而排名第三,在北京木结构建筑中则首屈一指(图5.56)。

图5.56 颐和园佛香阁

佛香阁为整个万寿山前山建筑群的构图中心，其东、西两翼又分别布置了宝云阁与转轮藏两组建筑群，成为拱卫佛香阁的东、西次轴线；在次轴线东、西两侧又安排了寄澜亭－云松巢与秋水亭－写秋轩构成的更弱化的轴线；最后在这一对轴线外侧，滨水设置鱼藻轩与对鸥舫，结束了万寿山南坡建筑群如同古人作诗"对偶"一般的规划布局——之所以不称之为"对称"而称之作"对偶"，是因为佛香阁东西两翼的建筑群虽然位置近乎对称，然而建筑造型却不尽相同，甚至是相辅相成的构图关系，因而更像作诗或题写对联；并且两侧的建筑群随着距离

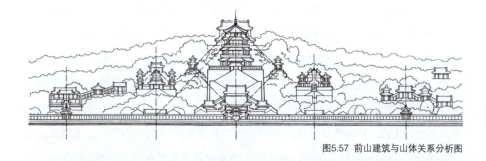

图5.57 前山建筑与山体关系分析图

图5.58 佛香阁俯瞰昆明湖

中央主建筑群越来越远而呈渐趋小巧、简约之势，因此万寿山前山建筑群整体构图呈现由中央向两侧逐渐"退潮"的绝妙效果（图5.57）。

与景山、北海白塔山可以登高览胜一样，万寿山佛香阁也为颐和园登高望远之最佳处（图5.58）。尤其值得一提的是，佛香阁周围沿石台建造一圈游廊，于粉壁上开设一连串景窗，透过景窗向东、西、南三面眺望，如同坐看一幅幅不同的画面，自西而东或为玉泉塔影、或为西堤琼岛、或为长桥卧波、或为村舍田园，清朝鼎盛时甚至畅春、圆明二园也尽收眼底——这一串景窗之设，实为佛香阁之点睛妙笔。

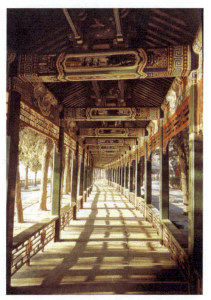

图5.59 长廊

长廊：万寿山与昆明湖之间还有一条重要的"线"串起前山诸景，即著名的长廊。长廊东起乐寿堂、西至石丈亭，共273间，全长约728米，除在中轴线排云门前作曲廊环抱状以外，其余皆呈直线一贯到底，与小型园林中的曲折游廊大异其趣——而这一贯到底的气魄正是长廊的精髓所在，它一方面成为贯穿前山前湖景区的东西轴线及游览路线，另一方面更成为前山与前湖之间的过渡，似隔非隔，大大增加了园林空间的层次与韵律。梁思成曾以长廊为例探讨建筑美学中"千篇一律"与"千变万化"的辩证统一：

颐和园的长廊，可谓千篇一律之尤者也。然而正是那目之所及的无尽的重复，才给游人以那种只有它才能给的特殊感受。①

长廊的千篇一律，恰恰可以烘托出长廊南北两侧山水长卷的千变万化——尤其透过长廊柱间的框景观赏周围景色，更能体会步移景异的妙趣，因此长廊可谓颐和园大手笔的妙思（图5.59）。

---

① 梁思成.梁思成全集（第五卷）.北京：中国建筑工业出版社，2001：379~381.

■ 后山后河景区

"后山后河"景区虽仅占全园面积的12%,然而却是格外引人入胜的去处。后山中部建有大型佛寺"须弥灵境",佛寺与后山北面的石桥、北宫门共同构成后山后河景区的中轴线(图5.60)。

除了主轴线上的建筑群与前山有所呼应以外,沿着蜿蜒的后溪河,后山景致以幽邃为主调,轩亭楼馆尽可能都依山就势自由布局并且掩映于林杪之间,有绮望轩、构虚轩绘芳堂、赅春园、嘉荫轩、云绘轩等小景点(可惜这些小景被英法联军焚毁后始终未能恢复),与前山建筑群中心对称的庄严气氛正相反。加之后山佳木尤多,蓊郁葱茏,近水处大量姿态优美的树木枝叶拂波,使得沿河一带阴翳蔽日,泛舟其间意境最佳,当"有濠濮间想"(图5.61)。

谐趣园:后溪河东端,位于全园东北隅的是颐和园中最静谧、幽雅的一处园中园——"谐趣园",其意境与北海静心斋异曲同工。其前身为清漪园"惠山园",嘉庆后改称谐趣园。乾隆十六年(1751年),乾隆第一次南巡,对无锡寄畅园的"嘉园迹胜"极为赞赏崇慕,将其誉为"清泉白石自仙境,玉竹冰梅总化工"。命随行画师摹绘园景成图,"携图以归,肖其意于万寿山之东麓,名曰惠山园。一亭一经,足谐奇趣。"①

图5.60 须弥灵境鸟瞰

这处摹自江南园林的园中园，环水而筑，藏于万寿山背后一隅，为"全园最幽处"。比之北海镜清斋、香山见心斋，惠山园（谐趣园）选址更幽僻，布局也更接近江南园林的自由随宜（图5.62～图5.64）。谐趣园宫门朝西，在园南开辟水池，环绕水池修建曲廊，廊间穿插厅堂、水榭及亭台。池岸水湾间还架设了一座石桥名曰"知鱼桥"，桥北端建石坊一座。园北侧为一个叫"霁清轩"的小院，这里地势较高，可俯瞰园景。南部水池与北部"霁清轩"之间有青石假山，为颐和园假山中之佳品。

谐趣园南面不远即回到东宫门宫廷区，该园可谓颐和园全园游览路线的一个完美句点。

图5.61 后溪河风光

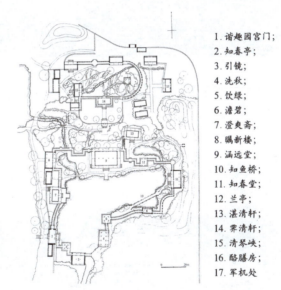

1. 谐趣园宫门;
2. 知春亭;
3. 引镜;
4. 洗秋;
5. 饮绿;
6. 潆碧;
7. 澄爽斋;
8. 瞩新楼;
9. 涵远堂;
10. 知鱼桥;
11. 知春堂;
12. 兰亭;
13. 湛清轩;
14. 霁清轩;
15. 清琴峡;
16. 酪膳房;
17. 军机处

图5.62 谐趣园平面图

三山五园与西苑三海为北京皇家园林的主体，除此之外，皇家园林还有紫禁城御花园、宁寿宫乾隆花园、慈宁宫花园、景山御苑、南苑（南海子）以及大量行宫之中的花园，等等，蔚为大观，无法在此尽述。

---

① 参见：周维权.中国古典园林史.第二版.北京：清华大学出版社，1999：426.

图5.63 民国时期的谐趣园全景

图5.64 谐趣园现状全景

第四节

公共园林——城中山水

除了上述赫赫有名的皇家苑囿之外,京郊还有不少小型的公共园林风景区:如德胜门外和内城西南角的两处太平湖、安定门外的满井(图5.65)、右安门外南十里的草桥、东便门外通惠河上的二闸(图5.66)、南郊的丰台,等等。城中的公共园林则有什刹海、泡子河、金鱼池、陶然亭等,其中最著名的非什刹海莫属。

图5.65 民国时期的满井

图5.66 民国时期的二闸

什刹海

什刹海元代称"积水潭",因其水面"汪洋如海",元人亦称之为"海子"。宋本《海子》诗有"渡桥西望似江乡"之句,足见元代海子一派水乡景致。此外由于元代积水潭为通惠河漕运之终点,于是又是一派舳舻蔽水、万艘千帆的繁华气象,成为元大都的商业中心所在。

明代积水潭不再是漕运码头,成为北京城最负盛名的风景区,并且以今什刹海西海四周最为繁盛——今之西海,明代有积水潭、水关、海子、北湖、净业湖、莲花池、什刹海等名,大量寺观、名园纷纷荟萃于此,为京城游赏之最佳去处。沿岸布置的寺观、园墅可以方便自如地引水造景，又可以巧妙地"借"园外之景；而积水潭的游人也能够尽阅周围寺观亭馆景致，可谓是互为因借、相得益彰。《帝京景物略》载：

  水一道入关，而方广即三四里，其深矣，鱼之，其浅矣，莲之，菱芡之，即不莲且菱也，水则自蒲苇之，水之才也。北水多卤，而关以入者甘，水鸟盛集焉。沿水而刹者、墅者、亭者，因水也，水亦因之。梵各钟磬，亭墅各声歌，而致乃在遥见遥闻，隔水相赏。立净业寺门，目存水南。坐太师圃、晾马厂、镜园、莲花庵、刘茂才园，目存水北。东望之，方园也，宜夕。西望之，漫园、湜园、杨园、王园也，望西山，宜朝。深深之太平庵、虾菜亭、莲花社，远远之金刚寺、兴德寺，或辞众眺，或谢群游矣。①

  可见积水潭东西南北四面各有不同的寺观林园景胜：著名的私家园林有定国公园、英国公园等，寺观有净业寺、三圣庵、什刹海、火神庙、镇水观音庵等等，明清以至近代为之吟咏的文人骚客不计其数。

  此外，由于永乐帝"靖难之变"的功臣之中以江南人士居多，因而朱棣赏赐他们大型宅第于积水潭周围，并将德胜桥以东即今之什刹海前海、后海皆辟为稻田，遣南人耕种，以慰官员们的"思乡之情"——《帝京景物略》载"（积水潭）东岸有桥，曰海子桥，曰月桥，曰三座桥。桥南北之稻田，倍于关东南之水面"。② 当时后海东岸有龙华寺，"寺门稻田千亩，南客秋思其乡者，数来过，闻稻香"。③ 可见明朝时今之前海、后海为广阔的稻田，一派田园风光。

  积水潭的最佳景致为银锭观山，明代在积水潭建了德胜桥与银锭桥，将元代连成一体的海子一分为三，即成为清代及后世所谓的什刹海西海、后海、前海。德胜桥与银锭桥也随即成为什刹海中重要的景观与观景之所。其中造型小巧玲珑的银锭桥以"银锭观山"之景而声名远播，成为京城一大名胜（图5.67）。明代大学士李东阳一次游积水潭慈恩寺后登银锭桥观西山，吟成《慈恩寺偶成》一诗曰：

---

① [明]刘侗，于奕正.帝京景物略.北京：北京古籍出版社，1983.9：19.
② [明]刘侗，于奕正.帝京景物略.北京：北京古籍出版社，1983.9：18~19.
③ [明]刘侗，于奕正.帝京景物略.北京：北京古籍出版社，1983.9：38.

图5.67 银锭桥

　　城中第一佳山水，世上几多闲岁华。
　　何日梦魂忘此地，旧时风景属谁家。
　　林亭路僻多生草，浦树秋深尚带花。
　　犹有可人招不得，诗成须更向渠夸。

　　从此"城中第一佳山水"即成为"银锭观山"的代称——《燕都游览志》称"此城中水际看山第一绝胜处也。桥东西皆水，荷芰菰蒲，不掩沧漪之色。南望宫阙，北望琳宫碧落，西望城外千万峰，远体毕露，不似净业湖之逼且障也"。可见银锭桥由于位居前、后海之间，左右逢源，又是这片浩阔水田的核心交汇点，因而观北、西、南三面之景尽皆一览无余并有田园水色增趣。可以想见桥头遥望，远处西山延亘，近处城垣巍峨，加之湖水、稻田衬托下的民舍寺观——如一幅巨型长卷，必定美不胜收。正如清代吴岩《沿银锭河堤作》诗句所咏："短垣高柳接城隅，遮掩楼台入画图。大好西山衔落日，碧峰如障水亭孤。"如果说积水潭、什刹海一带风光是明北京最富于诗情画意的长卷，那么"银锭观山"则是其间画龙点睛之笔，北京城的山水意境在此得到一次升华。有趣的是，虽然由官方"钦点"的"燕京八景"并没有"银锭观山"一景，但是由于这道美景深入人心，民间总把它列入八景之中，或者称之为"燕京小八景"之一。令人痛惜的是，随着北京城市的现代建设尤其是什刹海西北方越来越多的高层建筑群拔地而起，银锭观山的视野逐渐被"混凝土森林"封锁起来，加之空气污染日益严重，西山早已淡出了什刹海游人的视线；纵使"天朗气清"的时节，西山的轮廓也只能在高楼大厦的缝隙中偶然浮现——正如歌谣《钟鼓楼》中唱的：

银锭桥再也望不清，望不清那西山……

就全北京城而言，虽然规划布局的核心意匠是在中轴线、皇城之主体建筑群及其苑囿坛庙；然而若论山水之佳韵、自然之野趣，则明北京积水潭堪为京城之冠。明北京积水潭、什刹海一带以德胜桥为界，西岸为园林景色，东岸为田园风光，这与一墙之隔的巍峨皇城、锦绣御苑真是大异其趣，倒是与千千万万阡陌胡同、合院民居共同构成了帝京的另一番面貌，从而大大丰富了明北京的城市意蕴。如果说北京城中轴线建筑群以壮美见长，皇家御苑为优美中附带壮美，那么什刹海、积水潭风光则独以优美取胜。明代"公安派"散文大家袁宏道的《游北城临水诸寺，至德胜桥水轩》一诗描写环湖景色最为精彩：

西山去城三十里，紫㦽青逦见湖底。一泓寒水半庭莎，赚得白云到城里。芰叶浓浓遮雉朵，野客登堂如登舸。稻花水渍御池香，槐风阵阵宫云凉。一番热雨瘿波沸，穿檐扑屋生荷气。乍时泼墨乍清澄，云容闪烁螭蛟戏。帘波斜带水条烟，北窗雨后蔓清圆。兑将数斗薏仁酒，赁取山光不用钱。①

及至清朝，什刹海一带的稻田逐渐变为满植荷花的水面，园林气息更加浓郁。清末民国时期，什刹海不但保持着十里荷香的水乡景致（图5.68），并且再次成为北京内城的著名商业中心之一：湖畔有著名酒楼天香楼、会贤堂、庆云楼、一曲湖楼等，一曲湖楼更被称为"都中酒楼第一家"。前海西堤上则兴起了热闹非常的"荷花市场"，成为市民夏日消暑的最佳去处——这个两面临水的长堤形露天市场，成为北京诸多街市中最优美的所在。

如今荷花市场改建成为北京最有名的酒吧街，而环什刹海前、后海也陆续开设了大量酒吧、餐馆、茶社，使得什刹海成为京城最著名的"夜生活"之所。古老的

---

① [明]刘侗，于奕正.帝京景物略.北京：北京古籍出版社，1983.9：20~21.

什刹海成为新的时尚之地,也是外地乃至国外游客最喜爱流连的娱乐场所之一——然则热闹是热闹非常,但什刹海作为城市山林的宁静气氛也受到强烈冲击。

本章重点介绍了古都北京的山水和皇家苑囿、公共园林风景区。而与大量皇家园林相对的则是私家园林,其中一些代表性的王府园林以及文人私家园林将在下面的"市井民居"、"王府会馆"两章中有所涉及,本章限于篇幅不再赘述。① 同样,北京还有大量寺观园林,也将在下文"寺观浮图"一章介绍。古都北京种类如此丰富的园林最终形成了城市与自然完美交融的图景——郑正铎描绘了民国时期登上景山所见到的情景:

千家万户则全都隐藏在万绿丛中,看不见一片瓦,一屋顶,仿佛全城便是一片绿色的海。不到这里,你无论如何不会想象得到北平城内的树木是如何的繁密;大家小户,那一家天井不有些绿色呢。②

以下援引老舍和林语堂笔下北京城与自然的完美融合的经典城市意象作为对古都北京山水园林的这番礼赞的结束。老舍在《想北平》中写道:

是的,北平是个都城,而能有好多自己生产的花,菜,水果这就使人更接近

图5.68 民国时期的什刹海与钟鼓楼

了自然。从它里面说,它没有像伦敦的那些成天冒烟的工厂;从外面说,它紧连着园林、菜圃,与农村。采菊东篱下,在这里,确是可以悠然见南山的;大概把"南"字变个"西"或"北",也没有多少了不得的吧。③

林语堂在《京华烟云》中曾有这样热情洋溢的描绘:

在北京,人生活在文化之中,却同时又生活在大自然之内,城市生活极高度之舒适与园林生活之美,融合为一体……千真万确,北京的自然就美,城内点缀着湖泊公园,城外环绕着清澈的玉泉河,远处有紫色的西山耸立于云端。天空的颜色也功劳不小。天空若不是那么晶莹深蓝,玉泉河的水就不会那么清澈碧绿,西山的山腰就不会有那么浓艳的淡紫。④

---

① 北京的私家园林以王府园林、文人园林为最主要类型。清代北京内外城私家园林具备一定规模并见于文献记载的约有一百五六十处,保存到20世纪50年代尚有五六十处,约占三分之一。后经四十余年的城市建设、危旧房改造,几乎拆毁殆尽,能保存至今的已是凤毛麟角。参见: 周维权. 中国古典园林史. 第二版. 清华大学出版社, 1999年10月第2版2004年7月第11次印刷: 487.
关于北京私家园林的专题研究则有贾珺. 北京私家园林志. 北京: 清华大学出版社, 2009.
② 郑正铎. 北平. 引自: 姜德明 编. 北京乎: 1919—1949年现代作家笔下的北京. 北京: 生活•读书•新知三联书店, 2005: 235~236.
③ 老舍. 想北平. 引自: 姜德明 编. 北京乎: 1919—1949年现代作家笔下的北京. 北京: 生活•读书•新知三联书店, 2005: 364.
④ 林语堂 著. 京华烟云(上). 张振玉 译. 北京: 作家出版社, 1995: 171.

《白石故里》

第陆章

市井民居

北平在人为之中显现自然，几乎什么地方既不挤得慌，又不太僻静：最小的胡同里的房子也有树；最空旷的地方也离买卖街与住宅不远。这种分配法可以算——在我的经验中——天下第一了。

——老舍：《想北平》

古都北京在皇家宫阙、坛庙陵寝、苑囿园林之外，是大量的市井民居，它们拱卫着帝王之居，构成这座壮丽都城的最主要的"背景"或"底色"。北京的市井民居以"街道－胡同－四合院"体系为其鲜明特征，形成了京城独有的市井文化，与皇家文化共同形成古都北京城市文化的二重奏，构成古都北京独一无二的艺术气质和文化气度。

北京的"街道－胡同－四合院"体系同时也是中国传统城市规划设计的一大精髓，体现出"闹中取静"的突出优点，在深爱北京和熟悉北京的人如老舍的心目当中，可谓是"天下第一"的理想城市模式。

第一节

街道胡同

白居易的诗句"万千家似围棋局,十二街如种菜畦"是中国古代城市"棋盘式"道路系统的生动写照,元大都和明北京(尤其是内城)的街道与胡同都沿袭了这一特点。

一、元大都街市胡同

古都北京的街巷系统经历了从唐幽州、辽南京的"里坊制"到元大都的"街巷制"的变迁,其中金中都时期是从里坊制到街巷制的过渡时期。① 马可·波罗笔下的元大都的街道景象是:

"街道甚直,以此端可见彼端,盖其布置,使此门可由街道远望彼门也。"②

元大都城的每个城门以内都有一条笔直的干道,有些城门之间或城门与城墙之间还加辟一条干道,这些干道纵横交错,连同沿城墙根的街道(所谓顺城街)在内,全城共有南北干道与东西干道各九条,符合《周礼·考工记》"营国制度"的"九经九纬"之制。"天衢肆宽广,九轨可并驰",③ 其中元大都南城门丽正门内的主干道形成全城规划的中轴线(图1.20、图1.39)。

全城街道的宽度都有统一的标准:大街阔二十四步,小街阔十二步。除街道外,

---

① 参见:于杰,于光度 著.金中都.北京:北京出版社,1989.
② [意]马可·波罗 著.马可波罗行纪.冯承钧 译.上海:上海书店出版社,2001:210.
③ 胡助.京华杂兴诗.转引自:陈高华.元大都.北京:北京出版社,1982:60.

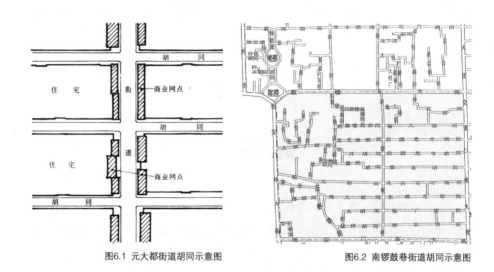

图6.1 元大都街道胡同示意图　　图6.2 南锣鼓巷街道胡同示意图

还有三百八十四火巷，二十九衖通（即胡同）。① 胡同大都沿南北向街道的东西两侧平行排列，形成"鱼骨状"的道路网络，亦称"蜈蚣巷"（图6.1）。明清北京城的道路标准宽度逐渐被打破，许多自由生长的胡同不再局限于元代规划的规定，许多元大都的街道、胡同的宽度也随着城市发展改变了原貌。今天东四至北新桥、西四至新街口以及南、北锣鼓巷一带还保留了不少元大都的街巷、胡同格局（图6.2）。

胡同为北京大量巷道的专有名称，可谓闻名遐迩。"胡同"一词的写法从元朝到清朝有很多种：衖通、火弄、火疃、火巷、火衖、胡洞、衖衕、衚衕（此为胡同之繁体），等等，到明清之际衚衕（胡同）一词最为流行。现在不少学者认为胡同是蒙古语"水井"的音译——这就将胡同与"市井"恰当地联系起来。胡同一词在元代已经大量见于记载：比如关汉卿的《单刀会》中有"杀出一条血胡同来"的词句。而北京的胡同至今仍然保留着元大都时名称的有"砖塔胡同"——李好古的元杂剧《沙门岛张生煮海》中有"羊市角头砖塔儿胡同"一句，砖塔胡同的砖塔即建于金元间的万松老人塔。

北京的街道-胡同体系即肇始于元大都：主次干道将元大都分为五十坊，这些坊均不建坊墙，而以干道为坊界。坊内之地段，沿南北向干道，开辟若干东西向的平行巷道，成为住宅区之间的通路，即后来著名的胡同——这样一方面住宅区可以取得南北朝向，一方面街道两侧可以布置各行各业的商业铺面以供住户的日常生活之需，胡同内则不再设商店，以保持宁静、安全的居住环境——元大都街道、胡同、民居规划设计的精华即在于"闹中取静"。正如老舍在《想北平》一文中指出的：

> 北平在人为之中显现自然，几乎什么地方既不挤得慌，又不太僻静：最小的胡同里的房子也有树；最空旷的地方也离买卖街与住宅不远。这种分配法可以算——在我的经验中——天下第一了。北平的好处不在处处设备得完全，而在它处处有空儿，可以使人自由的喘气；不在有好些美丽的建筑，而在建筑的周围都有空闲的地方，使它们成为美景。每一个城楼，每一个牌楼，都可以从老远就看见。况且在街上还可以看见北山与西山呢！②

与此极其类似的还有林语堂的描绘：

> 北京的胡同和小巷。它们避开了宽敞的大路，但距离主要的街道又不算太远，为北京增添了不少的魅力。北京城宽展开阔，给人一种居住在乡间的错觉，特别是在那秀木繁荫的庭院，在那鸟雀啾啾的清晨，这种感觉更加强烈。和繁忙的大道不同，胡同纵横交错，彼此相通，有时也会出其不意地把我们引到某座幽深静谧的古刹。③

这些描写正是元大都街巷规划的生动写照；而元大都街巷规划打下的"根基"直到民国时期尚在发挥其"优越性"。

元大都的街道绿化也相当可观：政府命令城中居民在街道两旁植树，从元人的诗句中可见一斑——所谓"文明街上千株柳，尽是都人手种成"；④"今年五月燕山路，夹道槐阴不知暑"；"九衢荡荡绿槐风"、"都门辇路花万株"、"都门四十里青青"……⑤从中可以看出元大都主要街道植有槐、柳等树木，夹以花木，景观优美。

---

① 大街阔24步，小街阔12步为《析津志》所载，依元代1步为1.54米计，分别宽36.96米、18.48米。而据考古勘测所得数据为：大街宽约25米，胡同宽约6～7米，有学者由此推算小街宽约13米，考古发掘与文献记载之间数值出入颇大。有学者根据比例关系推测胡同宽6步，即9.24米；也有学者认为火巷和街通（即胡同）为不同等级的道路：火巷宽6步，即9.24米；胡同宽3步，即4.62米。参见：王彬. 北京微观地理笔记. 北京：生活·读书·新知三联书店，2007：93页；还有学者以3为模数进一步推测火巷宽9步，即13.86米，胡同宽6步，即9.24米。参见：邓奕. 北京胡同空间形态演变浅析. 北京规划建设，2005（04）：17～19.
② 在老舍心目当中："论说巴黎的布置已比伦敦罗马匀调多了，可是比上北平还差点事儿。"参见：老舍. 想北平. 转引自：姜德明 编. 北京乎：1919-1949年现代作家笔下的北京. 北京：生活·读书·新知三联书店，2005：363.
③ 林语堂 著. 辉煌的北京. 赵沛林，张钧 译. 西安：陕西师范大学出版社，2002：161.
④ 元代文明门位于今东单一带，文明街应当是今天的东单北大街。
⑤ 转引自：吴建雍 等. 北京城市生活史. 北京：开明出版社，1997：100.

除了由于规划设计巧妙带来的方便、舒适、宜人等合理功能之外，元大都的街区规划也带来视觉上充满秩序感的"形式美"——马可·波罗曾盛赞大都街道、府第之"美善并存"：

各大街两旁，皆有种种商店屋舍。全城中划地为方形，划线整齐，建筑房舍。每方足以建筑大厦，连同庭院园圃而有余。以方地赐各部落首领，每首领各有其赐地。方地周围皆是美丽道路，行人由斯往来。全城地面规划有如棋盘，其美善之极，未可言宣。①

元大都有各种专门集市三十多处，主要街道的商铺更是不可计数。最繁华的街市有三处：城市中心的斜街市、顺承门内的羊角市和城市东南部的枢密院角市。

二、明北京街市胡同

■ 街道

明北京内城的街道与胡同是在元大都的基础上改建而成的：明北京弃用元大都北部，元大都和义门（明北京西直门）、崇仁门（明北京东直门）以南主要街道均得以保留。此外明北京又将元大都南墙拆除，在该位置改建皇城南面的东、西长安街，分别与崇文门内大街、宣武门内大街相交于东单、西单路口（明清北京的东单、西单路口均为"丁"字路口）。由于东、西长安街上的长安左门、长安右门将皇城前的"T"字形宫廷广场封闭起来，因此东、西长安街并不起沟通城市东西交通的作用。明北京内城道路系统以崇文门、宣武门内的南北向大街为最主要的骨架，辅以安定门、德胜门内的南北大街。东西向街道主要有东直门内大街（以鼓楼为"对景"）、西直门内大街、朝阳门内大街（与东四大街交于"东四"路口，② 以景山为"对景"）、阜成门内大街（与西四大街交于"西四"路口，正对北海琼华岛与景山）、地安门北大街（今平安大街）、东安门大街、西安门大街以及东、西江米巷（今东、西交民巷）等。在以上大街的基础上，沿着各南北向干道或街巷，向东西方向伸展出数以千计的胡同，构成明北京内城道路的主要模式。当然，内城的街巷系统里也不乏南北向的胡同，甚至有许多并非横平竖直的街巷胡同，包括斜街、斜胡同等。例如什刹海周围就有大量因地制宜形成的斜街，包括鼓楼西大街、烟袋斜街、白米斜街等。

相比之下，外城由于缺乏统一的规划，其道路系统呈现出更加显著的自由生长的形态：中轴线上正阳门与永定门之间南北一贯的大街为外城道路系统的中轴线；广安门与广渠门之间则以一条蜿蜒迤逦、时宽时窄的东西向街道相连，构成外城的东西主干道。除了上述一纵一横的主街以外，另有崇文门、宣武门外大街向南与东西向主街相交成"丁"字路口。以上街道组成外城街巷系统的主要骨架，比内城经纬分明的大街要曲折得多，许多大街宽度也与胡同无异。由于缺乏系统地规划，加上天坛、山川坛北面坛墙呈弧形，外城许多地方地势低洼，积水成湖沼、池塘，再加上元大都与金中都故城之间本已逐渐形成的大量斜街……诸多因素的共同作用，最终形成了明北京外城极不规则的道路系统。尽管正阳门大街西侧、崇文门大街两侧（尤其是花市一带）也不乏一些规则的东西向胡同，但南北走向的胡同比比皆是，更有大量的街巷、胡同不再局限于东西南北走向，极度自由。外城中称作"斜街"的道路为数众多：樱桃斜街、铁树斜街、棕树斜街、杨梅竹斜街、上斜街、下斜街……整个街道系统体现出自发形成、自由生长的"有机感"。

需要着重指出的是，明清北京外城的城市形态尤其是街巷系统与内城整齐排列的街道、胡同、坐北朝南的四合院民居有明显的区别，可以看做是官方统一规划与民间自发建设相结合、相混杂的结果：这就使得明清北京内、外城呈现出统一规划与自发生长两种基本的城市街区形态——在某种意义上看可以说是分别呼应了中国传统城市规划中《周礼·考工记》的"匠人营国"与《管子》的"因地制宜"两大基本理念——因此明清北京内、外城城市形态的鲜明差异，使得古都北京更加无愧于中国传统城市"最后结晶"的美誉（图1.40）。

---

① [意]马可·波罗 著. 马可波罗行纪. 冯承钧 译. 上海：上海书店出版社，2001：213.
② 东四因十字路口东西南北各立一座牌楼而得名"东四牌楼"，简称"东四"；与"西四牌楼"、"西四"相对应。同样，东单、西单路口各有单独一座牌楼。

■ 胡同

明清北京城的道路尺寸不似元大都初始规划时那么严格,尤其是胡同的宽度从不足一米(如钱市胡同,位于大栅栏宝珠市路西,最窄处仅40厘米)到十余米不等,胡同的形态也更加丰富,呈现出千姿百态的局面:除了最典型的东西向胡同,还有南北向胡同、斜胡同以至一些曲折迂回的胡同——这些不规则的胡同往往依据胡同具体形状被冠以"弓弦胡同"、"抄手胡同"、"扁担胡同"、"大拐棒胡同"、"大秤钩胡同"、"小口袋胡同"、"X道湾胡同"(如七道湾、八道湾、九道,湾等)等等形象的名称,此外还有为数不少的"死胡同"。相比北京的街道,胡同的空间更加多姿多彩,下文还将详述。

■ 街市

明北京的商业中心从元代的钟鼓楼、积水潭、斜街一带转移至大明门外棋盘街至正阳门(前门)一带,称作"朝前市"。作于明嘉靖末年到万历初年间的《皇都积胜图》① 形象生动地描绘了"朝前市"的繁荣景象:画面上,前门外大街店铺林立,经五牌楼、正阳门直至大明门前棋盘街,高张布棚,纵横夹道,从珠宝古董、绸缎皮货、字画笔砚,到衣裳布匹、刀剪陶瓷、纸花玩物,应有尽有,货色如云,游人如织,充分展现了明北京"朝前市"的街市繁盛之美。② 值得一提的是,从画面中可以看到"朝前市"具有十分丰富的空间形态:前门外大街主要呈现为商业街形态,而前门的瓮城则提供了一个围合感很强的庭院形态,

图6.3 《皇都积胜图》中的"朝前市"景象

图6.4 灯市

而棋盘街虽然名称上是"街",但是商业活动以支棚摆摊为主,更接近一个西方城市中的"集市广场"——如此丰富的空间形态,几乎囊括了北京传统商业街市的所有类型,也使得"朝前市"呈现出丰富多彩的意象(图6.3)。明北京的街市以"朝前市"为中心,东有灯市(图6.4)、西有西市(西四牌楼一带),加上地安门外、东西单、菜市口、崇文门外、东四、新街口、北新桥、东安门、交道口等街市的繁盛的街市整体。③

三、清北京街市胡同

清代初期,由于满汉分城而居,内城不准开设店铺,北京内城的商业于是消失殆尽。④ 明代棋盘街"朝前市"的重心移至前门大街一带,东安门灯市也移到前门外。可见清初北京内城较之明朝盛时是大为冷清、萧条,大街—胡同体系的商市与居住混合布局的优点也被彻底摒弃,内城处处透着驻军屯兵的"军事化"面貌,是历史的一大倒退。直至康雍年间,内城商业才逐渐复苏,东、西安门内路旁允许商民"支伞作书场、茶社",随着隆福寺、护国寺庙会的兴起,内城商业渐趋活跃。乾嘉时期已有许多店铺陆续开张,甚至开设了戏馆。至道咸以后,随着满汉分居制度的松弛,内城商铺基本解禁,⑤ 终于形成了"京师百货所聚,惟正阳门街、地安门街、东西安门外、东西四牌楼、东西单牌楼暨外城之菜市、花市"⑥ 的布局。

清代外城的商业尤为繁盛,以前门大街为核心的商业中心,其范围北起大清

---

① 《皇都积胜图》,绢本设色工笔画。纵32厘米,横218.6厘米。画卷描绘了自京城西郊大道起,经由西郊村舍集镇、卢沟桥、广宁门(即广安门)、正阳门、大明门、皇宫,出北郊直至居庸关的壮美景色。其中由前门大街至大明门的"朝前市"一带刻画尤为细致精美,成为研究明北京朝前市最为逼真、写实的形象资料。参见:王宏钧. 反映明代北京社会生活的《皇都积胜图》. 历史教学. 1962 (07):43~45.
② 此外朝前市还是闻名退迩的图书市场,"凡燕中书肆,多在大明门之右及礼部门之外,及拱宸门之西"。参见:侯仁之. 北京城市历史地理. 北京:北京燕山出版社,2000:230.
③ 参见:侯仁之. 北京城市历史地理. 北京:北京燕山出版社,2000:228~229.
④ 清初内城虽不许开设店铺,但负贩者进城是允许的,只是不得留宿。然久而久之,难免负贩者在城内寺庙容留,甚至渐渐搭起店铺。乾隆二十一年(1756年),据载,内城开设猪、酒等店铺已有72处。此外,还有"指称售卖杂货,夜间容留闲杂人等居住店座44处"、"专租人居住店座15处"。参见:吴建雍 等. 北京城市生活史. 北京:开明出版社,1997:225.
⑤ 咸丰三年(1853年)时,内城店铺达15023处。参见:吴建雍 等. 北京城市生活史. 北京:开明出版社,1997:225.
⑥ 震钧. 天咫偶闻. 转引自:侯仁之. 北京城市历史地理. 北京:北京燕山出版社,2000:237.

门前棋盘街左右,南达珠市口,东抵长巷二条,西尽煤市街,"前后左右计二、三里,皆殷商巨贾,列肆开廛。凡金绮珠玉以及食货,如山积;酒榭歌楼,欢呼酣饮,恒日暮不休,京师之最繁华处也"。前门大街的两翼分布了大量热闹的专业街市——"貂裘狐腋,江米街头;珊瑚珍珠,廊房巷口","辽阳口货,市归振武坊(西江米巷)头;闽海杂庄,店在打磨厂里","金珠、貂皮、人参、银如山集"的珠宝市,"万方货物纵横列"的荷包巷,"高楼一带酒帘挑"的肉市,还有银楼、旅店密布的西河沿,靴帽、百货云集的鲜鱼口……①(图6.5)而其中最富丽喧哗者,非大栅栏莫属(图6.6)。此外,外城还有以文雅之气著称的琉璃厂、以香艳之色闻名的八大胡同以及贫苦大众喜爱的天桥等不同类型的街市。综观外城街市,前门大街位居北京中轴线重要地段,两侧更有多处集市环拱——东有崇外花市,西有宣外菜市口(图6.7)、琉璃厂,南对天桥,北对正阳门、正阳桥及五牌楼,简直如同紫禁城在内城的地位——它与内城南墙、崇外大街、宣外大街以及广渠门、广安门间的东西横街共同组成了外城以商业氛围、市民文化为主的市中心,与内城皇城居中的结构相映成趣,颇值得仔细玩味一番。

图6.5 1880年前后的前门大街

图6.6 大栅栏　　　　　　　　　　　　　　　　图6.7 宣武门外大街

四、街市牌楼

明清北京的大街除了有城墙、城门及城楼作为对景之外,更增添了一样壮丽的街道景观——牌楼(图6.8)。② 梁思成写道:

> 城中街道相交处或重要地点往往以牌坊门楼之属为饰;而各街至城门处之城楼,巍然高耸,气象尤为庄严。皇城诸门,丹楹黄瓦,在都市设计上尤为无上之街中点景饰。③

足见北京城的城楼、皇城城门和大量牌楼都是街道的重要对景和地标。明清宫苑中的牌楼大多是不出头的样式,而市街中的牌楼则正相反,多为造型更加轻盈高爽的"冲天牌楼":这类牌楼出檐较浅,各间立柱,均高耸于屋顶之上,柱顶覆云罐(俗称"毗卢帽")以防风雨。因街面辽阔,立柱也特意取高峻之比例,在大街上远望,立柱高耸,屋檐斗栱疏朗,造型壮丽——确有"冲天"之感。

明清北京街道上牌楼众多,著名者有正阳门五牌楼(图6.9),东、西长安街牌楼(图6.10),东、西单牌楼(图6.11),东、西四牌楼,东、西交民巷牌

---

① 参见:侯仁之.北京城市历史地理.北京:北京燕山出版社,2000:238.
② 梁思成称"宋、元以前仅见乌头门于文献,而未见牌楼遗例。今所谓牌楼者,实为明、清特有之建筑型类。明代牌楼以昌平明陵之石牌楼为规模最大,六柱五间十一楼,唯为石建,其为木构原型之变型,殆无疑义,故可推知牌楼之型成,必在明以前也"[梁思成.梁思成全集(第五卷).北京:中国建筑工业出版社,2001:208]。由此可知元代可能已有牌楼,但无实例留下——而元大都街道上是否立有牌楼暂时没有证据。
③ 梁思成.梁思成全集(第五卷).北京:中国建筑工业出版社,2001:162~163.

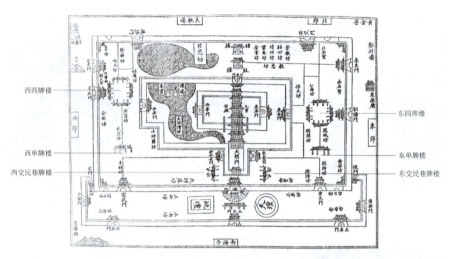

图6.8 《京师五城坊巷胡同集》插图中的牌楼布局

图6.9 正阳门五牌楼

图6.10 东长安街牌楼

图6.11 东单牌楼

楼，成贤街、国子监牌楼，"大兴县"牌楼，府学胡同"育贤"牌楼等。

其中一些成组的牌楼构成城市设计上的"亮点"。最典型的是东、西四牌楼：各为四座牌楼，立于十字路口的四个方向上，从任何一个方向都可望见两正、两侧四座牌楼互相掩映的身姿，大有一种"横看成岭侧成峰"的意味，可谓是京城街道中最精彩、最壮观的景致（图6.12）。四座牌楼荟萃在一个路口，这样丰富的布局源于这两处地点的重要地位：东四、西四地处内城最主要的两条南北干道的中心，并分别与东西向的朝阳门、阜成门大街相交；这两处交通要冲同时也是内城最繁华的商业地段，因而有四牌楼的华丽设置。反过来，四牌楼所营造的繁华都市景观又更加增强了周遭的商业氛围，可谓城市设计上形式与功能相得益彰的典范。

孔庙与国子监的所在地成贤街则一字排开列有四座牌楼，其形式为独特的"一间二柱三楼垂花柱出头悬山顶"样式，显得尤为轻巧别致，靠街口的两座书

图6.12 民国时期的西四牌楼

"成贤街";靠里的两座书"国子监"——它们是北京如今留下的唯一一组街市牌楼,至为可贵,成贤街也因此成为北京最富传统特色的街道(虽名曰街,其实是胡同的尺度)之一(图6.13)。

图6.13 国子监街

五、街道与胡同的美学

■ 街道繁华之美

传统北京街道的美感特征在于街道和店铺尺度宜人,并且往往设置有优美的街道对景。

首先,北京传统街道的尺度十分宜人:内外城主要街道宽度在20~30米之间,次要街道在10~20米之间(元大都规划时大街约36米,小街约18米,但到明清北京时道路宽度都略有减少)。

其次,商业建筑的尺度也十分小巧:街道两侧商铺以一~二层为主,建筑高度大致为:拍子式铺面高约3米,单层两坡铺面檐口高度与拍子式铺面相当,正脊高约5~6米;二层重楼铺面檐口高约6米,正脊高约8~9米(少量三层以上的重楼可达十余米),牌楼或牌坊式铺面的冲天牌楼高度可达十余米。[①]

另外,传统北京的街道十分注意对景的设置,尤其是以雄伟高大的城楼或华丽悦目的牌楼作为对景:市街牌楼高约13米,城楼高约34~42米(钟鼓楼更高:鼓楼45米,钟楼47米)。这些牌楼、城楼一方面作为街道对景丰富了街道的美感,一方面由于大大高于两侧铺面,成为街道的视觉"焦点"和主要地标。

■ 胡同的宁静之韵

由北京城热闹繁华的大街转到分布在其两侧的一条条小胡同里,人们瞬间即进入一处处幽静安逸的四合院住宅区。将胡同与街道相对比,更容易凸显二者的设计特色。从空间形态上,二者呈现出鲜明的宽与窄、虚与实、艳与素、垂直与水平、平直与曲折等多方面的对比,从而在整体上体现出街市繁华之美与胡同宁静之韵的强烈对比。

宽与窄:相对于街道,胡同则窄得多,更具封闭、围合感。据王彬《北京胡同的空间形态》一文统计:内城东四一带胡同(三条至九条)平均宽度7.8米(图6.14);

---

① 关于北京商业街铺面的论述可详见本书第玖章第二节。

内城西四一带胡同平均宽度4.8米；外城鲜鱼口草厂一带胡同平均宽度4.14米（图6.15）；外城大栅栏一带胡同平均宽度3.2米。足见内城东四一带胡同最为宽阔，也最长；西四一带就要窄许多、短许多；外城胡同比之内城更短、更窄。并且大部分胡同宽度在3～5米之间。① 胡同两侧一般都是平房，檐口高度约为3米，外城由于商业繁盛，用地紧张，一些极窄的胡同却建二、三层的铺面，则显得较为促狭。总体看来，北京的胡同有着十分近人的尺度，比大多数街道更为亲切宜人。

虚与实：传统街道的铺面建筑临街完全开敞，并且用住宅等建筑的室内隔扇置于外檐柱间，可以根据需要完全卸下。因此街道（尤其是商业街）与胡同立面形象的最大区别在于一虚一实，街道立面以玲珑剔透的铺面构成，而胡同立面则在大面积灰墙间以少量大门、高窗构成。

艳与素：在色彩构成上，街道铺面建筑以红色、褐色木装修为主色调，辅以青绿色彩为主的彩绘，局部甚至以金箔点缀；而胡同则是"青瓦灰墙映朱门"，以大面积的青灰色为主调，点缀以少量鲜艳色彩。前者艳丽，后者朴素，从而也给人带来一闹一静的心理感受。

垂直与水平：由于铺面建筑的开间多为三间，高度多为二层，加上大量使用冲天牌楼、悬挂招幌，因而总体上形成垂直方向的韵律。与之形成对比的是，胡同往往以水平方向上绵延的四合院的灰墙作为立面，只有四合院的大门打断这一水平方向上的延续，因而胡同的立面呈现为强烈的水平韵律。

平直与曲折：相比平直的大街小街，尽管北京胡同也有不少直而长的胡同

图6.14 东四四条

图6.15 草厂二条

（比如东四、西四一带的胡同），但更多的胡同呈现为较为曲折的形态。与通衢大道相比，小胡同更加富于曲径通幽的韵味。

这样，传统北京胡同的封闭、灰色以及水平的形态与街道的开敞、红色以及垂直的形态从空间形态上也体现了静与闹的对比。胡同以其与街道"繁华之美"畔然有别的空间意象呈现出独有的"宁静之韵"。

六、街道与胡同之趣味

街巷胡同是传统北京的重要公共空间。除了上述繁华的商业街市之外，日常生活所需的各种物品，在街道、胡同中基本上都有人叫卖——走街串巷的摊贩乃至剃头匠、算命先生等成为北京街巷胡同中一道不可或缺的重要的风景（图6.16～图6.17），民谣《一副筐》是小摊贩的生动写照：

> 一副筐八根儿绳，
>
> 挑起了扁担游九城。
>
> 卖葱啊卖蒜儿啊卖青菜。
>
> 打鼓儿，
>
> 喝杂银钱儿，
>
> 唉首饰来卖。

摊贩的走街串巷不仅为北京的街巷胡同增添视觉上的趣味，甚至他们的叫卖声也成为老北京最美的"音乐"——正如摄影师赫达·莫里逊所描绘的：

北京的生活不仅娱目，而且也有许多悦耳的声音。各种各样的货物和食品都沿街道和胡同叫卖。每一种小贩都有自己特别的"器物儿"，或是锣或是喇叭，一般都配有旋律美妙的叫卖声。婚礼和丧葬队伍都有自己的乐队班子。许多街巷娱乐活动都伴有音乐。人们喂养一些美丽的鸣禽，特别是百灵和画眉，因为它们有美妙的叫声，甚至尖声鸣叫的蟋蟀也有人喜欢。蟋蟀养在小笼里，整个夏天叫个不停，直到寒冬来到它们死去为止。北京人也饲养许多家鸽，用绳子在鸽子尾梢拴上很轻的竹哨，当鸽子从鸽笼放

---

① 由此王彬认为胡同宽度应为元代的3步，约4.62米，而不是像有些学者推测的6步即9.24米。

出、在城市上空盘旋的时候，竹哨能发出一种颇令人悲伤、像笛声一样的鸣响。

即使在夜间，北京也有属于她自己的、有特色的声音。寂静的夜晚，守夜人出入胡同，常常伴随着木梆发出"梆梆"的声音。这对于防止住户被奸人偷盗很难有什么实际效用，但毫无疑问，听到这种声音，人们会睡得更为香甜。①

在北京的街道胡同之中徜徉，既可以感受到上述"繁华之美"与"宁静之韵"的交织，同时由于街道胡同串起了北京千千万万的民居和公共建筑，让人体验到无与伦比的生活趣味。老北京广泛流传的两首经典民谣朗朗上口，读来犹如在北京东城、西城的大街小巷徜徉，展现了北京街巷胡同丰富的生活情趣。

图6.16 传统街道卖糖人的

图6.17 传统街道卖糖葫芦的

《东直门》

东直门挂着匾　　　　安定门一甩手　　　　四牌楼南四牌楼北
界边就是俄罗斯馆　　界边就是交道口　　　四牌楼底下喝凉水
俄罗斯馆照电影　　　交道口跳三跳　　　　喝凉水怕人瞧
界边就是四眼井　　　界边就是土地庙　　　界边就是康熙桥
四眼井不打钟　　　　土地庙求灵签　　　　康熙桥不白来
界边就是雍和宫　　　界边就是大兴县　　　界边就是钓鱼台
雍和宫有大殿　　　　大兴县不问事　　　　钓鱼台没有人
界边就是国子监　　　界边就是隆福寺　　　界边就是齐化门
国子监一关门　　　　隆福寺卖葫芦　　　　齐化门修铁道
界边就是安定门　　　界边就是四牌楼　　　南行北走不绕道

《平则门》

平则门拉大弓　　　　四牌楼底下卖估衣　　蒋家房安烟袋
过去就是朝天宫　　　问问估衣　　　　　　过去就是王奶奶
朝天宫写大字　　　　多儿钱卖　　　　　　王奶奶啃西瓜皮
过去就是白塔寺　　　打个火抽袋烟儿　　　过去就是火药局
白塔寺挂红袍　　　　过去就是毛家湾儿　　火药局卖钢针儿
过去就是马市桥　　　毛家湾儿扎根刺儿　　过去就是老城根儿
马市桥跳三跳　　　　过去就是护国寺儿　　老城根儿两头儿多
过去就是帝王庙　　　护国寺卖大斗　　　　过去就是王八窝
帝王庙摇葫芦　　　　过去就是新街口儿　　晴天盖被子
过去就是四牌楼　　　新街口儿卖大糖　　　阴天蹚汤锅
四牌楼东四牌楼西　　过去就是蒋家房

---

① [澳]赫达·莫里逊 著.洋镜头里的老北京.董建中 译.北京：北京出版社，2001：6.

第二节

庭院深深

充盈在古都北京街道胡同之间的，是老北京的千千万万四合院，它们是整座城市的细胞。一方面它们构成这座雄伟壮丽古都的大背景；另一方面，当我们深入到一座座四合院中，又能感受到千变万化的建筑空间和丰富多彩的建筑艺术。

一、元大都的合院住宅

元大都的合院住宅是北京四合院的"雏形"。元代的街区规划，据学者研究推测：胡同间距为50步（元代1步＝1.54米），每块宅基地为44步（约67米）见方，面积为8亩；每片胡同街区由10块宅基地组成，即44步×440步（图6.18）。①

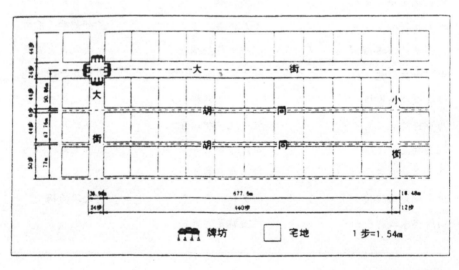

图6.18 元大都街区规划模数示意图

1969年拆除城墙修地铁时，在内城北墙基址下发掘出元代"后英房"遗址，其中一所大型住宅的主院及两侧的跨院东西总宽近70米，南北进深为两条胡同的距离，与上述44步见方的宅基地大小基本吻合。主院正房坐北朝

图6.19 后英房元代住宅复原图

南，进深达13.47米，前出轩廊，后有抱厦；正房前有东西厢房。东跨院是平面为"工"字形的建筑群，用柱廊把南北屋连接在一起，是宋元以来宫廷主体建筑群的"具体而微"者，继承了宋代以来十分流行的平面布局形式（图6.19）。整座建筑群院落宽大，建筑讲究，有的房屋墙壁下部采用"磨砖对缝"的工艺砌成，室内用方砖铺地，并且安装有雕饰华丽的格子门。从中可看出元代住宅建筑已是较成熟的合院式布局，它介于唐宋与明清之间，虽然有别于明清北京的标准四合院，但四合院的"雏形"业已形成。①

二、明清北京四合院

享誉世界的北京四合院其实是明清时期形成的，是北京传统民居的代表，更是明清北京城的"细胞"（图6.20）。北京四合院是在元大都合院式住宅的基础上发展而来：从最简单的一进四合院到二、三、四进院落的四合院（图6.21）乃至有东、西路跨院的大宅第，规模更大的宅院甚至纵跨两条以上的胡同。

王国维在谈及古人作宫室（即住宅）时写道：

我国家族之制古矣。一家之中，有父子、有兄弟，而父子、兄弟又各有其匹偶焉。即就一男子言，而其贵者有一妻焉，有若干妾焉。一家之人，断非一室所

---

① 参见：赵正之.元大都平面规划复原的研究.科技史文集（第2辑）.上海：上海科学技术出版社，1999.10：14~27；邓奕.毛其智.从《乾隆京城全图》看北京城街区构成与尺度分析.城市规划，2003（10）：58~65.

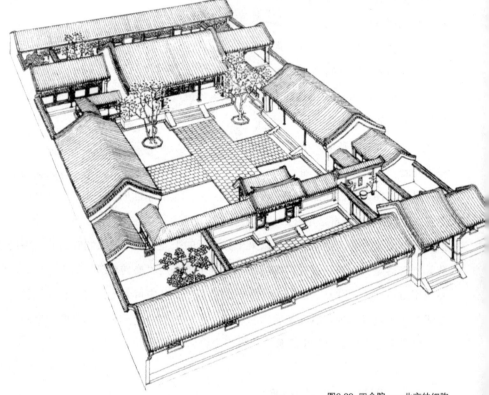

图6.20 四合院——北京的细胞

能容……其既为宫室也,必使一家之人所居之室相距至近,而后情足以相亲焉,功足以相助焉。然欲诸室相接,非四阿之屋不可。四阿者,四栋也,为四栋之屋,使其堂各向东西南北,于外则四堂,后之为四室,亦自向东西南北,而凑于中庭矣,此置室最近之法,最利于用,而亦足以为观美。①

　　这段论述言简意赅地道出了中国古代四合院(四阿之屋)住宅的最主要特征——"为四栋之屋"、"各向东西南北"、"凑于中庭";最主要优点——"最利于用,而亦足以为观美"(实用而美观);最主要的文化内涵——"必使一家之人所居之室相距至近,而后情足以相亲焉,功足以相助",即四合院是古代家族制度的产物。

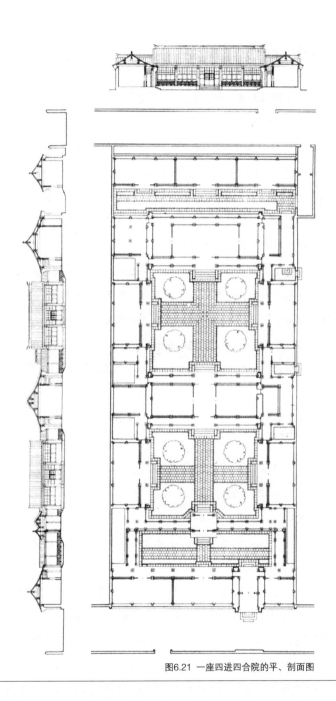

图6.21 一座四进四合院的平、剖面图

① 王国维认为"明堂、辟雍、宗庙、大小寝之制,皆不外由此而扩大之缘饰之者也",即四合院住宅之布置为明堂、辟雍等大型礼制建筑的"基本原型"。参见:王国维.观堂集林(外二种)(第三卷 艺林三).石家庄:河北教育出版社,2001: 73.

■ 一进四合院

明清北京城有数以万计的四合院，其平面局部形式亦可谓千变万化。然而"万变不离其宗"——最简单的四合院为一进院落，它可以说是北京四合院的"基本原型"。① 它通常坐落在面阔5丈（约16米）、进深8丈（约25.6米）② 左右的长方形用地上，坐北朝南，最北端是正房三间加左右耳房各一间（称作"三正两耳"，平均一间1丈，但正房开间要比耳房稍大），东西厢房各三间，倒座房5间，其最东头一间辟为全院大门。四座房屋围成南北深东西窄的狭长院落。从东南隅的大门进入，迎面是镶砌在东厢房南山墙上的影壁，称"坐山影壁"。向西通过一道矮垣上的小门（通常做成圆形的"月亮门"，上安四扇绿色屏门）便可进入内院。此外，倒座房最西一间往往与中央三间隔开，并有和大门对称的矮垣、屏门与内院分隔，如此就成为一处带小院子的独立房间，常常当作书房。这就是一座"最低标准"的四合院——由四座主要房屋和一些辅助建筑（耳房、矮垣、屏门等）加上四周墙垣围合而成的院落单元——由于南、北各五间房，所以也称"五间口"四合院。

■ 二进四合院

明清北京城（特别是内城）中数量最多的是二至三进的四合院。二进四合院占地约为7丈（约22.4米）宽、10丈（约32米）深，因而可布置北房三间及左右耳房各两间（三正四耳），东、西厢房南侧还可各设一间"厢耳房"，两座厢耳房南墙一线筑起隔墙一道，将整个建筑群分作内外两进院落。南面建倒座房七间，大门通常设在东起第二间（仍位于东南方位），进门正对一座"独立影壁"。西转入屏门即为第一进院，这是一座东西宽南北浅的狭长院落，它与正房、厢房围合而成的二进院通过垂花门相联系。垂花门是进入内院的门户，所以又称作"二门"，是整座院落装饰的重点，也是北京四合院建筑群的"点睛之笔"——主人往往花费大量心血对它进行艺术加工。内院为三丈（约10米）见方的宽敞院落，正、厢房前皆设外廊，各房与垂花门之间更以曲尺形游廊相连（连接垂花门与东西厢的称抄手游廊，连接正房与厢房的称钻山游廊）。两处钻山游廊与正房的东西耳房围合成两处僻静的小院,加上矮垣、屏门隔成的倒座房东、西两个房间前面的小院,一座二进四合院建筑群实际上往往有一主、一次、四小——总共六处院落,空间变化极为丰富。而全院房间则有大大小小22间之多,居住面积可达二百多平方米。由于坐北朝南的布局,北房(正房)最为舒适,西厢房次之,而东厢房、倒座房则较差——俗语云"有钱不住东南房,冬不暖来夏不凉"。依照居住的舒适度,古人把房屋按礼制分成不同的等级,与封建家庭中的长幼尊卑相对应。正如曹禺的话剧《北京人》所描述的:老一代老爷、太太住北屋,第二代大爷、大奶奶住西屋,东屋是下房,仆人、奶妈带小孩住;东屋最南面一间后檐开天窗作厨房;南屋作为客厅。

■ 三进四合院

在二进四合院正房后面加一排北房(称作后罩房),与正房之间形成一个与第一进院类似的狭长院落,正房的东耳房尽端一间辟为联系主庭院与后院的通道——这样就形成一座三进的四合院:宽7丈(约22.4米)、深13丈(约42.6米),通常被称作北京的"标准四合院"或"典型四合院"。③

■ 四合院组合

元大都的标准宅基地为八亩,即一块44步(67.76米)见方的用地。明清北京

---

① 朱家溍指出:一进的四合院才是真正意义上的四合院,二进以上的宅院则称作"宅第",只是近代才逐渐通称四合院。参见:朱家溍.故宫退食录(下册).北京:北京出版社,1999: 712.
② 据傅熹年教授研究,中国古代建筑群往往借助模数网格进行平面布局,例如紫禁城等宫城使用50丈见方的方格网来控制建筑群的全局;一般建筑群则采取方10丈、5丈、3丈、2丈数种,视建筑群之规模、等级酌情使用,参见:傅熹年.中国古代城市规划建筑群布局及建筑设计方法研究.北京:中国建筑工业出版社,2001: 8。上书的研究止于公共建筑与大型王府林园,未对普通民居进行细说。然而模数网格在民居建筑群中应当依然适用,而笔者推测民居采取方1丈的模数网格进行规划布局,此外,邓云乡等北京民俗学者的著作提及北京四合院尺寸时也往往使用"丈",例如"五间口"的四合院即指四合院的用地宽5丈,可以盖五开间的南、北房,平均一间为1丈——可以作为北京四合院平面布局使用1丈见方模数网格的一个旁证(参见:邓云乡.北京四合院 草木虫鱼.河北教育出版社,2004)。以下论述北京典型四合院尺寸时所用丈、尺取明、清时期的数值,1尺约为0.32米。
③ 《中国古代建筑史》以这样的三进四合院为典型四合院的范例。但也有人把二进的"五间口"四合院称作标准四合院,比如邓云乡先生的《北京四合院》一书即是如此。当然,究竟哪一类四合院称得上标准四合院并没有严格规定——应该说在北京内城大量的二、三进,五间口或七间口的四合院都是比较典型的或者说经典的北京四合院。

典型的宅基地则远远小于八亩的规模：上述一座三进四合院（标准四合院）的进深加上一座一进四合院的进深，即42.6＋25.6＝68.2米，约合元代44步（67.76米），这正是从元大都两条东西向胡同之间的住宅用地总进深。因而一座坐北朝南的标准四合院与一座坐南朝北的一进四合院背靠背布局正好占据两条东西向胡同的距离。另外，如果在"标准四合院"的基础上再加入一进大院，则成为总进深60余米的四进四合院（已是很大规模），也将南北贯通、正好占据两条胡同间的距离；或者由两座二进四合院背靠背布局也是基本占满44步进深的用地——可见，总数为四进的四合院建筑群（无论单独一座还是背靠背组合而成）正好占据两条胡同的间距。再来看标准四合院的面阔，一般"七间口"四合院面阔7丈（约22.4米），三座标准四合院并排即22.4×3＝67.2米，基本合44步，可见标准的北京四合院宽度为元代宅邸的三分之一左右——北京许多大型四合院，呈中、东、西三路并联布局（比如清代的王府），则总面阔与元代宅邸相若。如此看来，北京四合院可说是由元代大型宅第"化整为零"而来（图6.22）。[①]

■ 其他宅院

此外北京城还有诸多其他类型的宅院，分别是通过对典型四合院作"加减法"变化而来的。

先说"加法"。普通四合院正、厢房都是三间，但五品以上的官员则可以造五间甚至更多，于是四合院在宽度上即可出现"五正四耳九间口"、"五正六耳十一间口"的阔面大宅；另外，虽然四进院落即已充满两条胡同间的距离，然而达官贵人的深宅大院却可以纵贯数条胡同[②]——据清人笔记载，和珅宅邸的中路竟达十三进之多（相当于跨过3～4条胡同，今恭王府及花园即为和珅旧宅的一部分）。另外，大型宅第还可采取东西方向几组院落并联的方式来增加规模。胡同里的大型公共建筑如庙宇、官署、会馆也都是由这样并联的院落组成的——最常见的布局是分作中、东、西三路，最主要的礼仪性空间布置在中路，附属空间与园林等等布置在东、西路，紫禁城则是这种布局的极致。

再看"减法"。当用地和经济条件不允许建造哪怕是最小的四合院单元时，古人则往往因地制宜地做一番"减法",以获得比四合院稍微简化但依旧舒适的宅院:如果用地进深不足,则将四合院中的倒座房取消,改为南墙,于东南部开一座"随墙门"——这样就成为一座标准"三合院"。如果面阔不足"五间

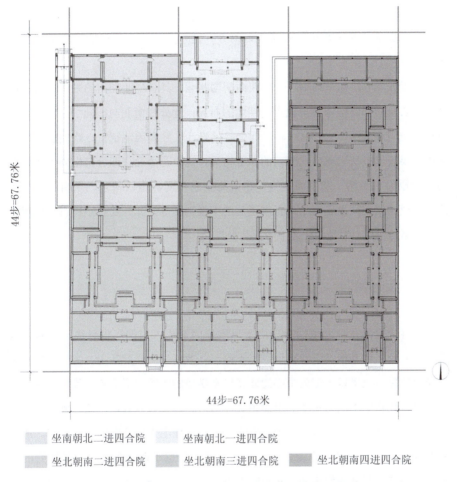

图6.22 明清北京四合院由元大都宅基地"化整为零"而成

坐南朝北二进四合院　　坐南朝北一进四合院
坐北朝南二进四合院　　坐北朝南三进四合院　　坐北朝南四进四合院

---

① 当然,元代住宅也非全部按照八亩一户建造,考古遗迹即有大型宅院、小三合院以至廊房等多种规模和形式,其经历上百年的不断演化,最终成就了北京四合院的基本格局,其间演变的脉络还是颇为清晰可寻的。
② 据学者研究,明、清北京内城的东西向胡同之间的距离以50步(即44步加上胡同之宽6步,约77米)为基本模数,可依次为100步、150步、200步等。因而超大规模的四合院住宅诸如五进院、六进院等等可在进深100步、150步的大街坊里进行布局。参见:邓奕,毛其智.从《乾隆京城全图》看北京城街区构成与尺度分析.城市规划,2003(10):58~65.

口"，仅够盖四间，则采用三间正房外加左右各半间耳房，俗名"四破五"，可算作是 "准四合院"。如果面阔仅三间，则成为"三间口"的"小四合"，入口仅为半间的小街门，里面正、厢房俱全，但无耳房，也算是"小而精"——不过庭院则十分促狭了。像这类"精简"的小宅院大都出现在外城，清代震钧《天咫偶闻》中即写道：

> 内城房屋，异于外城。外城式近南方，庭宇湫隘。内城则院落宽阔，屋宇高宏。①

前面所言宅院都是列举位于东西向胡同路北、具备坐北朝南的理想朝向，但是在东西向胡同路南则会出现坐南朝北的布局；此外在南北向胡同中，四合院则分别在胡同东西两侧——这些时候四合院的设计往往要因地制宜、略加变化，最终还是要想尽办法取得坐北朝南的标准格局，这也是令北京四合院格外"纯粹"的一大原因。当然，北京城之大，也确有坐东朝西、坐西朝东、坐南朝北的院落，甚至在斜胡同里还有不是正南正北的不规则院落，此外还有小民居、廊房等更为简陋的住宅，但是相比之下毕竟是少数。

■ 大门朝向

值得一提的是，北京四合院由于风水原因造成大门偏离中轴线，位居东南隅，与绝大多数其他类型建筑群迥然不同。刘敦桢先生研究指出，大门不位于中轴线上的住宅是受以正定为中心的北派风水学说的影响而形成的。该派学说认为住宅与宫殿庙宇不同，不能在南面中央开门，应依先天八卦以西北为乾，东南为坤，乾坤都是最吉利的方向，因而拿来作为决定住宅大门位置的理论根据。所以路北的住宅，大门开于东南角，路南的住宅大门位于西北角。东北是次好的方向，多在其处开井或作厨房，必要时也可开门，独西南是凶方，只能建杂屋厕所之类。北京以及山西、山东、河南、陕西等处的住宅都受这一风水学说影响。②由于这样的大门布置，北京四合院由大门进入主要庭院必要经历一番曲折路径，深具曲径通幽之致，加强了四合院住宅的私密感和别样情趣，可谓北京四合院一个独特的"空间序幕"。

三、四合院的美学

四合院的平面布局加上历代能工巧匠对四合院建筑的精心雕琢，形成了北京四合院特有的美感特征，可谓"四合院的美学"，大致可概括为以下诸方面。

■ 屋顶肌理之美——万千屋檐林杪间

千千万万四合院的组合构成了北京城市街区的"母题"；大型官署、园囿、寺观贯穿数条胡同，形成一系列"强音"；贫民小院则散落于小胡同两侧或者深宅大院间的"缝隙"中，点缀着整阙城市乐章——这一"街道－胡同－四合院"

图6.23 屋顶肌理之美——万千屋檐林杪间

---

① 转引自：邓云乡. 北京四合院 草木虫鱼. 石家庄：河北教育出版社，2004：16.
② 参见：刘敦桢. 中国住宅概说. 天津：百花文艺出版社，2004：137～139.

体系塑造了北京城皇城之外广袤街区的"城市肌理"（图6.23）。这"肌理"不仅可以时时刻刻在城市生活中体验到，更可以通过登高俯瞰达到一目了然的效果（北京城中有大量制高点，皇家有景山、琼华岛，民间有大量佛塔，还可由城楼、城墙俯瞰），这是北京城最为动人的画卷——这幅画卷以紫禁城的重重金色屋宇为核心，傍以清澈柔媚的太液池，皇城四周则尽是无边无际灰色屋顶的海洋，同时每座庭院里长出的大树又冠盖相连，交织成一片绿色树木的海洋，它们共同烘托着紫禁城、皇城的黄瓦红墙，美不胜收。而单独看每一片街区，每一片鳞次栉比的屋顶及其与绿树的相互掩映，同样是妙趣横生：一方面，由于四合院的标准形制，纵横交错的屋顶有着统一的尺度、节奏和韵律，使人望之心境平和，但另一方面，由于礼制规定形成的不同规模，加之四合院房屋本身的高低错落，使得一片屋顶的海洋也并非"水平如镜"，而是"波澜起伏"，统一中富于变化。加上家家户户院中不同姿态的树木，一年四季随季节变换造型、色彩，更使得北京城的肌理无限丰富和生动。这一片片屋顶的海洋最美的时候还要数大雪过后，千千万万屋檐笼罩在一片白色之下，轮廓、线条更加分明，如粉雕玉琢——真可谓达到"尽善尽美"之境。

■ 胡同景色之美——灰墙青瓦映朱门

四合院的外部是北京城数以千计的胡同。胡同的景象大多呈现为"青瓦灰墙映朱门"（图6.24）。胡同两侧的界面以大面积的灰砖墙为主调，灰墙上方为高度差不多的连绵的青瓦屋顶。四合院住宅或者王府、衙署、庙宇等建筑群的大门（有时这些大门对面还设有照壁）是唯一打破这青瓦灰墙所构成连续立面的标志物。四合院的大门依照不同的等级分为不同的形制：从最高形制的广亮大门，往下依次为金柱大门、蛮子门、如意门到最简易的随墙门（此外清末开始出现一些西洋式的大门）。不论何种形制，大门依旧以青瓦、灰墙为基调，只是在木质的梁柱和门扇施以油漆、彩绘，大门多以朱红或黑色为主色调，[①] 成为胡同中最醒目的色彩，形制高一些的大门还有彩画及雀替等装饰，大门的墀头和屋脊等位置则以精美的砖雕进行重点装饰。加上胡同、庭院里的绿树，构成一幅宁静祥和的图景。

此外，大多数胡同内总有至少一座小型寺庙，成为胡同中的地标与公共空间。庙宇的大门及红墙则成为胡同中更加醒目的风景。胡同口的栅栏门、胡同中的水井、水窝子（老北京的一些胡同里的水井旁，建有被称为"水窝子"的窝棚，那是看井并为大户人家挑水、送水人住的地方）、上马石、拴马桩、泰山石敢当、过街楼等也是胡同空间形态的重要组成部分，进一步丰富了胡同的景象。

图6.24 胡同景色之美
——灰墙青瓦映朱门

■ **院落空间之美——庭院深深深几许**

四合院的精髓在于庭院，大型的四合院往往在中轴线上布置两进以上的庭院，包括狭长的前院、后院以及方正轩敞的中央庭院，此外还有一些位于角落的

图6.25 院落空间之美——庭院深深深几许

---

① 一般来说，王公贵族的宅第大门大多采用明亮鲜艳的紫朱油或朱红油；而一般官员、平民住宅的大门则只能用较灰暗的红土烟子油或黑红相间、单一黑色的油饰。参见：马炳坚 编著.北京四合院建筑.天津：天津大学出版社，1999：190.

小院自成"小天地"——通过大大小小不同尺度院落的安排（各类院落又配植不同特色的花木、小品），构成了丰富多变的空间序列。

特别是主庭院，可谓四合院住宅的多功能共享空间：院内各房间的采光、通风、交通，人的户外活动包括冬日晒暖、夏天纳凉、赏花观鱼、吟诗作赋乃至红白喜事，等等，都在其中进行（图6.25）。

■ 园林绿化之美——天棚鱼缸石榴树

传统北京四合院的庭院中常设"天棚鱼缸石榴树"——四合院的主庭院一般设有对称的"十"字形甬路，连接垂花门、正房和两厢，甬路以外的四隅均可布置花木，一般会在正房前对称种植两组花木；有的宅院会在甬路正中立假山、荷花缸或金鱼缸；也有于主庭院中设置藤架者——这些园林化的处理使得家家户户都自成一片小天地（图6.26）。

四合院中喜爱种植的花木除了石榴树（有"多子多福"之寓意）外，还有枣树

图6.26 园林绿化之美——天棚鱼缸石榴树

（有"早生贵子"之寓意），北京的一些地名如枣林前街、枣林大院等，都可以看出四合院枣树之普遍，鲁迅更是在其散文名篇《秋夜》中写道："秋夜在我的后园，可以看见墙外有两株树，一株是枣树，还有一株也是枣树。"此外海棠（寓意为富贵满堂）、丁香、夹竹桃、榆叶梅、山桃、柿子树、香椿、臭椿、榆树、金桂、银桂、杜鹃、栀子、草茉莉、凤仙花（北京俗称指甲草）、牵牛花、扁豆花……都是北京庭院中常植的花木。当然还有最常见的槐树——邓云乡叹道："在夏天，那浓郁的槐荫中，一片潮水般的知了声，那真是四合院的仲夏夜之梦境啊！"①

■ 建筑造型之美——出入躲闪、高低错落

四合院的空间造型可以概括为：出入躲闪、高低错落。前者指平面关系，后者指屋顶关系。平面布局上所谓出入躲闪包括厢房躲闪，突出正房；耳房退后，突出正房；游廊陪衬，突出二门（垂花门）；倒座陪衬，突出宅门，等等。总的原则是次要建筑在平面布局上避让、烘托主体建筑。

而建筑高度方面，正房在台基、柱高、进深、举架方面都占有绝对优势，厢房、耳房、厢耳房逐步递减；大门高于倒座房，垂花门高于游廊，从而形成主次分明、高低错落的富于韵律感的屋顶轮廓（图6.27）。

四合院的平面、造型设计可谓是"礼制"、等级制度在建筑群上最生动的体现，并且产生了和谐有序的审美效果。

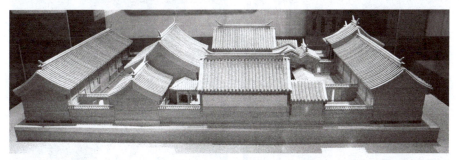

图6.27 建筑造型之美——出入躲闪、高低错落

---

① 邓云乡.北京四合院 草木虫鱼.石家庄：河北教育出版社，2004.1：78.

■ 装饰细部之美——磨砖刻石、雕梁画栋

四合院建筑除了在总体造型上精心设计之外，更拥有诸多富有创意的装饰和细部设计：包括花瓦、花砖、什锦花墙、砖雕、木雕、石雕（包括抱鼓石、门墩、小品，等等）、雕花甬路等许许多多装饰内容（图6.28～图6.30）。并且这些装饰细部往往还被设计者、使用者寄予了大量象征含义，极大地丰富了传统四合院的文化内涵。以四合院的砖雕为例，充满了象征意义，其主题通常包括以下几类。

自然花草：牡丹象征富贵，菊花象征高雅，松柏象征长寿，竹子象征傲骨，兰花象征清雅，荷花象征高洁，葫芦、石榴、葡萄象征多子等。

吉祥图案：以如意、柿子和卍字组成"万事如意"；以牡丹、白头翁组成"富贵白头"；以灵芝、水仙、竹子、寿桃组成"灵仙祝寿"；以松竹梅组成"岁寒三友"；以大象、宝瓶组成"太平有象"；以菊花、麻雀组成"居家欢乐"；以鹌鹑、菊花、枫叶组成"安居乐业"；以梅花、喜鹊组成"喜上眉

图6.28 装饰细部之美——东棉花胡同15号拱门砖雕

图6.29 装饰细部之美——美术馆东街25号石狮

图6.30 装饰细部之美——麟庆宅（半亩园）狮子滚绣球砖雕

梢"；以猴子骑马、蜜蜂飞舞组成"马上封猴（侯）"；以寿字、蝙蝠组成"五福捧寿"；以铜钱、蝙蝠组成"福在眼前"……

还有文化气息浓厚的文房四宝、博古图案，富于装饰性的锦纹图案，宗教法器图案，人物故事图案，等等。

四、经典宅院

对北京四合院进行一番概说之后，以下试举几处经典宅院进一步展现北京四合院的独特韵致。

■ 崇礼宅

清光绪年间大学士崇礼的住宅位于东四六条，由胡同北侧的两大宅院和一座花园组成，全院占地面积约1万平方米；宅院后门直通东四七条，宅院南侧（东四六条路南）还设有马号。此宅东半部及花园（63号）为崇礼居所；西部院（65号）为其兄弟居所，后为其侄儿江宁织造存恒的住宅。整座宅院占地广袤，屋宇壮丽，为北京王公府第以下最好的住宅之一，号称"东城之冠"。

建筑群坐北朝南，由三个并联的四合院组成，东路、西路均是有五进院落的住宅，中路为花园，均相互连通。在东四六条胡同辟有两门，东为63号，

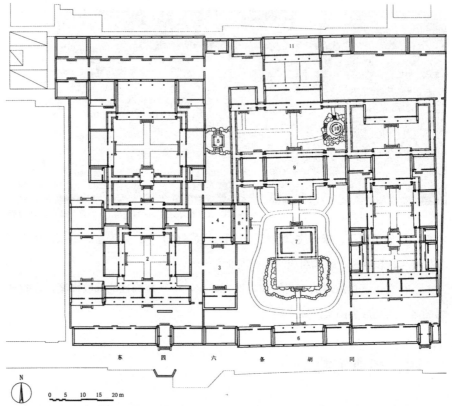

1.东路宅院 2.西路宅院 3.西路东跨院 4.书斋 5.方亭 6.中路倒座房 7.花厅 8.半轩 9.定静堂 10.圆亭 11.祠堂

图6.31 崇礼宅园复原平面图

西为65号，均为光亮大门，中部花园大门已封堵，东宅与中部花园合为一体（图6.31）。现存建筑形制如下。

东路：广亮大门一间，西侧倒座房六间，北房九间过厅，前后有廊，明间可通二进院；二进院有东西厢房各三间，东西两侧廊连接南北两院。经一殿一卷式垂花门（图6.32）进入三进院，院内有正房三间，带前廊，两侧耳房各两间；东西厢房三间，均带南耳房各一间；抄手游廊连接院内各房。第四进院不设厢房，只在游廊环绕中建五间正房。最后一进院为后照房十三间。

中路（花园区）：中路花园共三进院落，布局简明疏朗。最南端原大门三间，其东有倒座房二间，西为三间。第一进院有假山、游廊，正中假山上建有一栋面阔三间、周围廊的花厅，歇山顶筒瓦屋面（图6.33）。假山前原有月牙河环

图6.32 崇礼住宅垂花门及抄手游廊　　　　　　　　图6.33 崇礼住宅厅房

绕，池底以细砖墁地，可惜现已被填平。院北为正堂"定静堂"，面阔五间，前出卷棚悬山抱厦三间，左右各带两间耳房，堂内据说曾设有戏台。该院西侧有半面歇山式敞轩，背倚西院双卷勾连搭书房之东墙。二进院有正房五间，带前后廊，东侧有一组假山石，其上建圆亭。三进院是祠堂，面阔五间带前廊。东接东院后罩房十三间。

西路： 广亮大门一间，大门外有八字影壁，门内有照壁，雕刻有精美花卉图案。一进院有倒座房九间，北房为五间过厅。二进院内正房三间，前后廊，两侧耳房各二间，东西厢房各三间，前出廊，正、厢房之间以游廊连接。房门裙板上雕"五福捧寿"纹饰（即蝙蝠与寿纹组成的图案）。此院带有东、西跨院各一座：东跨院有南房三间，前出廊；北房三间，双卷勾连搭，当初或为书斋，内部有清代著名书法家邓石如题写苏东坡诗词的硬木槅扇，至今保存完好；西跨院南房三间，北房三间，北房为前廊后厦。二、三进院间有一小院，周围廊，连接前后院。进第三进院垂花门为内宅，有正房五间，两侧有耳房各二间，东西厢房各三间均带南耳房一间，抄手游廊连接各房，东北角有廊道可通中部花园。第四进院有后罩房十一间，西侧有门通西小院，原为佛堂。

全院布局严整中富于变化，为北京大型四合院之代表，包含了北京四合院布局的各种基本模式，如多进四合院的串联和中、东、西三路建筑群的并联；住宅与花园的结合；各路建筑群中再设小型跨院；屋顶造型的变化如勾连搭的使用等等。且全院建筑做工精细，磨砖对缝，彩画明艳，大量使用砖雕装饰，隔扇甚至安设了彩色雕花玻璃，为晚清时期所罕见。

■ 文煜宅

文煜宅位于南锣鼓巷西侧的帽儿胡同7、9、11、13号，其中11、13号院为住宅部分，7、9号院为园林部分，二者共同形成五路并排、占地约11000平方米的大型宅邸，规模犹在崇礼宅之上，而且其园林部分为京城名园——可园（图6.34、图6.35）。

西部的11、13号院均为五进院落，为典型的北京四合院住宅，其中最西端的13号院的第四进院中设有一个小庭院，假山、水池与古树俱全。

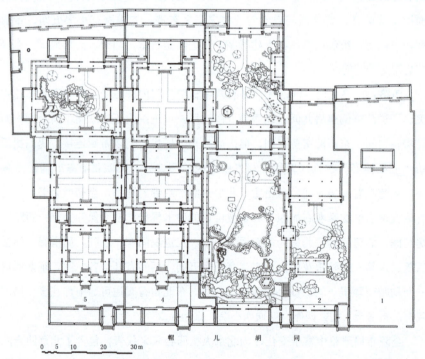

1. 帽儿胡同7号院东院 2. 帽儿胡同7号院西院 3. 帽儿胡同9号院 4. 帽儿胡同11号院 5. 帽儿胡同13号院

图6.34 文煜宅及可园总平面图

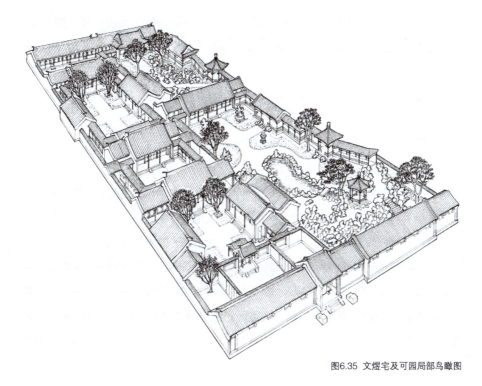

图6.35 文煜宅及可园局部鸟瞰图

■ 可园

可园为文煜宅私家园林，是北京私家园林的代表作。根据可园中文煜之侄志和所撰的园记石碑，可知此园落成于咸丰十一年（1861年）。园记中称，营建这座园林，"但可供游钓，备栖迟，足矣。命之曰'可'，亦窃比卫大夫'苟合苟完'之意云尔"，并称此园"拓地十方，筑室百堵，疏泉成沼，垒石为山，凡一花一木之栽培，一亭一榭之位置，皆着意经营，非复寻常"。

可园分东西两部分，西部（9号院）为主体，东部（7号院西院）为附属。其中主体部分南北长约97米，东西宽约26米，面积不足4亩，占地相当于一座狭长的五进四合院，四周均为城市住宅，无景可借，造园难度较大，但经过造园者精心经营，于咫尺之间山水林桥、亭榭厅轩诸景皆备，可谓匠心独运。

园分为前后两院，前院以池沼为中心，后院中心为假山，各自独立，通过东部的长廊贯通。前后院的北端各有一座正厅，坐北朝南，并在西厢的位置上各有一座小厅，与东部长廊相呼应。进入东南角的大门之后，即垒有假山，起屏障作用，山上建有一座小巧玲珑的六角亭。向西洞穿假山，绕过西厅之前，可达水池石桥。水池面积虽小，但形状曲折，并引出两脉支流，一脉从石桥下穿过至西面院墙止；一脉一直穿过南面假山至六角亭之下，与山石相依，聊有山泉之意（图6.36）。前院正厅面阔五间，带耳房、游廊。

从正厅东侧穿廊而过，再沿一条绿竹夹道的斜径至后院。院中山石蜿蜒，半开半闭，与松竹相间，颇为精巧。后院正房是五开间硬山带耳房和游廊，前出三开间歇山抱厦。在东部假山上建有一座三开间歇山顶轩馆，为全园最高处（图6.37）。此轩建筑最为精巧，直接临山对石，前有一株大槐树，坐凳为美人靠，极为别致。轩下以山石砌成浅壑，有雨为池，无雨为壑，为北方宅园的独特手法。

可园建筑均匀灰色筒瓦，墙面以清水灰砖墙为主，未刷白粉，较为质朴厚重。厅榭等均为红柱，长廊为绿柱，梁枋上作苏式彩画，但并未满铺，仅在箍头、枋心包袱位置加以装饰。值得一提的是建筑檐下的吊挂楣子均为木雕，细致繁复，主题包括松、竹、梅、荷花、葫芦等等，比寻常的步步锦图案显得更加精美清雅。

图6.36 可园前院景致

图6.37 可园后院景致

■ 礼士胡同一百二十九号四合院

此宅原是清末武昌知府宾俊宅邸，经著名建筑学家朱启钤的学生重新设计，形成现在规模，具有鲜明的近代特色（图6.38、图6.39）。

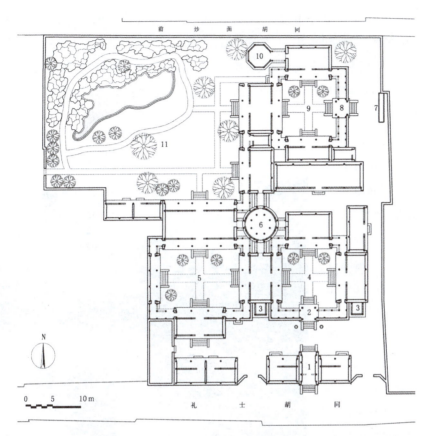

1.宅门 2.垂花门 3.半亭 4.东院 5.西院 6.圆厅 7.照壁 8.垂花门 9.北院 10.八角亭 11.白皮松

图6.38 东城区礼士胡同一百二十九号四合院平面图

图6.39 礼士胡同一百二十九号四合院鸟瞰

院落坐北朝南，由多组庭院和花园组成，占地约1200平方米。现存建筑形制，东南端有广亮大门一座，门外廊心墙、戗檐、门两侧八字墙和沿街院墙均雕有精美的砖雕图案。门内两旁倒座房各两间，东连后添建车库两间，西侧为新开大门，西有临街倒座房五间，一进院内北面有两个并列的四合院。东院有一殿一卷式垂花门，门左右立有一对石兽，两侧看面墙上有什锦窗，砖雕窗框颇为精致。门内正房三间，东西厢房各三间，抄手游廊连接各房。后院有六间北房。1986年在东南院墙处添建一座二柱三楼牌楼。过牌楼向北有一组坐西朝东的四合院，院门为一殿一卷式垂花门，门前有坐东向西的影壁，正中雕刻条幅，四角雕有高浮雕岔角花纹。院内南北西三面房各三间，西房为两卷勾连搭的过厅，可通往西侧的花园。与东院比邻的西院，有带前后廊的南房三间为过厅，是该院的院门，北房五间带前

图6.40 礼士胡同一百二十九号四合院庭院及圆亭

后廊，东厢房亦为过厅，与东院的西厢相连。

该院西侧有单坡顶游廊，可通往花园。东西两院正房间有一座重檐圆亭，四面有门廊道与东西南北各房间连通，形制极为独特（图6.40）。花园建在宅院的西北部，面积不大，但是假山、水池、树木搭配得当，花草点缀得体，显得幽静而高雅。东北角有一座单檐八角亭，覆以绿色琉璃瓦。

该院虽为民国时期改建，但是布局紧凑，建筑装修精美讲究，尤以砖雕别具特色：特别是正房、厢房的廊门走马板上的砖雕匾额，刻有撷秀、抗风、舒华、蕴秀、竹幽、含珠、隐玉、摘芳、拧月等，娴雅秀逸，耐人寻味。总体观之，该院为北京四合院中难得的精品。

北京的胡同、四合院可谓是天下闻名，一方面自然是由于古都北京的盛名，另一方面也是由于其本身在居住建筑群规划设计方面所取得的独特成就。肇始于元大都的"街道－胡同－四合院"规划总结了北宋汴梁与南宋临安的"坊巷制"规划经验，综合其优点，摒弃其缺陷，从而形成了老舍眼里"天下第一"的规划格局。北京四合院民居与中国各地民居相比虽然各具优劣，各有异同，但之所以在诸多民居中成为最负盛名者，一是由于其皇都民居的地位，也由于其自己的特色：宽敞，大气，既有皇家之气又充满市井气息，虽雕梁画栋不及一些南方富裕地区民居，但毕竟更为雍容大度。

然而与古都北京的皇家建筑群相比，作为民间建筑代表的北京四合院，在现代化建设和旧城改造中遭到极其严重的破坏。[①] 正如《北京四合院》一书的作者所言：

如果把城墙比作北京的皮肤，故宫比作北京的心脏，那么遍布全城的四合院就是老北京的血肉。一旦失去了大片的四合院，北京也就失去了城市的肌理和几百年流传下来的淳厚气息，变成一个没有灵魂的二流城市。[②]

[①] 关于北京四合院的破坏情况可参考以下代表性著作：王军. 城记. 北京：生活.读书.新知三联书店，2003；王军. 采访本上的城市. 北京：生活.读书.新知三联书店，2008；方可. 当代北京旧城更新——调查•研究•探索. 北京：中国建筑工业出版社，2000；华新民. 为了不能失去的故乡：一个蓝眼睛北京人的十年胡同保卫战. 北京：法律出版社，2009.

[②] 贾珺. 北京四合院. 北京：清华大学出版社，2009.

第三节

晨钟暮鼓

在北京的市井民居之间，屹立着一对独特的高大楼阁，它们既不同于禁城宫阙般辉煌，也不同于城门城楼般威严，而是与古都北京北部的街巷胡同和四合院民居水乳交融，这就是北京著名的钟鼓楼。[①] 中国古代许多城市都有钟鼓楼，此外绝大部分寺庙也有钟鼓楼——然而全中国最著名的钟鼓楼非北京钟鼓楼莫属。北京钟鼓楼以其悠久的历史、"晨钟暮鼓"的悠远意境，成为老北京文化的一个象征——以北京钟鼓楼为题材的艺术作品不可胜数，从文学到音乐、从绘画到摄影，种类繁多。

北京钟鼓楼可谓古都北京城市设计的一大"亮点"，其特色突出体现为三个方面：首先是钟楼与鼓楼造型的巧妙对话；其次，二者是古都北京中轴线的结束，同时又是北京中轴线向北延伸的发端；最后也是最富有意境的是钟鼓楼与什刹海一带民居构成的经典画面。

一、钟鼓楼间的巧妙对话

钟鼓楼位于明北京城中轴线的北端，两楼相距约百米，与明北京城同时建成于永乐十八年（1420年）。钟楼原来与鼓楼类似，城楼为木结构，建成不久即遭焚毁。清乾隆十年（1745年）重建，十二年（1747年）落成。重建后，钟楼全部改为砖石结构——一方面可以起到防火作用，一方面在造型上与鼓楼形成了鲜明对照。

今天我们看到的钟楼，下部为四方而高耸的灰砖台座，四面各辟一座巨大拱门，台顶绕以城垛（古时称"雉堞"）。台上钟楼单层，环绕汉白玉栏杆，暖灰

图6.41 钟楼

① 钟鼓楼既非街市,亦非民居,但由于其与北京北城的胡同四合院水乳交融,成为北京市民文化的重要象征,故将其列入本章进行介绍。

色墙身，四面各辟拱门一座及拱窗两扇，覆以重檐歇山灰瓦绿琉璃剪边屋顶。全楼造型挺拔峻秀，色彩素雅，立面高宽比约为2/1（图6.41）。

再看鼓楼：同样下有台座——与钟楼及其他北京城楼以灰砖为外表不同，鼓楼的台座涂作朱红色，与紫禁城建筑群的红墙一样，更显雍容大气。台南北各设券门3座，东西各设门1座。台上楼阁为"三滴水"屋顶，灰瓦绿琉璃剪边，立柱、门窗、墙面皆为红色，檐下施以彩绘。整体造型厚重雄浑，色彩华丽，立面高宽比约为1/1（图6.42）。

钟鼓楼在造型、质感、色彩等各方面都大异其趣，然而最终却共同呈现出和谐的构图，是中国古代建筑通过对比产生和谐的经典实例（图6.43）。

梁思成曾经指出："鼓楼是一个横放的形体，上部是木构楼屋，下部是雄厚的砖筑……钟楼的上部是发券砖筑，比较呈现沉重，所以下面用更高厚的台，高高耸起……它们一横一直，互相衬托出对方的优点，配合得恰到好处。"此外，梁思成更在钟鼓楼构图的启示下，将同样位于北京中轴线上的人民英雄纪念碑设计为高耸的纵向碑体，与横长的天安门城楼共同形成对比而和

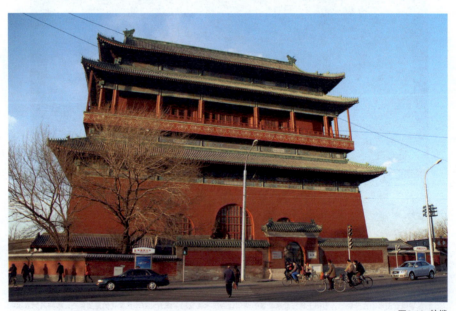

图6.42 鼓楼

谐的构图（图6.44）。他认为"天安门是在雄厚的横亘的台上横列着的，本身是玲珑的木构殿楼。所以英雄碑就必须用另一种完全不同的形体：矗立峋峙，坚实，根基稳固地立在地上"。①

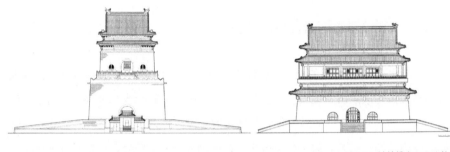

图6.43 钟鼓楼南立面比较

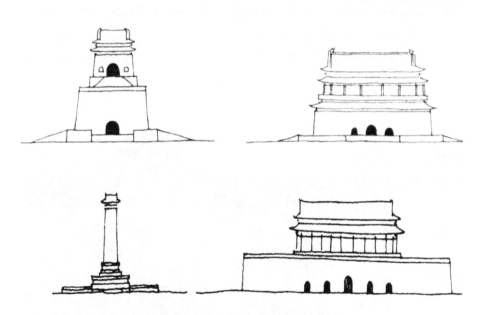

图6.44 梁思成关于钟鼓楼、天安门与人民英雄纪念碑的分析草图

---

① 梁思成.梁思成全集（第五卷）.北京：中国建筑工业出版社，2001：127～128.

笔者从第一眼见到钟鼓楼就有一个奇特的印象：觉得钟楼和鼓楼本身在造型上就与"钟"和"鼓"相对应，一高峻、一敦实（或者干脆可以说是一瘦一胖），一灰、一红——古代匠师的智慧仿佛赋予这两座建筑以生命，并将它们造成无比般配的"一对"，实在是建筑与城市设计中珠联璧合又名副其实的典范。

二、钟鼓楼与北京中轴线

古都北京将近8公里的壮伟中轴线最终以鼓楼、钟楼作结。鼓楼及其南面的地安门外大街构成景山、地安门的重要对景。而钟楼则稳稳当当地为古老的中轴线划上完美的句号——就像景山作为紫禁城的屏障一样，钟楼显然就是老北京中轴线的屏障（图6.45）。如果登上鼓楼，在中轴线上北望钟楼，可以通过钟楼中央的拱门看到楼内大钟优美的轮廓，并且透过大钟底部独特的曲线望见钟楼以北的天空——那实在是一种妙不可言的意境。

有趣的是，随着现代北京城市向北拓展，相对于由二环以北的中轴路、奥林匹克公园以及国家森林公园形成的长达9公里的新中轴线而言，古老的钟鼓楼又成为这条新轴线的最重要对景：由森林公园仰山、奥林匹克公园或是中轴路南望，都能清晰地看到钟鼓楼美丽的背影。古老的钟鼓楼成为连接城市新老轴线的"枢纽"，这种承前启后的效果进一步增强了钟鼓楼本已浓重的"历史感"。①

图6.45 民国时期由鼓楼北望钟楼

三、钟鼓楼与什刹海的"绝配"

就整个北京城来看,钟鼓楼是城市中轴线的端点;若单从内城北部观之,则钟鼓楼与什刹海共同形成了老北京市民文化的象征,二者可谓"绝配"。

早在元代,什刹海(当时称"积水潭"或"海子")一带即为整个元大都的城市中心。元大都的中心阁、钟楼、鼓楼三座壮伟楼阁构成三足鼎立之势,成为元大都市中心的最重要标志(图1.20)。此外,什刹海在元代为漕运终点,汪洋如海、舳舻蔽水,与三座楼阁共同形成繁华集市。

明代不再有中心阁,钟鼓楼位置东移,然而钟鼓楼依旧是什刹海一带的经典地标。与明北京的城门楼不同,钟鼓楼巍然独立于四周低矮的民居海洋之中,构成"鹤立鸡群"的效果:从许多胡同以及院落之中,都能见到钟楼或鼓楼高耸的身影。钟鼓楼与什刹海的关系则更加美妙,从什刹海西岸隔水遥望钟鼓楼成为老北京最美的景致之一(图5.68)。特别是由荷花市场南口向东北远眺:鼓楼与钟楼一前一后、遥相呼应,脚下是灰墙灰瓦的民居,什刹海两岸绿树掩映,加上湖中倒影,着实美轮美奂……这幅经典画面被无数画家、摄影师一再描绘,几乎成为一种永恒(图6.46、图6.47)。

图6.46 由荷花市场远眺钟鼓楼的经典画面

---

① 值得一提的是,除了南北中轴线,鼓楼在老北京城市设计中还与东直门、西直门互为对景。

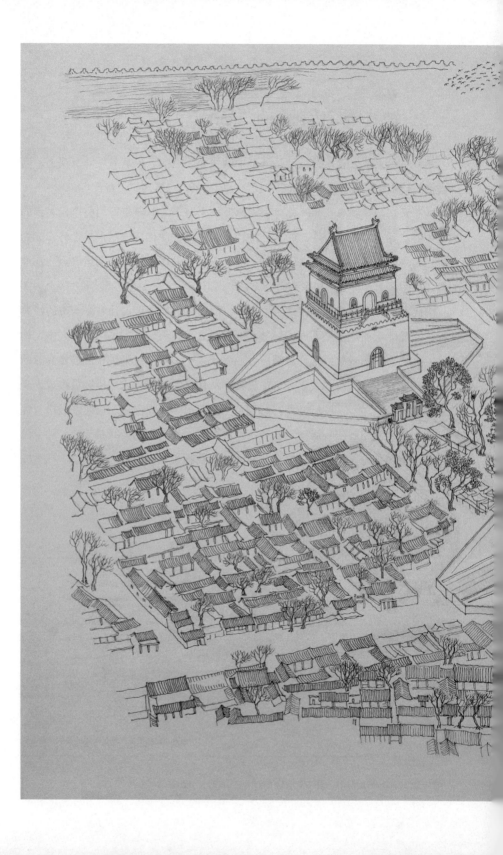

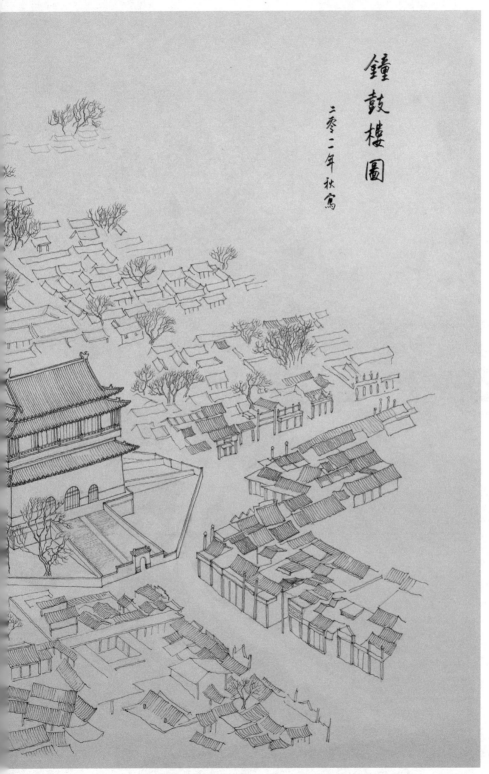

图6.47 钟鼓楼图

恭王府垂花门

第柒章

王府会馆

四合院是封闭的、家庭式的，讲究宗法礼教；会馆则是开放的、乡里乡亲的，注重情义交往。四合院的气氛是含蓄、幽雅的，会馆则是热烈、甚至是喧闹的。四合院的家族色彩浓重，而会馆的地域特征极强。

——李孝聪：《四合院民居与会馆》

北京的王府和会馆都是四合院民居的"变体"，并且呈现出各自鲜明的特色。二者都鼎盛于清代，王府主要分布在内城，会馆则遍布外城，二者共同构成古都北京特别是清代京师一大特殊景观。

第一节

内城王府

清北京内城中建造了大量王府，成为清代城市建设的重要内容（图7.1）。王府建筑在清北京达到鼎盛，这与清代的分封制度密切相关。清代规定"诸王不赐土，而其封号但予嘉名，不加郡国"，即所谓"封而不建"，将所有分封的皇室宗亲皆安排在京城内，同时依照等级制度建造起诸王不同规模的府邸，这就带来了清北京王府建设的高潮。①

清朝皇族凡显祖（努尔哈赤之父）本支称"宗室"，旁系称"觉罗"。对宗室觉罗的分封制度自上而下规定了12等级：和硕亲王、多罗郡王、多罗贝勒、固山贝子、奉恩镇国公、奉恩辅国公、不入八分镇国公、不入八分辅国公、镇国将军、辅国将军、奉国将军、奉恩将军。对此12等王公府第的建筑规制、标准、用材都有严格的规定，不能逾制。②

光绪《钦定大清会典》卷五十八，工部记载：凡府邸各颁其制。

一、亲王府制

正门五间，启门三，缭以崇垣，基高三尺。正殿七间，基高四尺五寸。翼楼各九间。前墀护以石栏，台基高七尺二寸。后殿五间，基高二尺。后寝七间，基

---

① 元代分封制度规定诸王出镇各地，元大都城内尽管也有王府，但数量不至于太多；明代诸王府尽建在驻藩地——例如后来的明成祖朱棣在洪武间即被封为"燕王"，在燕京（后来的北京）建有燕王府。永乐十五年（1417年）北京城内修建了规模宏大的"十王邸"（位于今王府井大街南段路东），可能是用作藩王奉诏来京时的临时寓所，而非王府。清代吸取了明代皇子分封建藩引起内乱的教训（最典型的即朱棣"靖难之役"的叛乱），将王府建于京城。

② 12等级为顺治六年（1649年）定，再早只皇太极元年时仅分9级，康熙年间又在和硕亲王下增加世子，在多罗郡王下增加长子，共14级。

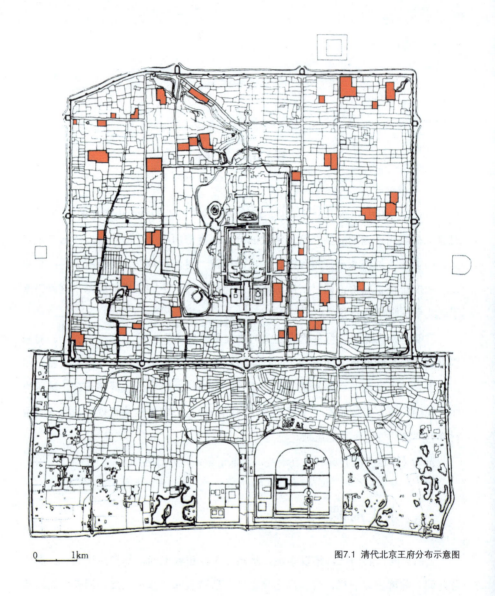

图7.1 清代北京王府分布示意图

高二尺五寸。后楼七间，基高尺有八寸。共屋五重。正殿设座，基高一尺五寸，广度十一尺，后列屏三，高八尺，绘金云龙。凡正门殿寝均覆琉璃瓦，脊安吻兽，门柱丹垩，饰以五彩金云龙纹，禁雕刻龙首，压脊七种，门钉纵九横七。楼房帝庑，均有筒瓦。其府为库、仓廪、厨厩及典司执事之屋，分列左右，皆板瓦，黑油门柱。

二、亲王世子府制/郡王府制

正门五间，启门三，缭以崇垣，基高二尺五寸。正殿五间，基高三尺五寸。翼楼各五间。前墀护以石栏，台基高四尺五寸。后殿三间，基高二尺。后寝五间，基高二尺五寸。后楼五间，基高一尺四寸。共屋五重。殿不设屏座。梁栋绘金彩花卉、四爪云蟒。金钉压脊各减亲王七分之二。余与亲王同。

三、贝勒府制

基高二尺，正门一重，启门一。堂屋五重，各广五间。筒瓦、压脊，门柱红青油漆，梁栋贴金，彩画花草。余与郡王府同。

四、贝子府制

基高二尺，正门一重，堂屋四重，各广五间，脊用望兽。余与贝勒府同。镇国公、辅国公府制亦如之。①

从乾隆《京城全图》所绘的王府主轴线建筑来看，当时的王府建筑布局很少有逾制的，多数尚达不到规定的标准。② 因此清代王府建筑可谓封建等级制度的典型代表。

五、王府中轴线

王府建筑群一般分作中、东、西三路布局，其中，中轴线上的建筑基本按照上述等级制度进行布局。王府大门一般不直接面对街道或者胡同，大门前一般都

---

① 转引自：冯其利.寻访京城清王府.北京：文化艺术出版社，2006：7.
② 《大清会典事例》仅记载郑王府一例逾制："顺治初年定王府营建悉遵定制，如基址过高或多盖房屋皆以罪。四年，郑亲王营造王府，殿基逾制，又擅用铜狮、龟、鹤，罚银两千两"。参见：王梓.王府.北京：北京出版社，2005：31.

设有一座宏敞的前庭院：前庭的北面是雄伟的大门，门前置石狮一对（故王府前院亦称"狮子院"），大门两侧多建有带抱厦的旁门，为平时进出之门，大门只在重要仪典才开启；前庭南面正中设倒座房三至五间不等，为府中长史（亦称管事的）办公议事的地方；进出府邸都走前庭东西两侧的阿斯门（为满语"翅膀"之意，亦称"雁翅门"）。王府前庭经常将府前街道或胡同拦腰截断，一般官吏和市民只能绕行。① 中轴线上的主体建筑按照"前朝后寝"布局。进入大门是前朝的主庭院，也是王府建筑的核心：中有高起的甬路和台基，正面是王府的正殿"银安殿"，亲王府七间，郡王府以下五间，歇山顶，亲王府用绿琉璃瓦，为举行重要仪典的场所。正殿左右辅以东西翼楼。按规制正殿后可设后殿，但多数王府不设后殿，而是将后殿与后寝门合二为一，成为前朝后寝的分界，一如紫禁城的乾清门。进入后寝门即后寝的主要庭院，正面为寝殿，亲王府七间，郡王府以下为五间，寝殿为王爷及其福晋起居之所。寝殿后为后罩楼。由前庭院至后罩楼共五进院落，构成王府建筑群的中路主轴线。

六、王府花园

王府建筑的形制规定基本限于中轴线上的礼制建筑，至于东西跨院的生活建筑以及附属园林的限制并不太严格，于是王府花园成为清代王府最富于创造力和艺术魅力之所在。清代王府花园以郑王府花园最负盛名——据《道咸以来朝野杂记》称：

> 京师园林，以各府为胜，如太平湖之旧醇王府、三转桥之恭王府、甘水桥北岸之新醇王府，尤以二龙坑之郑王府为最有名。其园甚巨丽，奥如旷如，各极其妙。②

《啸亭杂录》亦称"诸王邸中以郑王园亭为最优"。③ 郑亲王府的花园名曰"惠园"，据《履园丛谈》载：

> 惠园在京师宣武门内西单牌楼郑亲王府，引池叠石，饶有幽致，相传是园为国初李笠翁手笔。园后为雏凤楼，楼前有一池水甚清冽，碧梧垂柳掩映于新花老树之间，其后即内宫门也……楼后有瀑布一条，高丈余，其声琅然，尤妙。④

可惜郑王府解放后为教育部占用，受到很大破坏，花园更几乎荡然无存矣！

七、附属建筑

除了宏阔的宅邸、幽雅的园林，有的王府还附有家庙、祠堂等附属宗教建筑。如醇亲王府，其家庙旧称"大藏龙华寺"（现为后海幼儿园）；而醇贤亲王府的祠堂为三进院落，民国时期改建为关岳庙（现为西藏驻京办事处）。有些王府更外带马厩，如恭王府即有两处马厩，分别位于府东南部与西部，其中东南方之马厩即今天郭沫若故居之前身。

北京内城王府的分布绝大部分位于皇城以外，这些王府规模、形制远远超过普通四合院民居，它们的高墙深院卓然独立于所在胡同－四合院街区之中，自成一片天地，是北京内城中巍峨的皇城与朴素的四合院民居以外的另一道风景。

以下以恭王府、醇王府、宁郡王府为例一览清代王府建筑的风采。

■ 恭王府

恭王府为北京最负盛名的王府，是恭亲王奕䜣府邸（其前身为乾隆朝大学士和珅宅邸）。恭王府也是北京目前保存最完整的清代王府，建筑群分为府邸和花园两部分，府邸在南、花园在北。南北长约330米，东西宽180米，占地面积61120平方米（图7.2、图7.3）。

---

① 由于王府建筑群必须坐北朝南布局，但不是每座王府的占地都能做到南面临着东西向街道或胡同，有时王府是东、西侧临着南北向的街道或胡同，前庭的设置使得不论占地是哪种情况，经过前庭的铺垫和缓冲，最终王府建筑群的中轴线都可以南北向布置。此外，也有一些王府因地段关系不设前庭，大门直接沿街布置，但大门前的街道对面建有巨大影壁，于是影壁与大门构成半开放式的前庭；也有少数王府不设前庭，在大门内增设二门一座。
② [清]崇彝.道咸以来朝野杂记.北京: 北京古籍出版社, 1982: 96.
③ [清]昭梿.啸亭杂录.北京: 中华书局, 1980: 180.
④ 转引自: 贾珺.北京私家园林志.北京: 清华大学出版社, 2009: 455~456.

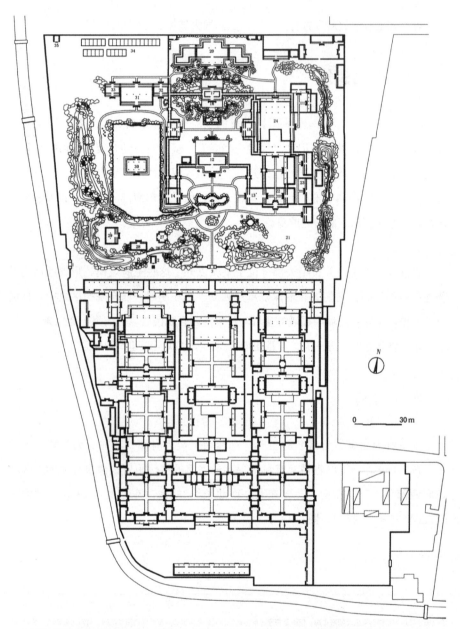

1.西门 2.龙王庙 3.西洋式园门 4.垂青樾 5.翠云岭 6.樵香径 7.怡春坞 8.独乐峰 9.吟秋亭（流杯亭）10.蝠池 11.渡鹤桥 12.安善堂 13.明道斋 14.棣华轩 15.滴水岩 16.邀月台 17.绿天小隐 18.退一步斋 19.韵花簃 20.蝠厅（正谊书屋）21.蔬蔬圃 22.香雪坞 23.吟香醉月 24.大戏楼（怡神所）25.山神庙 26.榆关 27.妙香亭（般若庵）28.秋水山房 29.养云精舍 30.诗画舫 31.澄怀撷秀 32.宝朴斋 33.韬华馆 34.花洞 35.花神庙 36.土山

图7.2 恭王府总平面图

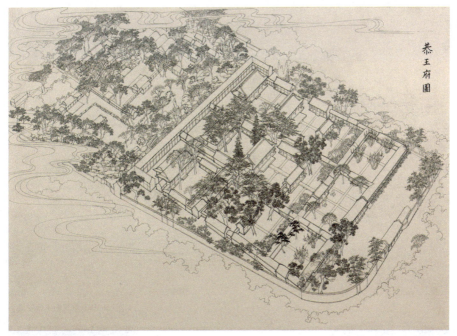

图7.3 恭王府图

■ 府邸

府邸分为中、东、西三路。中路沿南北中轴线设大门、二门、正殿（银安殿，图7.4）、后殿"嘉乐堂"（神殿），屋顶皆施以绿琉璃瓦。

东路第三进院正厅"多福轩"为会客处，厅前有一架长了两百多年的藤萝，至今仍长势甚好，在北京城极为罕见。第四进院正厅"乐道堂"为奕訢居所。

西路三、四进院落之间设有精美垂花门一座，两侧竹荫环护，意境幽雅（图7.5）。第四进院正厅为"锡晋斋"，面阔七间，前出廊，后出抱厦五间；内檐正中三间是敞厅，东、北、西三面都有两层仙楼，上下安装了雕刻精美的楠木装修隔断，是和珅宅的旧物，系仿紫禁城宁寿宫式样建造的（此举为和珅僭侈逾制，是其被赐死的"二十大罪"之一）。"锡晋斋"内原存有稀世珍宝——晋代陆机的《平复帖》。"锡晋斋"东西配房各五间，东房"乐古斋"为存放古玩之所，西房"尔尔斋"存放除《平复帖》之外的其他碑帖——因这些碑帖与"锡晋斋"所存《平复帖》相比都"不过尔尔"，故名。

图7.4 恭王府正殿（银安殿）

图7.5 王府西路垂花门

图7.6 恭王府后罩楼什锦窗

在中、东、西三路院落的最后是一道长长的屏障——东西长160余米的二层后罩楼，后罩楼的后檐墙上每间上下各开一窗，下层窗都是长方形，上层窗为形式各异的什锦窗。楼后为王府花园，后罩楼的这些丰富多彩的什锦窗可谓王府花园"萃锦园"的一个序幕（图7.6）。

■ 萃锦园

恭王府花园名"萃锦园"，奕䜣之子载滢于光绪二十九年（1903年）写成《补题邸园二十景》诗20首，描写萃锦园二十景，分别为：曲径通幽、垂青樾、沁秋亭、吟香醉月、蹤蔬圃、樵香径、渡鹤桥、滴翠岩、秘云洞、绿天小隐、倚松屏、延清籁、诗画舫、花月玲珑、吟青霭、浣云居、枫风水月、凌倒景、养云精舍、雨香岑。

与南部府邸对应，花园同样分为中、东、西三路。中路呈对称严整的布局，其南北中轴线与府邸的中轴线重合。东、西路布局比较自由灵活，东路以建筑为主体，西路以水池为中心（图7.7）。

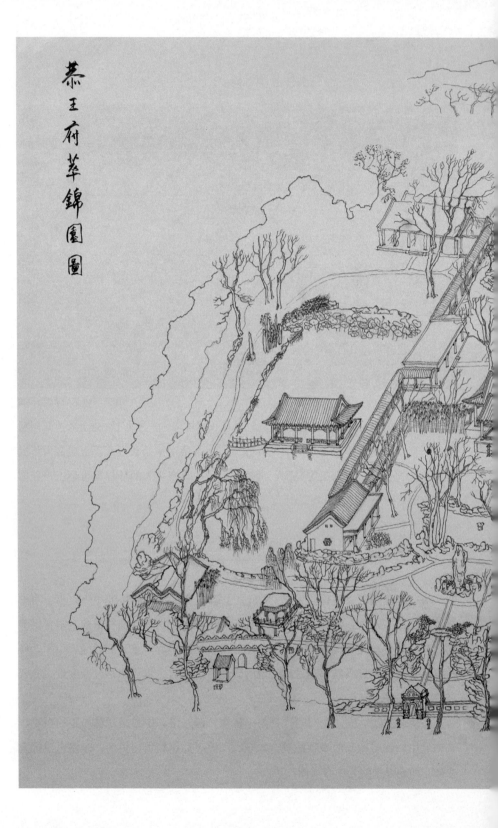

恭王府萃锦园图

图7.7 恭王府萃锦园图

中路：包括园门及三进院落。园门为西洋拱券式（图7.8）。入园门，左右分列两座青石假山"垂青樾"、"翠云岭"，两山的侧翼向北延绵，使得全园的南、东、西三面呈峰峦环抱之势。两山左右围合，中间留出小径，迎面一座"飞来石"耸立，

图7.8 恭王府萃锦园大门

图7.9 恭王府萃锦园正厅乐善堂及蝠河

图7.10 恭王府萃锦园滴翠岩假山

图7.12 恭王府萃锦园沁秋亭及曲水流觞

图7.11 恭王府花园爬山廊（装饰主题大量使用蝙蝠，寓意多福）

此即"曲径通幽"一景。"飞来石"之北为三进院落，分别设有"蝠河"（图7.9）、大假山"滴翠岩"（岩洞中有康熙御笔"福"字，图7.10）、"蝠厅"，此外花园从厅室形状、水池形状乃至装饰图案，多取蝙蝠造型，以"蝠"喻"福"，取多福之意，与康熙帝御笔相呼应（图7.11）。中路庭园之东南角小山北麓有亭翼然，曰"沁秋亭"，亭内有石刻流杯渠，取古人"曲水流觞"之意（图7.12）。

整个园林中路的空间序列呈现出起承转合的韵律：入口曲径空间封闭，正厅及"蝠河"水面空间开阔，"滴翠岩"假山空间高敞，最后"蝠厅"前的空间曲折，沿园林中轴线游历，呈现为"闭—开—高—折"的空间变化，十分富有趣味。

东路：由三组不同形式的院落组成。南面靠西为一南北长、东西窄的狭长院落，入口垂花门两侧衔接游廊，垂花门的比例匀称，造型极为精致，外院植翠竹千竿，堪称全院意境最幽处；内院正房前有老藤一株。此院东为另一狭长院落，分南北两进，南入口月洞门曰"吟香醉月"，南北两进院则由一座小巧玲珑的椭圆形门洞隔开。

北部院落以大戏楼为主体。戏楼包括前厅、观众厅、舞台及扮戏房，内部装修极为华丽，可进行大型演出。大戏楼屋顶为三卷勾连搭形式，环以游廊，造型高低起伏，极为丰富（图7.13）。戏楼东部又附有一座狭长院落，内置芭蕉海棠，红绿相映成趣，与戏楼东墙构成优美的画面（图7.14）。

西路：主景为大水池及西面土山。水池略近长方形，池中小岛建敞厅"观鱼台"（图7.15），水池之东为一带游廊与中路院落间隔，北面散置若干建筑物，西、南环以土山，南部土山有"榆关"一景，为建于两山之间的一处城墙关隘，象征山海关，隐喻恭亲王祖先由此入主中原、建立清王朝基业。西路园林布局疏朗，与东部庭院形成鲜明对照。

图7.13 恭王府花园大戏楼三卷勾连搭屋顶

图7.14 恭王府花园戏楼及庭院

图7.15 恭王府萃锦园西路水景

综观恭王府花园，一方面充满了王府的庄严气派，尤其是与府邸对应的中、东、西三路布局以及中路严整的轴线布置；但西路与中路南端的山水格局以及东路的庭院花木又为园林增添了颇多自然趣味——可谓"亦庄亦谐"的园林设计杰作。

■ 醇王府（北府）

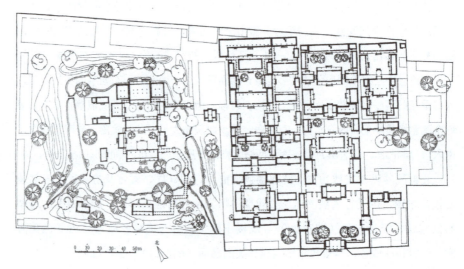

图7.16 醇亲王府总平面图

图7.17 醇亲王府花园南湖及南楼景致

醇亲王府前身是清康熙朝大学士明珠的宅第,明珠长子纳兰性德生于此、卒于斯。清乾隆五十四年(1789年)改建为成亲王府。光绪十四年(1888年)迁醇亲王府至此,为区别于醇亲王府旧府(即北京内城西南隅"醇亲王府南府"),此处俗称"醇亲王府北府"。这里是清朝末代皇帝溥仪的出生地,溥仪即位后,其父载沣被封为监国摄政王,故该府亦称"摄政王府"。1924年溥仪退出皇宫后曾暂居于此。醇亲王府坐北朝南,东部为府邸,西部为花园(图7.16)。①

■ **府邸**

东部府邸分为中、东、西三路。

中路为礼仪空间,也是建筑群的主体,沿中轴线依次建有街门五间、大宫门五间、正殿银安殿五间(绿琉璃瓦歇山顶)、二宫门三间、神殿(即寝殿)五间(绿琉璃瓦硬山顶)、遗念殿(即后罩楼)九间。

东路建筑主要是两组祠堂、佛堂和四进雇工住房,现仅存南大门和最北的五间神厨,中间已改建为一座现代办公楼和两排平房。东路东墙外又一组院落为王府马厩及家庙小龙华寺。

---

① 现在府邸部分为国家宗教事务局,不对外开放;花园部分为宋庆龄故居。

西路建筑是王府的居住区，由并排两组院落组成，其中西侧院落原建有面阔五间的宝翰堂，是外客厅及大书房，1912年孙中山曾到此与载沣会晤；此外还有后宅正门"钟灵所"（其匾额为康熙手书，估计是明珠宅旧物）、九思堂（太妃居所）、思谦堂（王妃居所）。东侧院落有任真堂（儿辈读书处）、树滋堂（溥杰居所）、信果堂等。此二组院落后为后罩楼九间。

■ 花园

花园位于府邸西侧。① 该园由什刹海引活水一道在园中环行一周，形成南北东西四条狭长的河道，分别称作南湖、北湖、东湖与西湖；在各湖外侧又堆砌土山，从而形成了"山包水"、"水环岛"之独特格局——园林主体建筑位于四水环抱的岛屿之上，而其他亭台楼榭则分布在水系外侧的土山之上。

入园循径前行可见南湖，湖之南有"南楼"，南楼后土山上西有曲尺形的"听雨屋"，东有扇形"箑亭"，匾额为奕譞题写（图7.18）。南楼与中部建筑之间有长廊相连，并跨于南湖与东湖之上。廊上有六角亭，曰"恩波亭"——因花园水系奉旨由什刹海引入，故将此两面临水之亭命名"恩波亭"（图7.19）。

南湖北岸原有两进院落。最南端为正厅七间前廊后厦，北面出戏台一座。其北为正厅七间前后廊。里院北房五间前后廊。

新中国成立后，周恩来总理决定藉此王府花园，葺旧更新，作为宋庆龄的住所。原王府花园中部主体建筑群尚存"濠梁乐趣"、"畅襟斋"、"听鹂轩"及东厅"观花室"，周围湖面、土山依旧，亭台廊榭犹在。主体建筑群外院南厅、戏台等均拆除，改为草坪。在主体建筑群以西，接建一幢两层主楼，该楼采取中西合

图7.18 醇亲王府花园扇面亭"箑亭"

图7.19 醇亲王府游廊及"恩波亭"

图7.20 宋庆龄故居小楼

璧样式，与周围园林环境取得了较为和谐统一的效果，不失为一座成功的现代建筑。主楼南侧有一株巨大国槐，浓荫蔽日，应是王府花园旧物——老树与新旧建筑群共同构成一幅幽雅的画卷（图7.20）。

比起声名煊赫、每日游人络绎不绝的恭王府花园，醇亲王府花园游人稀少，反而更能显出王府园林昔日的幽雅气息——纳兰性德曾有《夜合花》诗咏斯园幽雅景致：

阶前双夜合，枝叶敷华荣。
疏密共晴雨，卷舒因晦明。
影随筠箔乱，香杂水沉生。
对此能消恚，旋移近小楹。②

■ 宁郡王府

以上二府为北京亲王府之典型实例。郡王府则以东单北极阁三条宁郡王府为典型代表。③ 现该府邸大门、翼楼、正殿、寝殿、后罩楼基本保存完整，自建府以来，未经大的修缮和更改，保存了乾隆以前的建筑风貌，是北京现存建筑年代

---

① 关于此园始建年代，学术界有不同看法：有人认为花园是乾隆末年建成亲王府时建造的，也有人认为是康熙年间明珠宅的旧园。
② 引自：贾珺.北京私家园林志.北京：清华大学出版社，2009：301.
③ 宁郡王府建于雍正八年（1730年），咸丰十一年（1861年）发生"辛酉政变"，顾命大臣怡亲王载垣被赐死，清廷诏命改由宁郡王的后人来承袭"世袭罔替"的怡亲王爵位，故此处又改称"怡王府"。

较早、建筑规制较完整的一座郡王府实例（图7.21、图7.22）。①

宁郡王府为坐北朝南四进院落。大门为五开间前后廊歇山顶建筑，中开三门，大门对面原设巨大影壁，已无存。入大门为第一进院，院落尺度宏敞，中央正殿为五开间周围廊歇山顶，进深很大，屋顶巍峨。正殿东、西分设翼楼各五间。东、西翼楼以北原设东、西配房各七间，今仅存西配房。

二门为寝区的门殿，三间前后廊歇山顶。二门以北为寝殿，五开间前后廊歇山顶，前出三间抱厦。寝殿东西有顺山房各三间，前后廊硬山顶；院落东、西原有厢房各三间，现已被拆改。正院两侧各带一个小跨院，各带三间厢房。寝殿之北有后罩楼七间，带前廊，硬山顶；楼左右各有转角硬山房五间。后罩楼原为二层，其后部在20世纪40年代改为三层近代建筑。

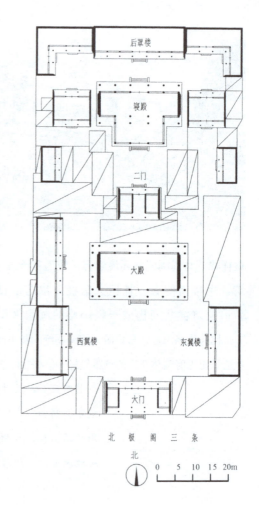

图7.21 宁郡王府总平面图

图7.22 宁郡王府西侧全景

第二节

外城会馆

清初"内满外汉"的居住格局造就了外城汉族士大夫的文化中心——"宣南"地区的昌盛，随之涌现出的大量会馆建筑成为清代北京外城的一大景观，与内城王府互相辉映，构成清代北京重要的建筑类型。

与内城里禁卫森严的帝居、王府以及千千万万"关起门过日子"的四合院形成鲜明对照的是外城汉族聚居区里的数百所会馆建筑。北京的会馆最早出现在明永乐年间，当时的会馆分作两类：一类是"同乡会馆"，诸如山西会馆、江西会馆等；另一类是"行业会馆"，诸如颜料会馆、银号会馆等。尔后由于科举制度的盛行，每隔三年在京城举行的会试吸引了成千上万的各省举人"进京赶考"，这样又出现了接待考生、类似旅馆形制的会馆，称为"试馆"。会馆建筑的出现同中国以家族、地域为纽带的社会制度密切相关：它如同地方"乡祠"一般，起着协调和互助的作用；对于商业行业而言，还起到行业管理的职能——总而言之，由其名称即可知是为了"会"而设立之"馆"。清乾隆、嘉庆年间（1736—1820年）是京城会馆发展最快的时期，当时各省州府郡县争相建馆，大县建馆，小县也建馆，甚至出现了两县合建、三县合建、七邑合建、一县多建等现象。到光绪年间，在京兴建的各省会馆已达五百多座。② 据1949年北京市民政局的调查，当时北京有会馆391座，其中建于明代的33座，③ 建于清代的341座，建于民

---

① 可惜此王府现在为某单位占用，不对外开放，不过可由王府西侧西单北大街的商铺俯瞰王府建筑群的西侧面，建筑群屋顶起伏连绵，十分壮伟可观。
② 王熹，杨帆.会馆.北京：北京出版社，2006：10.
③ 北京早期的会馆有江西南昌会馆、广东会馆、安徽芜湖会馆等，均建于明永乐年间（1403—1424年）。参见：梅宁华，孔繁峙主编.中国文物地图集·北京分册（上册）.北京：科学出版社，2008：127.

国的17座；其中同乡会馆386座，工商会馆5座。清代所建会馆基本上在外城。外城会馆中，"宣南"地区占有70%，共有280多座，外城东部约占30%。宣南会馆以士人会馆为主，而外城东部则以商业会馆为多（图7.23）。①

图7.23 清代北京外城会馆分布示意图

大量不同类型的会馆建筑如官绅会馆、士人举子会馆、商业行会会馆及移民会馆等的涌现，打破了"胡同－四合院"居住体系的封闭形态，成为古都北京除了寺观庙宇之外又一类重要的公共建筑。会馆大多属于大、中型建筑，一般都屋宇轩昂，房间众多，这一方面是由于地方集资而建，财力雄厚，更主要的是由于会馆属于公共建筑，官绅、客商、举子等集会往来的人物众多，为适应这样的特殊需求，建筑规模与布局形式都有其独到的特色。② 从外观上乍一看，会馆也是高墙围合的四合院，与民居难以区分，然而其内部布局却是另一番景象。首先，按照地方民俗传统，全国各地都有本乡本土尊奉的神祇，于是会馆建筑不论大小，都设有祀神的"乡祠"（或曰"乡贤祠"），而且往往设在会馆中轴线的最主要厅堂之内，成为会馆的主体建筑和中心——就如同正房之于四合院、正殿（银安殿）之于王府一般。③ 与四合院正房南面设门窗、北面设墙的居住模式不同，会馆的正厅往往参照南方民居的厅堂（也称"过厅"）形式，正中布置乡贤牌位，牌位屏风背后的北墙正中开门；更有把主轴线上房舍的前后墙尽皆打通，成为所谓"九门相照"者。这与内城四合院一进进院落各自封闭独立，并以影壁、矮墙、屏门等作为分隔的气氛大相径庭。另外，会馆的大门也与四合院院门不同，大多数会馆大门居于中轴线上，与四合院大门位居东南隅不同，并且会馆喜用广亮大门，面阔也大大超出民居大门，以显示豪华之气派。此外，大型会馆之布局大都为中、东、西三路，除了有中路祭祀建筑、议事大厅之外，东、西路的偏院往往也设有厅堂，供名人议事、宴请、唱和诗词等，这些多功能的厅堂往往造型精美、装修雅致，配以周边庭园花木，是会馆中园林式的聚会场所——中山会馆东院花厅、湖广会馆西院楚畹堂、安徽会馆东院厅堂皆属此类。

尤其值得一提的是，大型会馆的主体建筑乡祠对面往往还设有戏楼（或戏台），其中正乙祠、湖广会馆、安徽会馆及阳平会馆的戏楼都是京城闻名遐迩的戏楼，被誉为"京城四大戏楼"。戏楼与主殿堂及其附属廊庑围合成的院落构成会馆建筑群中的一处"共享空间"，是会馆内各色人等聚会之所，可谓会馆建筑的灵魂或精髓所在。许多著名的京剧名家都曾在会馆戏楼演出，这些戏楼为各种地方戏曲在北京演出提供了条件，尤其促成了乾隆末年的"四大徽班"进京。

会馆作为古都北京一种特殊类型的公共建筑，形成了独特的会馆文化。北京近代史上许多著名人物的活动皆与会馆有关。如清初著名学者朱彝尊就是在顺德邑馆内的古藤书屋编纂完成其巨著《日下旧闻》；龚自珍寓居番禺会馆；林则徐旧居即莆阳会馆；康有为居南海会馆；谭嗣同居浏阳会馆；梁启超住新会会馆；孙中山1912年到北京，曾到粤东新馆出席欢迎大会，8月同盟会等组织在湖广会馆举行欢迎孙中山的仪式，召开国民党的成立大会；鲁迅曾住绍兴会馆；毛泽东曾住湖南会馆，等等。一些著名文化街区的形成，也得力于会馆的大量涌现，如著名的琉璃厂文化街众多的店铺的形成与周围众多的举子会馆有着密不可分的关联。

---

① 清康、雍、乾时期，北京的工商会馆大量涌现，其中以康熙六年（1667年）浙江钱商建立的银号会馆（正乙祠）、康熙五十一年（1712年）广州商人建立的仙城会馆、雍正五年（1727年）山西烟商建立的河东烟行会馆、乾隆四年（1739年）山西太平县商人建立的太平会馆等最负盛名。参见：梅宁华，孔繁峙 主编. 中国文物地图集·北京分册（上册）. 北京：科学出版社，2008：127.
② 当然也有不少小规模的会馆建筑，如最小的县级会馆是福建惠安会馆，只有一座小院，院内北房三间、东、西房各两间；最小的省级会馆为全浙会馆，院内东房四间，北房三间，南房两间。
③ 甚至有干脆以乡祠的名称来命名会馆的，如正乙祠即浙江银号会馆，土帝庙斜街三忠祠即山西省馆，达智桥岳忠武王祠即河南会馆，等等。

北京会馆建筑群中最具代表性的有安徽会馆、湖广会馆、正乙祠等。

一、安徽会馆

安徽会馆位于北京后孙公园胡同，原是明末清初著名学者孙承泽寓所"孙公园"的一部分，后又有许多知名人士曾在此居住。同治十年（1871年），李鸿章兄弟在此集资创建安徽会馆。安徽会馆建成后，又经过两次扩建和一次重修，是北京清末建设的规模最为宏大的会馆建筑。李鸿章曾为其两次组织捐款，并撰有《新建北京安徽会馆记》和《重修北京安徽会馆碑记》。光绪二十四年（1898年），这里曾是康有为等维新党人的活动场所。

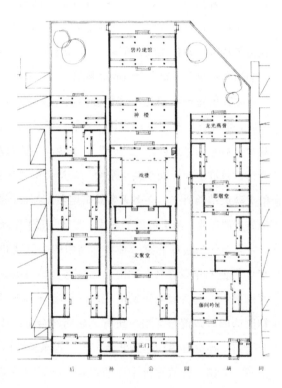

图7.24 安徽会馆总平面图

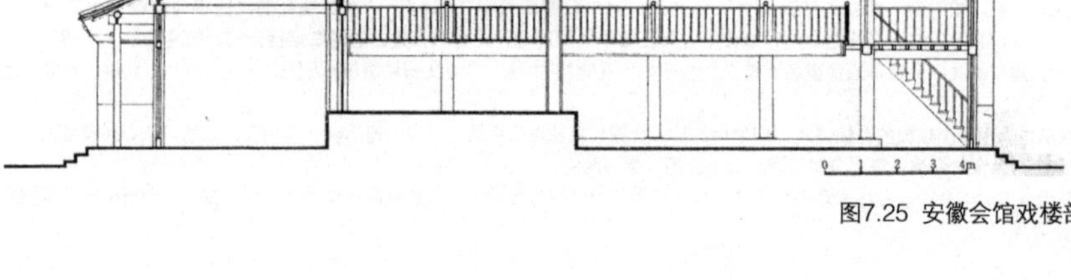

图7.25 安徽会馆戏楼剖面

会馆坐北朝南，占地面积约9000平方米，分中、东、西三路，各路庭院间以夹道相隔，每路皆为四进院落（图7.24）。

中路：为聚会、议事、祭祀的场所，大门内为主体建筑文聚堂、魁星楼和戏楼，戏楼院北侧有祭祀朱熹及历代名臣的神楼。

戏楼是中路规模最大的建筑，也是安徽会馆的核心（图7.25）。戏楼南

图7.26 安徽会馆现状

北向，戏台在南面，后接扮戏房，其余三面为楼座，能容纳三四百人看戏。戏楼建筑采取双卷勾连搭悬山顶，东西两侧各展出重檐，形似歇山。清康熙年间，洪升的《长生殿》曾在此演出。清末徽班进京，三庆、四喜等四大徽班在京师立足，均曾借住在安徽会馆。著名的京剧表演艺术家谭鑫培也曾在此登台献艺。

东路、西路：东路为乡贤祠，有思敬堂、奎光阁、藤间吟室等，东夹道设习射的箭亭；西路为接待用房。

会馆北部原有花园数亩，有假山、亭阁、池塘和小桥等，李鸿章曾在此接待过朝鲜使臣。现仅存碧玲珑馆，面阔五间，梁架为原物。馆内建筑和园林的设计有一定南方特色。

会馆建筑除花园已无存外，基本格局保持尚好。可惜作为北京会馆建筑重要代表、全国重点文物保护单位的安徽会馆目前依然是民居大杂院，除了戏楼得到一定程度修复之外，绝大部分为民居，且保存状况较差，与其重要的价值极不相称（图7.26）。

二、湖广会馆

湖广会馆为湖南、湖北两省的省馆。馆址原为明万历朝宰辅张居正宅邸，张宅抄没后改建为全楚会馆。清康熙年间为刑部尚书徐乾学的别墅南园，后数易其

主。清嘉庆十二年（1807年）建湖广会馆。清道光二十九年（1849年），曾国藩等倡议重修，增建风雨怀人馆和花园。光绪十八年（1892年）又翻修、续建，添建游廊，形成现在的规模。1900年"八国联军"侵华入京，美提督以该馆为司令部。1912年，孙中山先生曾五次在湖广会馆发表政治演说，并于同年8月25日在此主持召开了国民党成立大会。

1996年湖广会馆重修竣工开放，重修后的会馆分中、东、西三路，主要建筑有大戏楼、乡贤祠、文昌阁、宝善堂、楚畹堂、风雨怀人馆。可惜会馆的北部于1981年拓宽骡马市大街时被拆除；会馆西部原本还有园林数亩，于1980年代中期被占用、拆毁，建成两栋11层的住宅塔楼。如今会馆的大戏楼每晚由北京京剧院名家进行表演；馆后部辟为北京戏曲博物馆；风雨怀人馆设孙中山研究室；西路建筑则为湖广会馆饭庄（图7.27）。

■ 戏楼

湖广会馆戏楼建于清道光十年（1830年），1996重修。戏楼位于会馆中路南部。戏楼面阔五间，当心间

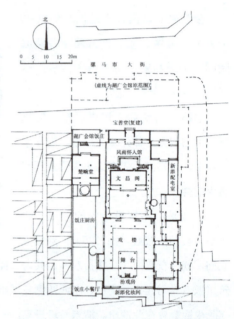

图7.27 湖广会馆总平面图

图7.28 湖广会馆戏楼内景

即舞台柱间宽度达5.68米，戏楼为抬梁式木结构建筑，双卷勾连搭重檐悬山顶。上檐双卷高跨为十檩，低跨为六檩，十一架大梁跨度达11.36米，在北京民间建筑中十分罕见。舞台为方形开放式，台沿有矮栏，坐南朝北，台前为露天平地（后改为室内戏楼），三面各有两层看台，可容千人。谭鑫培、余叔岩、梅兰芳、程砚秋诸名伶均曾在此演出（图7.28）。

■ 乡贤祠

位于中路中北部，用于祭祀"全楚先贤"，北屋三楹，南向，阶前有一口井，径约2尺，深7丈有余，据纪晓岚《阅微草堂笔记》称，此井"子午二时汲则甘，余时则否"，故名"子午井"；乡贤祠楼上有文昌阁，南向，奉"文昌帝君神位"；风雨怀人馆在乡贤祠和文昌阁后室，三间，建筑在高台上，从两侧斜廊而下，前后均可通达，传为曾国藩布置。

三、正乙祠

正乙祠即浙江银号会馆，始建于清康熙六年（1667年），清康熙、同治年间重修，初时为前门附近经营银号的浙江商人为银钱业公会集资建造，利用明代古寺旧址建祠堂，供奉正乙玄坛老祖即财神赵公明，另有议事厅、戏楼等，后来成为银号商人集会、祭祀、娱乐的场所，对民国初年西河沿金融建筑群的形成有重要影响。

正乙祠坐南朝北，临街为九间倒座北房，正中一间辟为出入口，为广亮大门。正乙祠戏楼尺度不大，但布局紧凑，装饰讲究，罩棚只用一个大卷棚顶，在会馆戏楼中别具特色，是北京地区现存最早的戏楼之一。目前已修复一新，每周末有固定演出（图7.29、图7.30）。

王府、会馆皆为都城独特的产物。王府规模宏大，种类丰富，为封建等级制度之典型代表。如果把会馆建筑与上一章所述四合院民居乃至本章所论的王府加以比较，就会发现其鲜明的文化异同——正如有学者指出的：

图7.29 正乙祠戏楼全景

四合院是封闭的、家庭式的,讲究宗法礼教;会馆则是开放的、乡里乡亲的、注重情义交往。四合院的气氛是含蓄、幽雅的,会馆则是热烈、甚至是喧闹的。四合院的家族色彩浓重,而会馆的地域特征极强。当然,不应否认,从整体上看,南城的会馆,无论来自江南,还是西北诸省,其建筑形式大部分仍然采用了北京最流行的四合院房屋配置的结构,而没有把当地的民居形式照搬过来,应该说是人们为适应北京的气候条件和文化传统的一种选择。①

作为古都北京的两个重要的建筑类型,王府和会馆均受到较为严重的破坏,保存状况极其堪忧。

其中,在内城原有的五六十座王府中,尚存22座(包括亲王府15座、郡王府4座、贝勒府2座和公主府1座)。在这已经为数不多的王府中,绝大多数亦为各类单位所占用。

会馆的状况更加堪忧,除了极个别久负盛名的会馆被列为文物加以保护之外,其余数以百计的会馆建筑有的遭拆毁,有的改作工厂、仓库、办公、学校等用途,更多的则为民居大杂院,日益破败,不复昔日容颜……即使那些寥寥无几的列为文物的会馆,保存状况也极不乐观。②

因此保护甚至是抢救古都北京的王府和会馆建筑群已经成为北京历史文化名城保护刻不容缓的内容。

图7.30 正乙祠戏楼近景

---

① 侯仁之 主编. 北京城市历史地理. 北京：北京燕山出版社，2000：191.
② 安徽会馆、顺德会馆（朱彝尊故居）、湖广会馆、阳平会馆戏楼、汀州会馆北馆、湖南会馆、中山会馆、正乙祠（银号会馆）等8所会馆及戏楼被列为北京市级以上文物保护单位。

第捌章

寺观浮图

《金秋五塔寺》

都城自辽金以后，至于元，靡岁不建佛寺，明则大珰无人不建佛寺。梵宫之盛倍于建章万户千门。成化中，京城内外敕赐寺观已至六百三十九所，见周尚书洪谟奏疏中。王宫保廷相诗云，西山三百七十寺，正德年中内臣作。则所建可类推矣。

——朱彝尊：《日下旧闻》

　　本章论述重点为古都北京的宗教建筑，可谓北京最为丰富多彩的建筑类型——其中又以佛寺、佛塔及道观最为主要，故将此章命名为"寺观浮图"——至于北京其余众多类型的宗教建筑诸如关帝庙、碧霞元君庙、城隍庙、观音庵、土地庙、真武庙以及教堂、清真寺之类，限于篇幅，不在本书论述之列。

第一节

佛　寺

在北京漫长的城市史中，佛寺建筑一直扮演着重要的角色，仅次于皇家宫苑、坛庙及陵寝的营建。①

建于西晋建兴四年（316年）的潭柘寺是北京最早兴建的寺庙之一，古人称"先有潭柘，后有幽州"。② 东魏元象元年（538年）幽州刺史尉长苍舍宅兴建尉使君寺，法源寺保存的唐碑《悯忠寺重藏舍利记》清晰地记载了其创建年代。

隋唐时期是北京地区（隋称涿郡、唐称幽州）佛教的昌盛时期。隋文帝、唐太宗和武则天曾先后在此敕建舍利塔、悯忠寺（即今之法源寺）和大云寺，为北京地区佛寺的兴建起到了重要的示范和推动作用。据史料记载统计，唐代幽州城区与郊野兴建的佛寺不下百座，这些寺庙多集中于今房山白带山、幽州城区和今天津蓟县盘山，呈三足鼎立之势分布，并分别以雕凿石经、弘扬律学和传播禅宗而各具特色，显露出幽州佛寺鲜明的文化内涵。此外，马鞍山慧聚寺（今之戒台寺）、寿安山兜率寺（今之卧佛寺）均创建于唐代，至今依旧为京郊名刹。

辽代帝王尽皆崇奉佛教，辽南京城庙宇众多——今天北京城区内唯一的辽南京建筑遗存即天宁寺塔，建于辽天庆九年（1119年）。此外，西南郊房山云居寺的北塔也是十分难得的辽代建筑遗存；西北郊阳台山大觉寺为创建于辽代的著名大寺。金代虽不及辽代崇佛，但佛寺建筑依旧繁盛，金章宗在西

---

① 在古都北京种类繁多的古代建筑群中，宫殿、坛庙、御苑和陵寝虽然规模宏大，但就数量而言远远无法与佛寺相比拟，而在历史悠久方面也远远不及佛寺。北京佛寺就其数量和密度而言，在全国当属首位。
② 潭柘寺一般被称作北京最古老的寺庙，但其实潭柘寺只是北京历史悠久的寺庙中名气最盛的一座，北京周边地区在汉代已有寺庙，如昌平旧城西南有东汉的香林寺，怀柔县东40公里有东汉的昙云寺，密云云峰山有东汉的超圣庵，门头沟区灵水村有东汉的灵水寺，房山西南六聘山有东汉的天开寺，海淀后山妙高峰下有东汉的法云寺，平谷丫髻山有东汉的云泉寺，等等。参见：王同祯. 寺庙北京. 北京：文物出版社，2009：50.

山建成兼具行宫与寺庙功能的"西山八大水院",此外更有银山塔林五座极为宏伟的金代砖塔,蔚为壮观;在门头沟潭柘寺塔林、白瀑寺等处尚有金塔数座。元代除了汉传佛教以外,藏传佛教得以发展,除了城中妙应寺白塔流传至今以外,城郊居庸关云台(过街塔)也体现了汉藏文化交融的特色。此外,门头沟灵岳寺大殿则是北京地区十分难得的元代木结构建筑遗存。辽、金、元三代可谓北京佛寺发展的鼎盛时期,在北京佛教史和中国佛教史上都具有重要的地位和影响。

明正统以后,由于宦官干政,滥发度牒,北京城寺观数目激增——北京现存的佛寺大多为明代太监创建或重修。明代宦官专权,一方面利用建造寺庙牟取私利,另一方面由于其无法享受今世常人之幸福生活,于是便将希望寄托于来世,通过大建寺庙为来世积累公德。清代大学者朱彝尊称:"都城自辽金以后,至于元,靡岁不建佛寺,明则大珰无人不建佛寺。梵宫之盛倍于建章万户千门。成化中,京城内外敕赐寺观已至六百三十九所,见周尚书洪谟奏疏中。王宫保廷相诗云,西山三百七十寺,正德年中内臣作。则所建可类推矣。"① 明代佛寺大兴的另一个原因是万历朝慈圣皇太后李氏笃信佛教(时人谓之"九莲菩萨"),万历年幼时李太后大权在握,大兴佛寺。明代太祖至宪宗成化百余年间,京城内外敕赐寺观已达639座。明清两代北京同时流行汉传与藏传佛教。明清统治者皆崇重藏传佛教,分别通过"众封多建"和"兴黄教,之所以安众蒙古"的民族宗教政策,实现对西藏、蒙古的有效统治。其中,两朝在京郊都有代表性的藏传佛教寺庙,如明代的真觉寺(即今天的五塔寺)和清代的西黄寺,而内城东北隅的雍和宫则是清代北京藏传佛教寺庙中最宏大的作品。

古都北京在城墙范围内,几乎每条胡同内都有佛寺,著名的大寺则有东城雍和宫、柏林寺、智化寺、隆福寺,西城妙应寺(白塔寺)、广济寺、护国寺,宣南法源寺等。北京西山寺庙更是数以百计,其中名刹有潭柘、戒台、云居、卧佛、大觉、法海、碧云诸寺及西山八大处等。

在古都北京数量庞大的寺庙群中,以下选择潭柘寺、智化寺、雍和宫和碧云寺四座佛寺进行简述,分别作为古都北京的早期佛寺、明代佛寺、清代藏传佛教寺庙及西山山林佛寺之最重要代表。

一、潭柘寺

潭柘寺位于北京西郊门头沟潭柘山山腰,创建于西晋建兴四年(316年),原名"嘉福寺"——北京有俗谚曰"先有潭柘,后有幽州",因为北京在唐代称幽州,故始建于晋代的潭柘寺要早于幽州城。唐武周时扩建,改名"龙泉寺"。金大定及明宣德、正统、弘治、万历年间均有重修或重建。清康熙三十一年(1692年)重修,改名"岫云寺"。因寺以龙潭与柘树著名,俗称"潭柘寺"——与京城诸多名刹一样,历代官方规定的寺名均不及民间俗称来得持久和深入人心。

全寺依山而建,院落逐级升高。建筑群坐北朝南,分作中、东、西三路(图8.1~图8.3)。目前该寺的总体规模是明代形成的,寺中建筑则大多为清康熙以后陆续重建。此外寺南还有历代僧徒之墓塔群,分作上、下塔林。

图8.1 《鸿雪因缘图记》中的潭柘寺全景

---

① [清]于敏忠 等编纂.日下旧闻考.北京:北京古籍出版社,1983:986~987.

337

第捌章 寺观浮图

图8.2 潭柘寺图

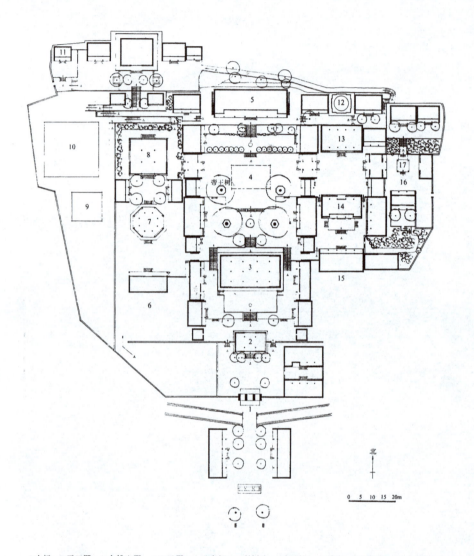

1.山门 2.天王殿 3.大雄宝殿 4.三圣殿 5.毗卢阁 6.梨树院 7.楞严坛 8.戒台 9.写经室 10.大悲坛
11.龙王殿 12.舍利塔 13.方丈屋 14.地藏殿 15.竹林院 16.行宫院 17.流杯亭

图8.3 潭柘寺总平面图

■ 中路

　　沿中轴线由南至北分别建有木牌楼、山门、天王殿、大雄宝殿、三圣殿（现已不存）和高踞平台之上的毗卢阁。

图8.4 民国时期的潭柘寺山门

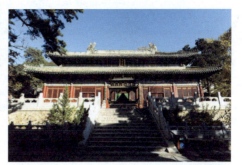
图8.5 潭柘寺大雄宝殿

图8.6 潭柘寺大雄宝殿鸱吻

其中，木牌楼上有清康熙御笔匾额。山门前有石桥一座，名"怀远桥"。山门石额曰"敕建岫云禅寺"（图8.4）。大雄宝殿面阔五间，用黄琉璃瓦绿剪边重檐庑殿顶，殿前有月台，四周绕以汉白玉栏杆，俨然宫殿，规格高于一般佛寺，应是康熙三十一年（1692年）敕建（图8.5）。大殿屋顶鸱吻造型古拙、气韵生动，或为元代遗物（图8.6）。

■ 东路

东路以园林为主，分为东、西两组建筑群。西有竹林院、地藏殿、方丈屋及舍利塔（一座小白塔，位于该路建筑群最北端，图8.7）；东为清代的行宫，以流杯亭为中心。

图8.7 潭柘寺舍利塔

图8.8 潭柘寺全景鸟瞰

■ 西路

西路同样包括东、西两组建筑群。西侧有写经室与大悲殿。东侧南部原有平面八角形的楞严坛,屋顶为重檐攒尖顶,上层檐为圆形,下层为八角形,造型独特,现已毁。其北侧有面阔三间歇山顶的戒坛殿,更北为观音殿,居全寺最高的平台之上,左右有文殊殿、祖堂等。观音殿前平台为俯瞰全寺的最佳所在——由此南望,近可观寺院建筑群重重屋顶之海洋,加之庭院古树、竹海如画;极目远眺,则可见全寺左右青山环抱,唯独南面豁然开朗、一览无余,意境绝佳,足见该寺选址之妙(图8.8)。

■ 园林

潭柘寺除了历史悠久、建筑规模宏大,更以山水园林景致著称,潭柘寺之名即来自寺中潭水及柘树。全寺背倚宝珠峰,周围九峰环列,呈"九龙戏珠"之景——九峰宛若玉屏翠嶂,山间清泉潺潺,古树繁茂,美不胜收。清代富察敦崇《燕京岁时记》写道:

庙在万山中,九峰环抱,中有流泉,蜿蜒门外而没。有银杏树者,俗曰帝王树,高十余丈,阔数十围,实千百年物也。其余玉兰修竹、松柏菩提等,亦皆数百年物,诚胜境也。①

中路庭院多苍松翠柏:山门外的两株古树虬曲若盘龙,山门东南侧更有一株白皮古松,枝干皎洁如银(图8.9)。毗卢殿前有两株古银杏,参天蔽日,被誉为

"帝王树",为潭柘寺古木中之极品,亦为北京古寺中银杏之冠。每到深秋,毗卢阁前庭院两株帝王树及两株菩提树满树金黄,美不胜收。

相比中路,东、西路殿庭更富于园林气息。西路庭院广植古松翠竹,观音殿前古松矫健——而西路最精彩的园林景胜莫过于环绕戒台殿东、西、北三面的竹林。此林修竹繁茂,竹高十余米,为北方所罕见,尤为难得的是,该处所植竹子分为两种:曰"金镶玉"、"玉镶金",所谓"金镶玉"为黄色竹子略带绿色,所谓"玉镶金"则是绿色竹子点缀黄色,这动人的细节为这片竹林更添佳趣。从观音殿前的平台俯瞰戒台殿竹林,如一片金碧交辉的海洋,其美不可言表(图8.10)。

东路最具园林幽致:茂林修竹,名花异卉,泉水潺湲萦回其间,辅以假山叠石。尤其是东北隅行宫院中的流杯亭,修竹环绕,山泉灌注。麟庆《鸿雪因缘图

图8.9 潭柘寺前白皮松

图8.10 潭柘寺戒坛殿周围竹海,远处可见帝王树

---

① [清]富察敦崇. 燕京岁时记. 北京:北京古籍出版社, 1981: 59.

记》（图8.11）载："流杯亭在潭柘寺内，乾隆间重修，赐额曰猗玕清境。檐下琢石为渠，作蟠龙相对势，引泉自东而西。"由于斯亭依山就势而建，比之恭王府流杯亭意境更佳，为东部园林精华所在（图8.12）。麟庆所说的"蟠龙相对"的流杯亭图案，被有心人进一步解释为由北向南望为虎头，由南相北望为龙头，妙趣横生（图8.13）。

清人曾于潭柘寺内外景致中选出"潭柘十景"，分别为：九龙戏珠、锦屏雪浪、雄峰捧日、层峦架月、千峰拱翠、万壑堆云、飞泉夜雨、殿阁南熏、平原红叶（图8.14）、玉亭流杯。

笔者由于深受潭柘寺园林尤其是古树名木所陶醉，故仿杜甫名作《饮中八仙

图8.11 《鸿雪因缘图记》中的潭柘寺流杯亭

图8.12 潭柘寺流杯亭

图8.13 潭柘寺流杯亭"曲水流觞"

图8.14 潭柘寺红叶

歌》戏作《潭柘八仙歌》一曲,以赞潭柘寺园林幽致,尤其是其中八株最富诗意的古树——分别为山门外白皮松一株、卧龙松两株,大雄宝殿后帝王树两株,舍利塔边古松两株以及潭柘寺独有的金镶玉、玉镶金竹。

《潭柘八仙歌》

> 山中迎客第一松,干若冰雪枝如银。
> 寺前横卧双龙松,势走游云翠盖平。
> 毗卢阁下帝王树,拔地干云上青冥。
> 秋尽黄金萧萧下,春来翠色满园庭。
> 舍利塔边立对松,各具风采各含情。
> 一如老翁几扑地,一若雏凤觅处停。
> 最奇竹海绕杯亭,千竿万竿翠欲滴。
> 碧似透黄黄似碧,金镶玉里玉镶金。

■ 塔林

潭柘寺最古老的建筑是位于上、下塔林中的墓塔,共70余座。上院为清塔,全为覆钵式;下院主要为金、元、明塔。下院东部以金大定十五年(1175年)所建通理禅师墓塔为最大,左右分列金、元及少量明初墓塔,一般为五至七重檐的密檐塔,个别三重檐。下院西部以明塔为主,一般为一至三重檐的密檐塔。各塔均有精致的砖雕栏杆、须弥座、门窗和斗栱,图案、纹饰各异,具有极高的艺术水准。这些墓塔中,元塔塔身多为六角形,墙面多向内凹入,形成优美的弧线——与昌平银山塔林的元塔相同,可能是元代墓塔惯用做法(图8.15)。

图8.15 潭柘寺塔林

二、智化寺

智化寺为明英宗正统九年（1444年）司礼监太监王振建，原为其家庙，后改为寺，虽历经重修，但建筑的梁架、斗栱等依然保存了原状，尤其是内部结构、经橱、佛像、转轮藏及其上雕刻，都保存了明代建筑的特征，为古都北京明代佛寺的最典型代表。

建筑群坐北朝南，规模宏敞，原有五进院落，中轴线上依次为山门、智化门、智化殿、如来殿和大悲堂（图8.16）。

主殿智化殿面阔三间，黑琉璃瓦歇山顶。内为彻上露明造，原明间有造型精美的天花藻井，民国时期被古董商盗卖给美国人，现藏在美国费城艺术博物馆。

智化殿之西配殿为转轮殿，面阔三间，黑琉璃瓦歇山顶，殿内明间设转轮藏。转轮藏下部为六角形汉白玉须弥座，上为木雕佛龛，亦为六角形，每个小佛龛中均有一尊小佛像。藏柜上部雕有金翅鸟、龙女、神人、狮兽等各种纹饰，极

图8.16 智化寺图

为精美。轮藏顶上有一佛像，造型生动。

智化殿北为如来殿，亦称万佛阁（图8.17）。阁分上下二层，两层墙壁遍饰佛龛，供奉佛像九千余尊，故称万佛阁。阁内也有一造型绚丽的藻井。藻井分三层，下层井口为正方形，中层井口为八角形，上层井口为圆形，顶部中央有一条俯首向下的团龙。八角井分别雕着八条腾云驾雾的游龙，簇拥着中间巨大的团龙，呈九龙雄姿。各斗之间刻有构图饱满、线条洗练而挺秀的法轮、宝瓶、海螺、宝伞、双鱼、宝花、吉祥结、万胜幢等八珍宝。此外还刻有八个体态丰腴、手托宝物的飞天，衣带飘逸，呼之欲出。这座藻井现藏于美国纳尔逊博物馆（图8.18）。

智化寺各主要殿阁屋顶均施以黑色琉璃瓦，为北京诸佛寺中颇为独特者。

综观智化寺殿宇，虽规模较小，但殿内佛像、天花、轮藏尤其是藻井则雕镂精致，色彩富丽，极尽装饰之能事，诚如《明史·王振传》所言："建智化寺，穷极土木。"[1]

图8.17 智化寺万佛阁

图8.18 智化寺万佛阁藻井老照片

---

[1] 转引自：潘谷西 主编. 中国古代建筑史 第四卷：元明建筑. 第二版. 北京：中国建筑工业出版社，2009：329.

三、雍和宫

图8.19 雍和宫阙

雍和宫是北京最典型的藏传佛教寺院（原为清雍正帝即位以前的雍亲王府）。主体建筑群平面呈南北长、东西窄的矩形，占地6.6公顷，中轴线由南至北长400余米，排列着七进院落和六座主殿（由南而北为昭泰门、雍和门、雍和宫殿、永佑殿、法轮殿、万福阁），并辅以大量配殿楼宇，规模宏大，气象万千，为北京寺庙建筑中最为宏伟壮丽者（图8.19、图8.20）。清代震钧的《天咫偶闻》描绘了雍和宫的崇丽：

雍和宫，在国子监之东，地本世宗邸，改为寺，喇嘛僧居之。殿宇崇宏，相设奇丽。六时清梵，天雨曼陀之花；七丈金容，人礼旃檀之像。飞阁覆道，无非净筵；画壁璇题，都传妙手。固黄图之甲观，绀苑之香林也。

图8.20 雍和宫西侧外观

■ 总体格局

综观雍和宫建筑群之平面布局，前半部比较空旷，自昭泰门以北则建筑密集，楼殿翚飞（图8.21）。

对照清乾隆时碑文和总平面图，可知前半部是雍正死后停柩时新增的，主要包括由东、西、北三座牌楼与南面影壁组成的广阔前庭和两行银杏树夹着的漫长甬道。

自昭泰门以北才是原来的雍亲王府。其中雍和门为原王府大门，雍和门前庭院东、西墙上的三间侧门应为原王府的东、西阿斯门（亦称"雁翅门"），而昭泰门位置则是原王府的南朝房。正殿雍和宫殿面阔七间，左右建配楼，也和清代亲王府的制度相和，应为王府的正殿银安殿。永佑殿为王府的寝殿，永佑殿以北为王府的居住部分，被改建为雍和宫的最主要殿阁包括法轮殿、万福阁及附属建筑群——雍和宫由王府改建成藏传佛教寺庙的痕迹大体分明。

由于雍和宫最宏伟壮丽的殿阁均是利用王府后寝区建成，其北部已直抵内城北城墙，因此用地颇为促狭——在这"拥挤"的地块内建造了转轮殿（左右分别有班禅楼、戒坛楼）、万福阁（左右分别有永康阁、延宁阁）两组宏大辉煌的建筑群，与寺院前部疏朗的布局大相径庭，呈现出寻常寺庙建筑群中难得一见的超高密度的布局，从而也营造了北

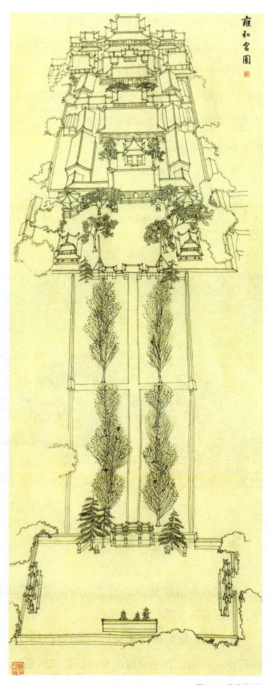

图8.21 雍和宫图

京诸寺庙中最奇特的空间序列：人们沿雍和宫中轴线由南而北行进过程中感觉越来越目不暇接，最后在万福阁前须努力翘首仰视才能看清高阁之全貌，其壮美辉煌与激动人心的效果无以复加。

以下略述雍和宫中轴线上主体建筑。

■ 雍和宫殿

正殿雍和宫殿，原为雍亲王府正殿（银安殿），改为寺庙后相当于一般佛寺的大雄宝殿。面阔七间，单檐歇山顶，前出廊后带厦。殿前有月台，台前有高甬道连通雍和门，甬道当中立重檐碑亭。

■ 法轮殿

法轮殿为雍和宫内面积最大的殿宇。面阔七间，前后各出抱厦五间，呈十字形平面。屋顶为单檐歇山顶，于正脊中央及两侧开设一大四小共五座采光亭：中央大亭为歇山顶，其余四座小亭为悬山顶，各采光亭屋顶上又安放一座铜质鎏金宝顶（造型如藏式佛塔），四小一大，拱卫相侍，犹如藏传佛教"坛城"的造

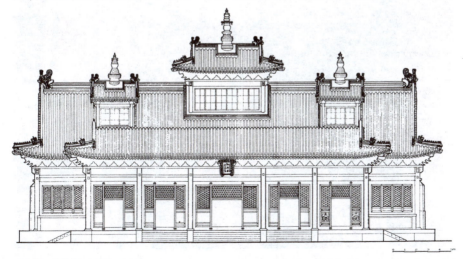

图8.22 雍和宫法轮殿立面

型，象征着须弥四大部洲五行和供奉金刚界五方佛（图8.22）。特别值得一提的是，五座采光亭为大殿的室内空间营造出神秘莫测的气氛——尤其是位于大殿中央的宗喀巴神像，在中央大采光亭泻下的光线之中，显得格外庄严神圣（图8.23）。法轮殿在平面布局与屋顶采光亭设计等方面明显地受到藏传佛教建筑的影响，充分体现了汉藏佛寺建筑艺术的交融。

图8.23 雍和宫法轮殿内宗喀巴像

■ 万福阁

雍和宫建筑群的高潮之所在，为一座二层楼阁，面阔、进深各五间，周以回廊，首层设腰檐，二层覆以重檐歇山顶。阁内为一尊巨大的檀香木弥勒佛立像（由整根白檀木雕成），高达16米，佛像头顶几乎触及藻井天花，体躯雄伟，令人叹为观止，其尺度及艺术造诣堪与正定隆兴寺大佛及蓟县独乐寺观音媲美（图8.24）。万福阁左右各有一座小阁，东为永康阁，西为延宁阁，两阁也是二层建筑，上层各有飞廊通至万福阁两侧，将三阁连为一体，体量宏大，参差嵯峨，玲珑剔透，形成一幅极尽华美的画卷，具有敦煌壁画的意境（图8.25、图8.26）。

雍和宫建筑群一方面是王府建筑与佛寺建筑的结合，从建筑文化方面看又是汉藏建筑文化融合的典范。

图8.24 雍和宫万福阁内檀木大佛

图8.25 雍和宫万福阁西南侧

图8.26 雍和宫万福阁东南侧

四、碧云寺

碧云寺为西山佛寺之代表。明清时期,香山寺与碧云寺并称胜境,可惜香山寺为英法联军破坏,仅余遗址,于是碧云寺成为香山第一大寺。该寺始建于元,明代重修,清乾隆十三年(1748年)再次重修并大规模扩建,达到今日宏大之规模——寺院坐西朝东,占地6公顷,东西主轴线长约450米,依山势而建,各进殿堂呈阶梯状层层升高,前后高差近40米,极其壮观(图8.27~图8.29)。

图8.27 《鸿雪因缘图记》中的碧云寺全景
(远处可见昭庙的琉璃塔)

图8.28 碧云寺现状鸟瞰全景

平面分为三路，中路轴线上有五进院落，分别建外山门、内山门、天王殿、大雄宝殿、菩萨殿及普明妙觉殿，最后为金刚宝座塔塔院；南、北两路分别以罗汉堂及园林为主体（图8.30）。

图8.29 20世纪30年代碧云寺远眺

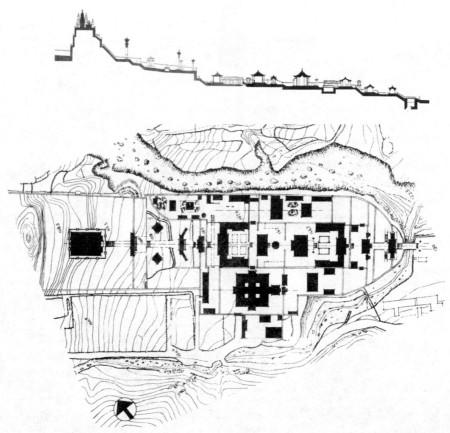

图8.30 碧云寺平面及剖面示意图

■ 金刚宝座塔塔院

寺中路后半部为全寺的精华所在——金刚宝座塔塔院，沿中轴线依次建有石牌楼、砖牌楼及宝塔（图8.31）。塔院的序幕为一座石雕牌楼，左右接石雕八字影壁，雕工极精致，为北京石牌楼中仅次于十三陵石牌楼的佳作。牌楼内为石桥一座跨于小溪之上。过石桥拾级而上，又建砖砌牌楼一座，为四柱三间五楼样式，雕刻亦颇精美（图8.32）。由雕刻精巧之石牌楼、经造型华美的砖牌楼，一步步登抵最为壮丽的金刚宝座塔，颇有逐渐登临胜境之感，为碧云寺建筑艺术与空间安排之精华所在。

金刚宝座塔下部为方形宝座，称金刚座。座顶上建五座密檐方塔与两座小喇嘛塔。全塔由汉白玉砌造，塔身雕刻饱满圆润，7座宝塔塔身各面雕刻造型各异，极为生动（图8.33）。碧云寺金刚宝座塔地势高峻（塔顶距山门地面72米），又有全寺中轴线上大小殿堂、砖石牌楼的重重烘托，加之登临该塔，北、西、南三面群山环抱、绿荫如海，独东面敞开，可近观玉泉山、昆明湖，远眺帝京城池——其整体意境绝佳，为京城诸寺之冠（图8.34）。

图8.31 碧云寺塔院壮丽景色

图8.32 碧云寺塔院砖牌楼

图8.33 碧云寺金刚宝座塔密檐方塔

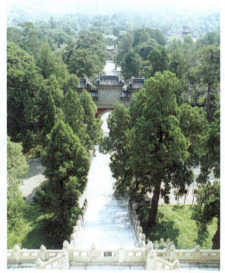

图8.34 碧云寺金刚宝座塔俯瞰中轴线

除了中路壮美的空间序列之外,寺南北两路也各具意境。

■ 罗汉堂

寺南路的核心建筑为罗汉堂,仿杭州净慈寺罗汉堂建造,平面呈"田"字形,每面九间,中间夹有四个天井,十字交叉处建重檐方亭,四面入口处建抱厦,外部造型与内部空间均为北京佛殿建筑中之至为特殊者(图8.35)。堂内有五百罗汉像,真人大小,形态生动,艺术造诣不俗。

图8.35 碧云寺罗汉堂北侧影

■ 水泉院、含青斋

北路最后部有园林水泉院，堪称北京现存寺观园林中最古老、最精致者之一。园林位于塔院北壁陡崖之下，以泉水"卓锡泉"为中心，拓为前后二池，配以山石亭台、长松巨柏，环境幽雅宁静。池间原有水亭和临池的敞厅，现已毁去，唯余平台架于水上。院西端以及南部尚有龙王庙、弹拱台、清静心间、角亭等小品。此处假山用北方所产黄色湖石叠成，间有几处用小块粘成巨石，颇可乱真，为北方黄石假山中难得的佳作（图8.36）。

水泉院以东还有一连串大小不同的院落，其中含青斋为前后两座厅堂构成的一组庭园。庭园中央为一不规则水池，周遭叠山石，池中设板桥，成为园中主景。此外，含青斋庭院以东、北路最东端，还有一处以造型各异的假山石为主景的小院，亦别具幽致。

总体观之，整个北路院落形成布局自由、尺度多样的园林群，与中路恢弘壮丽的宗教建筑群以及南路造型对称的罗汉堂形成鲜明对照，共同构成碧云寺"亦庄亦谐"的经典空间格局。

图8.36 碧云寺水泉院全景

第二节

佛 塔

同佛寺相伴，北京的佛塔同样历史悠久、种类繁多，蔚为大观，以下以天宁寺塔、银山塔林、妙应寺白塔及五塔寺金刚宝座塔作为北京千百浮图之代表——以上诸塔既可作为古都北京辽、金、元、明佛塔的典型，同时又是密檐式塔、喇嘛塔和金刚宝座塔中最重要的杰作。

一、天宁寺塔

天宁寺塔为北京城区内最古老的建筑遗存，创建于辽天庆九年（1119年），距今已有将近900年的历史。该塔为八角形十三重密檐式砖塔，高约62米，几乎与景山万春亭屋顶等高。塔的外观分为塔座、塔身和十三重密檐及塔刹三大部分（图8.37）。

塔座为八角形，下层为须弥座，每面束腰雕有六座壶门形龛，内雕狮首，转角有金刚力士浮雕；须弥座之上又有束腰一道，每面雕有五龛，内雕坐佛；再上雕有平坐一圈，勾栏、斗栱俱全；最上为三重仰莲承托塔身。

塔身与塔座高度相当，八面分别雕有拱门或直棂窗，门窗两侧及上部雕有金刚

图8.37 天宁寺塔

力士、菩萨等雕像，转角处有浮雕龙。其中南面金刚浮雕保存最为完整，造型威猛，气韵生动，为辽代雕刻艺术之代表（图8.38）。

十三重密檐之中，最下一层檐属于塔身，出檐稍远，檐下斗栱也与上面十二层略有不同。上部十二重檐宽度每层向上递减，并且递减

图8.38 天宁寺塔雕刻

率向上增加，从而使塔的外轮廓形成缓和的卷杀曲线。十三重檐之上以两层仰莲及小须弥座承托宝珠构成塔刹。

塔之整体造型及雕饰均体现了典型的辽代建筑艺术风格。梁思成、林徽因曾在1935年发表的《平郊建筑杂录（下）》一文中以天宁寺塔为例讨论中国古塔年代鉴别的问题，足见天宁寺塔的代表性。①

二、银山塔林

银山又称"铁壁银山"，坐落在北京昌平县北部的崇山峻岭之中，周围群山环抱。《日下旧闻考》引《方舆纪要》称：

银山峰峦高峻，冰雪层积，色白如银。麓有石崖，皆成黑色，谓之银山铁壁。②

银山塔林自金、元以来，经明、清至今，留有大小佛塔多处，其中较完整者18座，民间有"银山宝塔数不尽"之说。整个塔林群中以法华禅寺的塔群最为壮观，由于佛寺木结构建筑群尽毁，仅余台基，墓塔群得以凸显。其中最核心的墓塔有八座：金代密檐式砖塔五座，元代密檐式砖塔一座，明代覆钵式砖塔（喇嘛塔）两座。前部为巍峨壮丽的五座大塔：中央为"佑国佛觉塔"，四角各伫立一塔，东南角为晦堂塔，西南角为懿行塔，东北角为虚静塔，西北角为圆通塔——此五塔参天，酷似一座巨型"金刚宝座塔"（参见本章五塔寺、碧云寺之金刚宝座塔），蔚为奇观（图8.39）。五塔之北面还有两座覆钵式小塔，为典型明代墓

图8.39 银山塔林五座金代墓塔

图8.40 银山塔林五座金代墓塔及两座明代墓塔全景

① 梁思成.梁思成全集（第一卷）.北京：中国建筑工业出版社，2001：301~310.
② [清]于敏忠 等编纂.日下旧闻考.北京：北京古籍出版社，1983：2160.

塔（图8.40）。银山塔林若以单座佛塔而论并无太过震撼人心者，然而其核心区诸塔之集合，加之铁壁银山山势之烘托，实为古都北京佛塔之最宏伟壮丽的杰作！

以下略述银山塔林诸主要墓塔。

■ 佛觉塔

塔林的核心为佛觉塔，是一座八角单层密檐式塔，高约20余米，共有十三重檐。塔基为两重须弥座上承平坐，平坐上为三重仰莲瓣。第二层须弥座之束腰部分雕刻莲花、宝相花、西番莲等花卉图案，颇为精美。

莲瓣以上为塔身，东、南、西、北各面中央雕券门，券门上方雕刻飞天，南面门额刻"故佑国佛觉大禅师塔"；其余各面各雕方窗一座。塔身各隅雕有经幢式小塔一座。

塔身上方以砖雕斗栱承托其上十三重密檐（第一重檐下为斗栱承托，其余各檐则以砖雕叠涩承托）。各层屋顶覆以绿琉璃瓦，在各层檐角上均塑有一尊双手合十、身体前倾的"仙人"，在第十三层檐角各塑一尊双手合十、背生双翅的迦陵频伽像——这种檐角装饰在木结构殿宇中十分常见，但在佛塔中却极少见到，为佛塔轮廓增加了无穷趣味，其余四塔也均有这样的装饰，美不胜收。

十三重密檐之上为塔刹：底部为两层莲花式基座，其上为圆形火珠，外侧雕有火焰形装饰，其上部刹顶已不存。

■ 晦堂塔、懿行塔

晦堂塔位于佛觉塔东南，可谓佛觉塔之"具体而微者"，形制几乎一样。可惜塔基须弥座之雕饰全部毁去，以灰砖重新砌成。

懿行塔位于佛觉塔西南，为五塔中保存最完好、雕饰最精美者。该塔与上述二塔在大造型上差别不大，但塔身与塔基雕刻却有极大不同：塔基第二层须弥座束腰每面均隔为两个壸门形龛，每龛中雕一座半身狮子像，该狮子像上半身向外探出作前扑姿态，生动逼真。龛周围浮雕祥云图样，龛与龛之间则雕有造型别致的西番莲盆花。在须弥座转角处采用高浮雕形式各雕有一根莲花式短柱，短柱中间刻有一尊头部朝外、双目圆睁的兽头。须弥座之上的平坐栏板上，每面皆刻有各种造型的莲花、西番莲和宝相花，造型优美，雕刻细腻，充分体现了金代工匠的高超技艺（图8.41）。

塔身各隅不设经幢式塔，而是设圆形角柱，东、南、西、北各面雕火焰式券门，其余各面雕方窗（窗棱造型各不相同）。南面门额曰"故懿行大师塔"，拱券面上中间雕刻一尊跌坐式多宝佛像，佛像两侧各雕一个手捧供品的飞天像。东、西、北各面除了拱券雕饰一样之外，更在门楣上端雕一座跌坐式佛像。

塔身之上同为十三重檐。懿行塔塔刹为诸塔之中保存最完整的：底部为两层莲花式基座，其上为球形火珠，饰以火焰形雕饰，火珠之上为石制球形圆光，再上为石制仰月，造型优美——可惜最顶部刹杆已不存（图8.42）。

图8.41 银山塔林懿行塔塔基雕饰

图8.42 银山塔林懿行塔塔檐及塔刹

■ 静虚塔、圆通塔

静虚塔与圆通塔均为六角七重檐，高约10余米，与前面三塔不同之处在于，此二塔每重檐下均雕出仿木斗栱——与前三塔形成两类不同的建造风格。

以上五座金代密檐式佛塔保存较完好，塔身呈浅黄色泽，各重檐上所覆琉璃瓦呈深灰色——其实塔之原貌应为通体刷白灰（可能与金人尚白色有关），瓦为绿色琉璃瓦，呈庄严肃穆之感——而今的色彩则呈现出更多的岁月沧桑，别有一番韵致。

三、妙应寺白塔

妙应寺（即白塔寺）白塔是北京地区现存最巨大的古塔，也是北京城区内仅存的元代佛塔，可视作伟大的古都——元大都最重要的象征物，同时也是古都北京喇嘛塔的最杰出代表。相形之下，以北海白塔为首的京城其余白塔恰似妙应寺白塔的子子孙孙。白塔由著名尼泊尔匠师阿尼哥主持修建，明代《长安客话》称其"制度之巧，盖古今所罕有矣"①；清孙承泽《春明梦余录》则言该塔"塔制如幢，色白如银"（图8.43）。②

图8.43 妙应寺白塔

白塔为砖砌喇嘛塔，外表粉刷成白色，建在一个"凸"字形的巨大台子上。台四周有围墙，四角有角亭，四周有转经道可供信徒环绕塔诵经。塔的最下层是一个从正方形的每面再向外突出两重的"亞"字形台座，四角各有五个转角。台座四周有矮墙，粉刷作红色，与白色塔身成鲜明对比。墙内也有可以绕塔的通道。台座上是重叠两层的巨大须弥座，下层约30米见方，平面形式与台座相同，使巨大的须弥座既在外观上有变化，又与其上的塔身结合而不显得突然。须弥座以上是覆莲，覆莲以上是略近似鼓形的塔身，直径约20米左右。塔身之上又是一层须弥座，座上是圆锥形的"十三天"（相当于塔刹上的相轮部分），"十三天"以上是"天盘"和"宝顶"。塔身从凸字形台面至宝顶总高50.86米。

从城市角度而言，妙应寺白塔屹立于周边胡同四合院之上，类似钟鼓楼与北城民居之关系，成为西城绝对的标志（图1.28）。

四、五塔寺金刚宝座塔

正觉寺（亦称"真觉寺"、"五塔寺"）塔称为"金刚宝座塔"，依印度僧人带来的印度金刚宝座塔样式建成：下垒宝座，上建五塔。石台宝座平面为长方形，南北长18.6米，东西宽15.73米，内部砖砌，外表甃石，通高7.7米；最下为须弥座，须弥座以上划分为五层，各层以石雕屋檐为界，龛列佛像，最上端冠以女墙，石台南、北面正中各辟券门一道，为登台入口。由内部台阶可"左右蜗旋而上"台顶。台上五塔，一塔居中，其余四塔居四隅，中央塔高约8米，周围四塔高约7米。各塔平面均为方方形，形制皆为单层密檐塔，四角塔十一层檐，中塔十三层檐。除五塔外，中塔南侧尚有亭形重檐小殿，下檐方，上檐圆，覆黄、绿琉璃瓦，为登塔台阶之出入口。

该塔塔身四面均雕刻精美佛龛佛像及以梵文、梵宝、梵花为题材的装饰花纹。五塔之中央大塔塔座南面正中刻有佛足迹一对，是佛的象征，有"佛迹遍天

---

① [明]蒋一葵.长安客话.北京：北京古籍出版社，1994：26.
② [清]于敏忠 等编纂.日下旧闻考.北京：北京古籍出版社，1983：825.

下"之意。麟庆《鸿雪因缘图记》"五塔观乐"一篇称赞此塔雕刻"陆离辉映，具足庄严"。

五塔寺金刚宝座塔虽然是以印度佛塔为蓝本，但同时融合了中国工匠的建筑、雕刻艺术，并增加了中国传统的琉璃方亭，成为中国式的金刚宝座塔。全塔造型独特，雕刻精致，为古都北京现存金刚宝座塔中最早也是最精美的一座，堪称明代建筑和石雕艺术的代表之作，也是中印建筑文化结合的典范。①

该寺现在是"北京石刻艺术博物馆"。特别值得一提的是：金刚宝座塔南面两棵与塔同龄的参天古银杏得以留存至今，郁郁葱葱、果实累累，金秋时节更是一片金黄，美不胜收，与古塔交相辉映，成为京西一道经典风景（图8.44及本章题图）。

图8.44 五塔寺金刚宝座塔正面（塔前台基为大雄宝殿遗址）

第三节

道　观

京城的道观虽不及佛寺繁盛，却也颇为可观。北京地区现存著名道观十余座，其中最著名者为白云观、东岳庙、大高玄殿等。

一、白云观

白云观为道教全真派龙门派祖庭，其历史可以追溯到唐代幽州的"天长观"；金世宗时扩建并更名为"十方大天长观"，位置在今白云观西面，为当时北方道教的最大丛林；金末观毁于火灾，后又重建为"太极殿"。元初，道教全真龙门派创始人邱处机赴雪山觐见成吉思汗，回京后赐居于此，元太祖因其道号长春子，诏改太极殿为"长春宫"。邱处机去世后，其弟子在长春宫东侧建下院，并于观中建处顺堂，安厝邱处机灵柩。元末战火四起，至明初，以处顺堂为中心重建宫观，正式赐额为"白云观"，清乾隆年间重修。[②]

白云观现存建筑大部分为清代重建之物，大体规模和明代时相近，坐北朝南，分中、东、西三路及后院，平面格局和佛寺没有大的差别，除老律堂用歇山屋顶之外，其余均为硬山屋顶，其装饰和彩绘使用了一些道教题材，如灵芝、仙鹤、八卦、八仙等。白云观为我国现存规模最大的道教建筑之一，也是北京现存历史最悠久、保存最好的道观之一（图8.45、图8.46）。

白云观中路依次建照壁、四柱七楼木牌楼、山门、灵官殿、玉皇殿、老律

---

① 北京其余三座著名的金刚宝座塔分别为西黄寺塔、碧云寺塔及玉泉山妙高塔。
② 1956年、1982年对白云观建筑进行了大规模修缮，1957年成立的中国道教协会会址设于此。

白雲觀圖

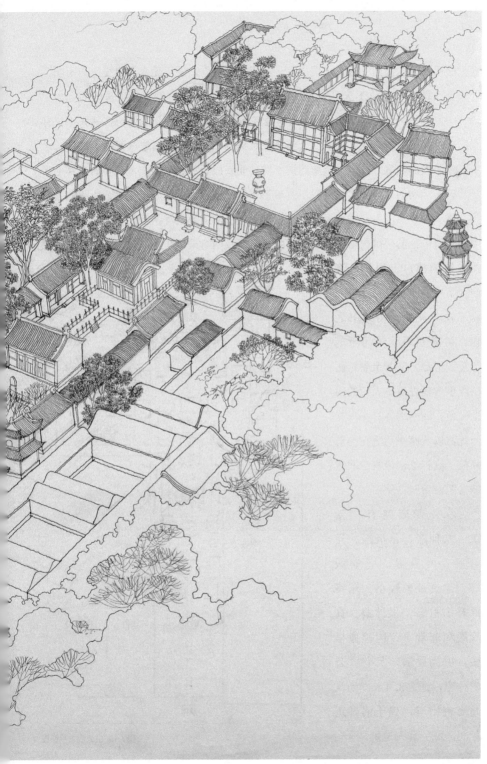

图8.45 白云观图

堂、邱祖殿和三清四御殿。山门内有一座"窝风桥",桥下无水,象征风调雨顺。老律堂(图8.47)位于玉皇殿北,原名七真殿,供奉全真派祖师王重阳的七大弟子,中座为邱处机,其他6人依次为刘处玄、谭处端、马钰、王处一、郝大通、孙不二——有趣的是"全真七子"全部被著名武侠小说家金庸写进《射雕英雄传》之中,除道教信徒之外,广大金庸迷们不妨到北京白云观看看历史上真实的全真七子及其弟子活动的地方。"邱祖殿"内奉祀邱处机塑像,殿中有雍正皇帝所赐的"瘿钵"置于石座上,系一古树根雕制而成,邱处机的遗蜕就埋藏于此"瘿钵"之下。中路建筑中三清四御殿形制最为独特:三清阁及四御殿位于中路最北端,为前出廊的二层阁楼,上层为三清阁,下层为四御殿。三清阁奉三清,又为观内藏书之地,藏有明正统年间所刻《正统道藏》5000余卷。四御殿供奉辅佐玉皇大帝的四位天帝。阁两端各有小天井一处,以一座小巧垂花门与阁前广庭相连,极富空间趣味(图8.48)。

白云观西路有祠堂院、八仙殿、吕祖殿、元君殿、文昌殿、元辰殿等,建筑规模较小。东路原有华祖殿、火神殿、真武殿和斋堂等,因神像早毁,辟为寮房,另有罗公塔一座,通高3.4米,为八角形密檐塔,建于清雍正年间,藏罗真人遗蜕。

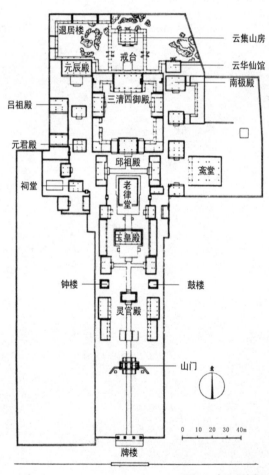

图8.46 白云观总平面图

图8.47 白云观老律堂　　图8.48 白云观三清四御殿东侧天井

■ 白云观园林

白云观后花园名为"云集园",又称"小蓬莱",位于建筑群最北端,建于清光绪年间,为北京道观园林之代表(图8.49、图8.50)。

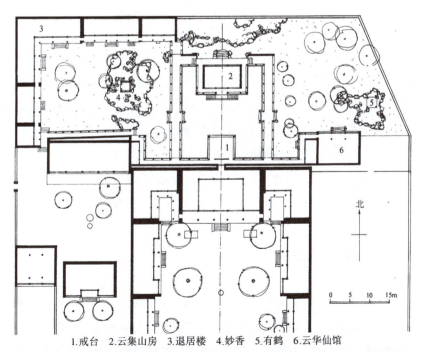

1.戒台　2.云集山房　3.退居楼　4.妙香　5.有鹤　6.云华仙馆

图8.49 白云观园林平面图

图8.50 白云观云集园图

园内主体建筑为中轴线上的云集山房及其南面的戒台,戒台为道教全真派传授"三坛大戒"(即初真戒、中极戒和天仙戒)的坛场,云集山房为全真道律师向受戒弟子讲经说法之所(图8.51)。山房北侧土石假山,古时登临其上则近处有天宁寺塔在望,远可遥看西山,古人有诗云:

一丘长枕白云边,孤塔高悬紫陌前。①

山房两侧有游廊,可通往东西两侧院,两侧院中各有假山,山上有"有鹤"、"妙香"二亭东西相望。此外,东侧院建云华仙馆,西侧院建曲尺形退居楼。

■ 白云观庙会

白云观庙会可谓老北京一大民俗景观,每年农历正月初一至十九开庙,一般游人多从西便门骑驴前往,有传统应节耍货,还有两项特有的传统活动:山门摸石猴,窝风桥打金钱眼。山门中间券门东侧浮雕中隐藏着一个巴掌大小的

图8.51 白云观云集山房及戒台

石猴,已被游人摸得锃亮。老北京有这样的传说:"神仙本无踪,只留石猴在观中。"这石猴便成了神仙的化身,来白云观的游人都要用手摸摸它,讨个吉利。"打金钱眼"是每年开庙时,在窝风桥洞前挂一个纸做的大铜钱,钱孔内挂一小铜铃,铜钱上有四字:"响响福兆",桥洞内坐一道士,据说打中者一年诸事吉利(图8.52)。

图8.52 白云观庙会"打金钱眼"

---

① 转引自:周维权.中国古典园林史.第二版.北京:清华大学出版社,1999:535.

二、东岳庙

东岳庙是道教正一派在华北地区的第一大道院,庙内主祀东岳大帝。始建于元延祐六年(1319年),由元代"玄教大宗师"张留孙(第三十六代天师张宗演的弟子)所创。元末于战火中遭到破坏,明初玄教重归正一派,自此定名"东岳庙"。明、清两代各朝对东岳庙有过多次修缮、扩建,共历十余次。①

东岳庙坐北朝南,目前占地面积为35801平方米,建筑面积为11586平方米。寺庙分中、东、西三路建筑群,共大小殿宇600余间,现存建筑大部分为清代重建之物(图8.53)。中路格局为五进院落,中轴线上的主体建筑由南至北依次有琉璃牌楼、山门(已无存)、洞门牌坊、瞻岱门、岱岳殿、育德殿及后罩楼。东、西路为清道光时所扩建,东路有娘娘殿、伏魔大帝殿、花园(已不存),西路有东岳宝殿、玉皇殿、延寿宝殿,及各种行业祖师殿如鲁班殿、马王殿、药王殿等。

东岳庙素以神像多、碑刻多、楹联匾额多而闻名,以下略述其最主要建筑及碑刻。

■ 岱岳殿

岱岳殿为东岳庙正殿,殿内主祀"东岳天齐大生仁圣帝",即东岳大帝。该殿始建于元至治二年(1322年),清康熙年间重建,乾隆时又加修葺。大殿建在长25米、宽19米的台基之上,面阔五间,采用灰筒瓦绿琉璃瓦剪边庑殿顶。前出抱厦三间,歇山卷棚顶,现檐下悬有仿制的康熙御书"岱岳殿"匾额。后出抱厦一间,悬山卷棚顶,与通向后寝育德殿的穿堂相接。岱岳殿殿身梁枋施以金龙和玺彩画,规格极高,在古代为宫殿、坛庙等建筑专用,图案细致华贵,充分展现了东岳庙作为皇家敕建道观的气派。

由岱岳殿左右引出了一个矩形的环廊空间,此环廊汇结于瞻岱门两侧,不仅串起岱岳殿两侧东、西朵殿及殿前东、西配殿,还创造了东岳庙中著名的"地狱七十六司"东、西配庑。此外,大殿院落中还有御碑亭两座,可谓建筑种类多样(图8.54)。

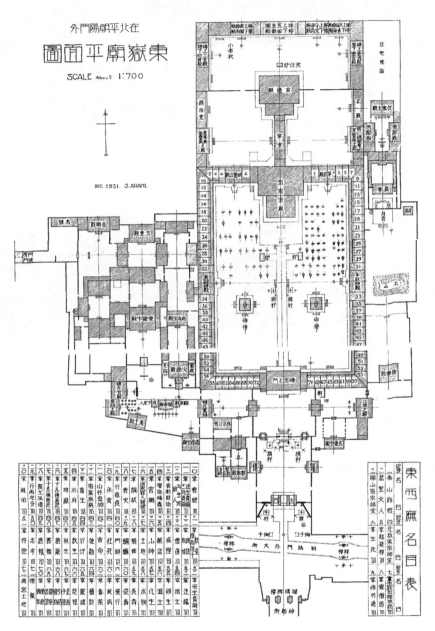

图8.53 1931年东岳庙总平面图

---

① 1996年重修中路建筑群,隔年于此成立北京民俗博物馆。

图8.54 东岳庙全景

■ 育德殿

育德殿为东岳庙后殿，是东岳大帝与淑明坤德帝后（东岳大帝之妻）的寝宫。面阔五间，采用灰筒瓦绿琉璃瓦剪边庑殿顶，内饰龙凤天花。

图8.55 东岳庙工字殿

前为抱厦三间，歇山卷棚顶，与南面的岱岳殿用一条幽静的五间穿堂相接。这种将前、后殿以穿堂相接的形制，俗称"工"字殿（图8.55），保留了早期宋、元建筑的格局特点，在宋元绘画中十分常见，后代也常用于衙署、园林等建筑当中。育德殿现改为三官九府像陈列厅，其中三尊明代成化朝的天、地、水三官像，为大慈延福宫遗物，均以金丝楠木雕制，三者造型生动、神态脱俗且刻工流畅，显示了明代雕塑艺术的高超水平，是北京古代雕塑中的精品。

■ 碑林

东岳庙素以碑多闻名，庙内碑刻近140通，可谓京城之冠。其中有元碑1通、明碑32通、清碑99通、民国石碑6通，大多为历代修建碑记和民间香会碑记，主要集中在大殿院落的东、西碑林（图8.56）。最早的是元天历二年（1329年）《大元敕赐开府仪同三司上卿玄教大宗师张公碑》，俗称"道教碑"，为元代大书法家赵孟頫手书，记述了东岳庙创始者张留孙的生平事迹。

此外，还有被称作东岳庙"四绝"的四块碑石，老北京有句顺口溜——"机灵鬼儿、透亮碑儿、小金豆子、不吃亏儿"，指的就是它们。"机灵鬼儿"为东碑林的清顺治《重建东岳庙金灯碑记》，碑

图8.56 东岳庙碑林

座两侧各刻有一个小道童提着灯笼。"透亮碑儿"为西碑林炳灵公殿前的清顺治《白纸盛会碑记》，碑首刻有两条蟠龙，采用透雕的手法，在龙身处镂刻刻孔6个，透过碑首可以看见站在碑后的人。"小金豆子"为铺在岱宗殿月台西侧的一块青白石条，上嵌着一粒粒如豆状大小的金点。"不吃亏儿"为石碑座，上刻有一群小猴捅蜂窝，抱头逃窜的图案，形象生动逼真，可惜已丢失。

三、大高玄殿

大高玄殿是明、清两代皇家道观，始建于明嘉靖二十一年（1542年），明清时期陆续有过重修。

建筑群坐落于景山西侧，坐北朝南，大门为琉璃花门三间。门前东、西、南三面原各有精美牌楼一座，东面牌楼两面匾额分别书"先天明境"、"太极仙林"；西面牌楼两面两匾额分别书"孔绥皇祚"、"弘佑天民"；南面牌楼临紫禁城筒子河，匾额书"乾元资始"、"大德曰生"（图8.57）。三座牌楼与黄瓦红墙共同在大门前围合成一个狭长前院，院东南、西南角各立一座习礼亭——这两座习礼亭简直可谓紫禁城角楼的"具体而微者"，并且隔着筒子河与紫禁城西北角楼相呼应，据传说是建造紫禁城角楼之前建造的"模型"（图8.58）。由紫禁城西北角望大高玄殿：前景为窈窕的紫禁城角楼及清澈的护城河（河中种植荷花），中间是大高玄殿三座金碧辉煌的牌楼加上两座造型玲珑的习礼亭，背景为景山五峰五亭，特别是万春亭巍峨屹立于

图8.57 大高玄殿牌楼

山巅——这可谓是老北京最优美的景致之一（图8.59）。可惜20世纪50年代大高玄殿牌楼与习礼亭相继拆除，人们再难见到如此美景。最近沿河的一座牌楼得以复建。

图8.58 大高玄殿牌楼及习礼亭

大高玄殿现存主要建筑为外垣琉璃花门、大高玄门、钟鼓楼、正殿大高玄殿、后殿九天万法雷坛及乾元阁。其中乾元阁为两层楼阁,造型特殊,上圆下方,上额曰"乾元阁",覆蓝琉璃瓦圆攒尖顶,象征天;下额曰"坤贞宇",覆以黄琉璃瓦坡檐,

图8.59 大高玄殿牌楼及习礼亭(远处为景山万春亭)

象征地——颇似天坛祈年殿之"具体而微者",然而上圆下方的造型更为特殊。大高玄殿建筑群规模宏大,建筑形制特殊,门前牌楼、习礼亭造型优美,一直是皇城内一道重要的风景。(图8.60)《长安客话》载明人杨四知《高玄殿诗》:

高玄宫殿五云横,先帝祈灵礼太清。
凤辇不来钟鼓静,月明童子自吹笙。①

宗教建筑艺术成就仅次于皇家建筑。北京的寺观浮图为北京古建筑遗留的最重要代表。所谓深山藏古寺,北京的诸多名刹与西山的山水完美交融,很多时候其建筑意境甚至超过皇家建筑群。

与上述王府、会馆及四合院民居类似,北京寺庙的保存情况也颇为堪忧,虽然留存的总量在全国首屈一指,但是与历史上北京全盛时期相比,则留存数量仅为极少数:据《寺庙北京》一书的统计,北京旧城内原有寺庙1494座,现存154座,仅为原来的1%左右;旧城以外原有寺庙2821座,现仅存616座(包括仅存遗迹者),仅占原来的21%;旧城内外共存寺庙770座,仅占原有寺庙总数的17%,超过80%的寺庙已经毁去。② 这些总共不足五分之一的寺庙遗存中,也仅仅是一些久负盛名的寺庙保存状况较好,大多数寺庙特别是中、小型寺庙保存状况极其堪忧,不是被机关单位占用,就是沦为民居大杂院,这些寺庙在不当使用、缺乏维修乃至肆意改建中一天天破败。如何把古都北京的这项重要建筑遗产加以整理和保护同样是北京历史文化名城保护中的重要课题。

---

① 转引自:[清]于敏忠 等编纂. 日下旧闻考. 北京:北京古籍出版社,1983:639.
② 王同祯. 寺庙北京. 北京:文物出版社,2009:153.

图8.60 大高玄殿图

《京师生春诗意图》——清乾隆时期北京鸟瞰图

第玖章

画里京城

我们试将中国的建筑和绘画在布局上的特征和欧洲的作一个比较。我觉得西方的建筑就好像西方的画一样，画面很完整，但是一览无遗，一看就完了……中国的建筑设计，和中国的画卷，特别是很长的手卷很相像：用一步步发展的手法，把你由开头领到一个最高峰，然后再慢慢地收尾，比较的有层次，而且趣味深长。

——梁思成：《祖国的建筑》

　　以上篇章扼要介绍了古都北京的各类建筑，初步展现了北京辉煌灿烂的建筑艺术。古都北京的诗情画意除了通过这些种类多样的建筑得以体现，还有另外一个特殊的表现途径——古代绘画。

　　古代绘画中有许多描绘北京城市、建筑与园林的画卷，特别是清代宫廷绘画中有大量描绘北京的杰作，其中最具代表性的有《康熙南巡图》（第一卷和第十二卷）、《康熙六旬万寿盛典图》（两卷）以及各类描绘皇家宫殿、坛庙、陵寝及园林的画卷。以下略举数例，分别介绍古代绘画中的北京全景、中轴线、西北郊、紫禁城、坛庙、陵寝及各类园林，希望在前文所述的城市历史、建筑类型之外，再为读者展现一个"画里的京城"。

| 第一节

《京师生春诗意图》
——乾隆时期的北京鸟瞰图

　　《京师生春诗意图》（图9.1及本章题图）作于乾隆三十二年（1767年），为宫廷画家徐扬作品——徐扬以其代表作《姑苏繁华图》（亦名《盛世滋生图》）而深受乾隆皇帝青睐。这幅《京师生春诗意图》纵255厘米，横233.8厘米，以宏大的画幅展现了清乾隆年间京城雪后初春的鸟瞰全景，美轮美奂——将这幅古人笔下的北京鸟瞰图与本书引言"北京鸟瞰"一文相互对照，不失为一桩妙事。

　　《京师生春诗意图》画面左下方由清代北京中轴线上的前门大街珠市口起笔，大街车水马龙，两侧店铺鳞次栉比，右下角隐现柏树丛中的天坛祈年殿。画面中的前门大街沿左下方向右上方经华丽醒目的正阳门五牌楼，入正阳门、大清门、天安门、端门至紫禁城，最后中轴线结束于画面右上方积雪的景山，景山五亭亦清晰可辨。而中轴线两侧，不论前门一带的商铺民宅，抑或大清门至午门之间御街两侧的各部衙署、左祖右社，紫禁城外的皇城建筑群、西苑三海，均描摹的细致入微——特别是西苑三海，不仅摹写团城、琼岛、白塔，更有十分生动的一处细节：位于金鳌玉蝀桥南侧的中海水面上，一群溜冰高手正在结冰的湖面上排成队列溜冰，在冰面上划出优美的弧线——这一场景在下文将介绍的《冰嬉图》中还会提到，但在《冰嬉图》中这一场景是画面主景，而在这幅场面浩大的京城鸟瞰中竟暗藏着这一小景，足见画家经营画面之游刃有余，充满闲情逸致。画面最终以层峦叠嶂的北京西北部雪后群山作结，北城的民居仅寥寥数笔略写其意。

　　纵观《京师生春诗意图》全幅，色调古雅而不失清新，全部建筑群屋顶及山川罩以晶莹的白色，一派银装素裹之意境。所有描绘北京城的宫廷绘画之中，当以此作居首——一方面该画卷所描绘的场面气势磅礴、内容详尽；另外所谓"生春诗意图"，的确将京城雪后最为优美的意境呈现无遗！

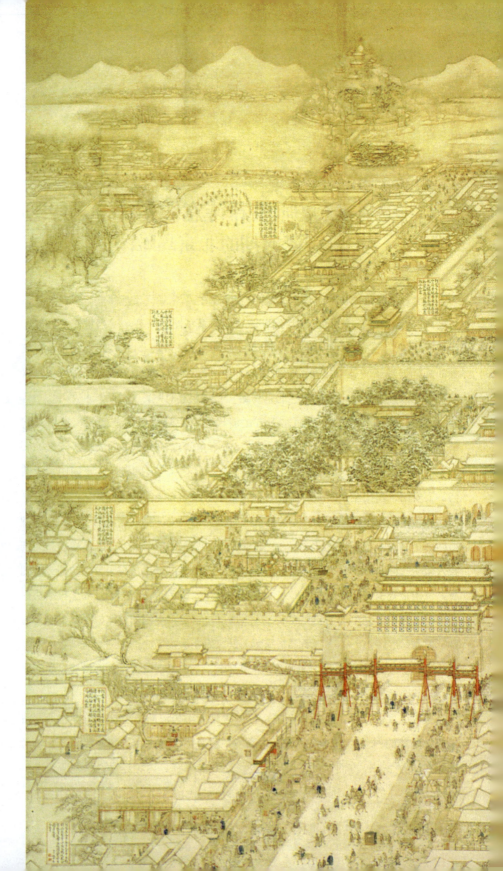

古都北京

图9.1 《京师生春诗意图》——清乾隆时期北京鸟瞰图

第二节

《康熙南巡图》中的清代北京中轴线[①]

北京城的中轴线举世闻名。梁思成曾经在《祖国的建筑》（1954）一文中创造性地把北京中轴线所体现的城市、建筑群空间之美与中国传统绘画中的长卷之美相提并论：

我们试将中国的建筑和绘画在布局上的特征和欧洲的作一个比较。我觉得西方的建筑就好像西方的画一样，画面很完整，但是一览无遗，一看就完了，比较平淡。中国的建筑设计，和中国的画卷，特别是很长的手卷很相像：用一步步发展的手法，把你由开头领到一个最高峰，然后再慢慢地收尾，比较的有层次，而且趣味深长。北京城这条中轴线把你由永定门领到了前门和五牌楼，是一个高峰。过桥入城，到了中华门，远望天安门，一长条白石板的"天街"，止在天安门前五道桥前，又是一个高峰。然后进入皇城，过端门到达了午门前面的广场。到了这里就到了又一个高峰……进入午门又是广场，隔着金水河白石桥就望见了太和门。这里是另一个高峰的序幕。过了太和门就到达一个最高峰——太和殿。这可以说是这幅长"手卷"的中心部分。由此向北过了乾清宫逐渐收场，到钦安殿、神武门和景山而渐近结束。在鼓楼和钟楼的尾声中，就是"画卷"的终了。[②]

今天北京中轴线上的城市空间发生了很大变化：永定门拆除后又重建（瓮城、箭楼尚未恢复）；前门大街也经历了大规模改建；正阳门在民国初年的改造中拆除了瓮城，箭楼的装饰细部也被修改过；正阳门与天安门之间变化最大，拆除了原来的"T"字形宫廷广场及两侧的各部衙署，代之以占地约50万平方米的天安门广场；天安门以内、紫禁城、景山到钟鼓楼一线则相对保持了较多的原貌——可以说，北京中轴线从天安门往南已经发生了巨大的改变，今天的我们很难想象明清北京城皇城迤南的中轴线景象。

难能可贵的是，藏于故宫博物院的《康熙南巡图》③ 的第一卷和第十二卷分别描绘了康熙帝玄烨第二次南巡时"出警"与"入跸"（即出发与回京）的场面——尤其是第十二卷，完整地绘制了玄烨南巡归来的壮阔图景，画卷从左至右由永定门直至紫禁城太和殿。这幅高67.8厘米，长2612.5厘米的"巨型长卷"不仅让我们清晰地领略到清康熙年间北京中轴线的大部分城市、建筑群景观，更生动地展现了中轴线上举行重大礼仪活动的壮观场面以及丰富多彩的清代北京日常生活场景。以往学者多从艺术史、画论或者历史文化角度研究《康熙南巡图》，本节则试图从城市规划与设计的角度，分别由建筑群布局、空间序列营造、礼仪活动以及市井生活等方面来探讨《康熙南巡图》第十二卷所反映的清北京中轴线城市意象。

一、建筑布局与空间序列

仔细分析《康熙南巡图》第十二卷所显示的北京中轴线建筑布局与空间构成，可以从左到右（即由南至北）分作四段，即永定门大街、前门大街、宫廷前区和紫禁城外朝，各段形成迥然不同的空间特色（图9.2）。

■ 永定门大街

第一段由外城正门永定门至天桥，④ 即永定门大街，此段由漫长的御街与两侧的祭坛（天坛与先农坛）构成肃穆、荒僻的空间，景观以御街两侧的坛墙、树木为主，正阳门及五牌楼遥遥在望，可谓是中轴线的"序幕"。

永定门往北，隐约可见大街西侧靠近城门的一组建筑群，应当是城门附近的

---

① 参见. 王南.《康熙南巡图》中的清代北京中轴线景象. 北京规划建设, 2007 (5)：71~77.
② 梁思成. 梁思成全集（第五卷）. 北京：中国建筑工业出版社, 2001：223~224.
③ 《康熙南巡图》共十二卷，描绘了康熙二十八年（1689年）玄烨第二次南巡的盛况。据学者考证，《康熙南巡图》的绘制工作由督察院左副都御史宋骏业主持，而主笔的画家为清初"四王"之一的王翚，其他参与创作的画家目前知道的有冷枚、杨晋、王云、徐玫、虞沅、吴striving、顾昉以及宋骏业本人，实际参与者应该不止于此。
④ 明清北京外城有多处低洼水塘，其中西部下洼子一带水塘沿山川坛北墙外的明沟东流，在天坛北墙外汇入金鱼池，天桥即横跨该水之上，是帝王赴天坛、山川坛祭祀的必经之地——皇帝为天子，因而该桥称作天桥，俗称"龙鼻子"（正阳门为龙头），桥两侧的河沟则称为龙须沟。明清的天桥地区为一片水乡泽国景象，清末民初这一带逐渐发展为著名的天桥市场，成为曲艺、杂技和各种摊贩的聚集地。

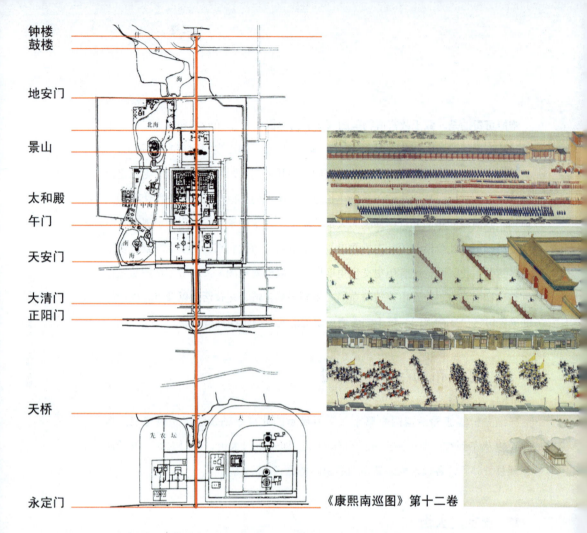

《康熙南巡图》第十二卷

一些商铺、民居及寺观（乾隆《京城全图》上有观音庵、永寿庵、佑圣寺等）。大街东侧树丛之中隐约露出一段蓝色攒尖屋顶及金色宝顶，显然是天坛大享殿（乾隆十六年即1751年更名祈年殿）的象征。

■ **前门大街**

第二段由天桥至正阳门，即正阳门大街（俗称前门大街），这是整条轴线上最热闹的一段——清代北京城最繁华的商业街。南巡归来的浩浩荡荡的队伍也主要集中在这一段画面之中，康熙皇帝则被安排在鲜艳夺目的"五牌楼"之前（图9.3）。画面的背景由前门大街鳞次栉比的商铺及民居组成，雄伟壮丽的正阳门成为该段的一个小高潮。尽管画面中前门大街两侧的商铺都大门紧闭，不过这仅仅是皇帝御驾

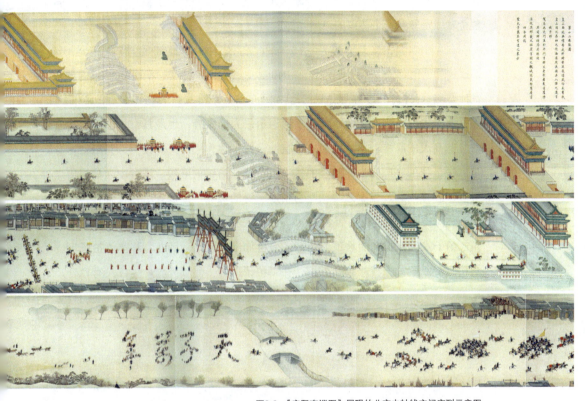

图9.2 《康熙南巡图》展现的北京中轴线空间序列示意图

图9.3 前门大街与五牌楼,画中坐在八抬大轿上者为康熙皇帝

经过时的情形,平日则是一派繁华气象——画面中一个有趣的片断透露出这一带浓厚的商业气息:五牌楼西南面与前门大街仅仅一街之隔的"珠宝市"街上,商

肆照常营业，车马穿梭其间，一派珠光宝气、生意兴隆的景象。因而这段空间在整个轴线上算是一个热闹的"展开部"。

画家对前门大街建筑群进行了精心刻画，尤其是大街西侧的铺面，描摹得一丝不苟，细致入微。不仅整条大街"棚房比栉"的整体意象得以生动描绘，画面中的铺面建筑也可谓种类丰富、样式齐全——清末民初北京铺面的许多类型，画中都已具备（图9.4）。

牌楼式铺面：此类铺面为北京商铺中最为铺张者，也最具有标志性，铺面之前竖起高大的牌楼，并且牌楼立柱直冲云霄，称作"冲天牌楼"，其造型本身即是商铺最佳的"广告"；牌楼的檐下可以悬挂商铺的匾额，还可由立柱挑出"挑头"以悬挂招牌、幌子之类。财力稍逊一筹的铺面，则以牌坊代替牌楼（即立柱间不施屋檐与斗栱），将店名直接写在牌坊的"华版"之上。

拍子式铺面：在两坡顶的商铺之前再加出一段平顶铺面，称作"拍子"，从结构上看，犹如一段平顶的外廊。在"拍子"的平屋顶外檐，往往设有栏杆，上

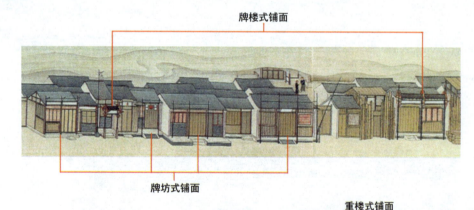

图9.4 《康熙南巡图》中的前门大街铺面

面标识商铺的字号；栏杆下面是"挂檐版"，往往施以精美的雕刻。

重楼铺面：清末的繁华街市，往往设有二层（乃至三、四层）的铺面，称为重楼铺面。

此外画中还有大量最简单的铺面房，其形式即为沿街普通平房，与住宅不同之处在于外檐装修更加开放、通透，往往使用内檐装修采用的隔扇，必要的时候可以拆卸使铺面全部开敞。

画面对于前门大街两侧的主要街道、胡同也有详细的交待：其中珠市口、大栅栏及鲜鱼口都清晰可辨。一个值得注意的细节是：由于御驾经过，每个街口、胡同口都以栅栏门封锁起来——这使我们得以清晰见到清代北京胡同口设置的栅栏门：今天著名的"大栅栏"商业街便是由街口的大栅栏门而得名。

前门大街尽端是北京最著名的街市牌楼——"五牌楼"：其实仅为单独一座牌楼，面阔五间，气魄宏大，故称"五牌楼"。正阳门为内城九门之首，五牌楼自然也就成为京城牌楼之冠。由五牌楼往北是一座汉白玉大石桥——正阳桥，画面中入跸的队伍由桥中央御道浩浩荡荡驰进京师正门——正阳门。

相比前门大街商铺略显程式化的画风，正阳门建筑群的刻画则极尽写实之能事——城楼、箭楼、闸楼、瓮城及城中庙宇皆历历在目，各建筑物的屋顶、梁柱、斗栱、门窗乃至装饰、细部、质地、色彩全都细致入微——堪称中国古

图9.5 民国时期的正阳门——瓮城已拆除，关帝庙与观音庙尚在

代绘画中对于城楼建筑最为逼真的描绘（见第二章卷首图）。其中，位于城楼西侧脚下、小巧可爱的关帝庙极富趣味（关帝庙东侧的观音庙则以一株大树作为暗示），成为正阳门的一个"点睛之笔"。画中关帝庙为两进院落，主殿三间歇山顶，各殿及山门皆红墙灰瓦，尺度小巧玲珑，山门前更有香炉一尊及精美的木影壁一座。在民国初年的照片之中尚能见到完全一样的寺庙格局——只是那座木影壁早已不知去向（图9.5）。

宫廷前区

第三段由正阳门至午门，为宫廷前区。

正阳门内的大清门为黄瓦红墙的单层门楼，设三座拱形门洞，与高大的正阳门城楼形成强烈的对比。二者之间是红漆栏杆围成的棋盘街，明清一直的"朝前市"之所在。进入大清门后，画面主色调由灰色转为红、黄相映，经由漫长的"天街"和重重门阙直抵午门，尽是一派肃杀的气氛。其中大清门与皇城正门天安门之间是红墙环绕的"T"字形宫廷广场，东西两侧分列各部官署。中央御街两侧是"千步廊"——值得一提的是画卷之中出现了一个极其显著的错误：本应朝向御街的千步廊被画成了背对御街，朝向宫廷前广场两侧的红墙。从正阳门直至太和殿，一系列建筑物都刻画得极为写实和精确，唯独千步廊与近世照片中所见的景象大相径庭，而且长廊背对御街也十分不合情理，这个错误究竟基于何种原因——是为了画面构图的艺术需要还是康熙年间千步廊的确如此或者根本是画家的疏忽所致——还有待进一步详考。天安门、端门及午门之间形成两座狭长的广

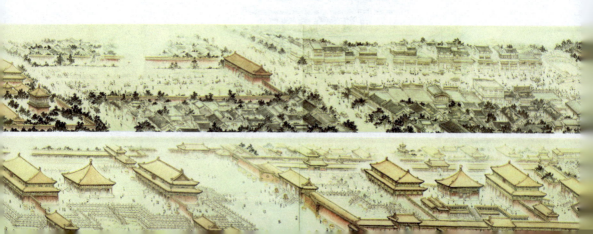

庭，东西两侧为太庙、社稷坛（即左祖右社）。

整段空间由三座宫廷前广场及两侧的衙署、坛庙组成，庄严端丽，与此前热闹的前门大街形成鲜明的对比，可谓一个庄严的"发展部"。

■ **紫禁城外朝**

第四段是整个轴线的"高潮"——由午门直至太和殿，是紫禁城外朝的主要部分。从午门进入太和门广场，空间豁然开朗，高峻巍峨的午门与平缓舒展的太和门形成纵横体量的对比——正如在前一段中正阳门－大清门－天安门所形成的高低起伏的变化。穿过太和门，最终抵达太和殿广场，广场的绝对尺寸超过太和门广场，同时主体建筑太和殿由三重汉白玉台基高高托起——最精彩之处在于，画面中太和殿处在云雾缭绕之中，仅仅微露峥嵘，以示"瑞气郁葱，庆云四合"（此图卷首文字）之意，愈发显得崇高而神秘。整幅画卷到此宣告结束。这幅宏大画卷，清晰地展示了北京中轴线由南到北，从序幕、发展（包括一动一静两段）直至高潮的空间序列，充分地体现了梁思成所谓的中国传统城市与建筑群的"画卷美"。

美中不足的是画卷停止在太和殿，其北面尚有中和殿、保和殿、后三宫、御花园、景山、皇城北门地安门以及鼓楼、钟楼等重要建筑群，共同构成中轴线空间序列的"尾声"。当代画家笔下的民国北平长卷《天衢丹阙》弥补了《康熙南巡图》的遗憾——尽管民国年间的城市景观与清代相比有了较大改变，然而从中我们还是可以一窥《康熙南巡图》中未曾交待的太和殿至钟楼的壮美景色（图9.6）。

图9.6 《天衢丹阙》图卷所绘太和殿至钟楼景象

二、千篇一律与千变万化

综上可见北京城将近8公里长的中轴线，构筑了由序幕、发展、高潮和尾声组成的完整空间序列，正如一曲宏大瑰丽的交响乐——而《康熙南巡图》这类的壮伟画卷也的确是展现北京中轴线空间美感的最佳途径。

此外，通过这幅长卷我们可以概括出北京中轴线城市设计上的一个重要特色即轴线上主体建筑群的变化多端与轴线两侧附属建筑群的千篇一律——画面中的中轴线上，从南到北设置了永定门、天桥、五牌楼、正阳桥、正阳门箭楼与城楼、大清门、外金水桥、天安门、端门、午门、内金水桥、太和门、太和殿等一系列建筑群，它们不论从规模、形制、造型、空间、色彩等方面都充满变化，尤其是正阳门到太和殿一段，建筑高低起伏、空间伸缩收放，形成极其波澜壮阔的序列；反观中轴线两侧，先是两大祭坛一成不变的坛墙，继而是连绵不断的商业铺面（虽然也颇富变化，但由于铺面的尺度、材料、色彩极为接近，整体上十分统一），接着是千篇一律的千步廊以及皇城、紫禁城内的东西朝房、配殿，一直延伸到太和殿。

这条城市设计上的重要规律即梁思成曾经总结的"千篇一律与千变万化的统一"。① 就北京中轴线整体而言，设计的要点在于轴线上重点建筑的"千变万化"与轴线两侧附属建筑的"千篇一律"。具体以前门大街的街景为例，我们发现：永定门和正阳门（包括五牌楼）这两个"对景"至关重要，而大街两侧的"界面"——不论是坛墙也好，店铺也罢——则可以相对简单一些，这样反而有助于形成连续而统一的街景。当代北京的许多街道之所以无法形成令人满意的街景，并非因为大街两侧的建筑群不够"精彩"——恰恰相反，北京的许多街道，两侧的建筑物常常是千变万化、争奇斗艳——而是由于街道两端或者重要街口缺乏壮美的对景。对于街道上的车辆或行人而言，光有两侧千变万化的楼宇，而没有正面的视觉"焦点"，是无法形成壮丽而统一的街景的。老北京的其他大街也贯穿了前门大街的设计原则，分别以城门或牌楼为主要对景，两侧建筑则相对简单而统一。不仅老北京如此，西方的著名大街也存在类似的规律，如巴黎香榭丽舍大街即以凯旋门和协和广场的方尖碑为对景（甚至向东延伸至卢浮宫），两侧建筑物也同样是千篇一律；罗马的主要大街都以重要广场或纪念性建筑作为对景，两侧建筑相对简洁平淡，等等。这实在是古都北京中轴线给我们的一个城市设计方面的重要启示。

三、礼仪活动与市井生活

《康熙南巡图》除了展示中轴线的城市、建筑群景观之外，更提供了关于清代北京皇家礼仪活动及民间市井生活难得的图像资料。

首先画卷中展示了清代宫廷的宏大仪仗队——卤簿。② 康熙南巡的卤簿规模浩大，画面中不论是分列道旁的伞扇、旛旗、御仗、乐队、玉辂、马辇以及象群等仪仗，还是随皇帝出行的骑兵队伍（分执各式兵刃、金器及黄龙大纛等），都描绘得栩栩如生。整个大型卤簿从天桥列至午门，长约3公里，充分体现了北京中轴线设计所要表达的"皇权至上"的主题。其中饶有趣味的是仪仗队中的大象：据《日下旧闻考》引《野获编》、《露书》等文献记载，明清北京"凡大朝会，役象甚多，驾辇、驮宝皆用之。若常朝，则止用六只耳"；"今朝廷午门立仗及乘舆卤簿皆用象，不独取以壮观，以其性亦驯警不类他兽也"——可见明清以来，大象由于体形壮观加上性情驯警，一直是皇帝仪仗队的重要"成员"，宣武门西北还专门设有大型的象房（或称驯象所）。③ 画面中可以看到午门外分列开路象四只、驮宝瓶象五只，另外天安门外列驾辇象两只，令宫廷仪仗队更添威严（图9.7）。随着画卷的展开，大队人马宛如正在行进之中，其鲜明华丽的服饰与建筑群单纯强烈的色彩相得益彰，美轮美奂——正如美国著名城市规划学者埃德蒙•培根所指出的：北京城中轴线"比任何别的地方更为清楚的是，这个设计是一个行进的序列"；"紫禁城的红墙要是没有在它面前移动的服装、旗帜和配备瞬息万变的交响乐组成的色彩的庆典，简直是不可想象的。"④

除了盛大的宫廷礼仪，画家还展现了不少市井风情。由于玄烨南巡归来抵京

---

① 参见: 梁思成. 梁思成全集 第五卷. 北京: 中国建筑工业出版社, 2001: 379~381.
② 皇帝的仪仗队称卤簿，清代卤簿的规格从高到低有大驾卤簿、法驾卤簿、銮驾卤簿和骑驾卤簿四种，用于不同场合。《南巡图》中的卤簿是当时的大驾卤簿。
③ 参见: [清]于敏忠 等编纂. 日下旧闻考. 北京: 北京古籍出版社, 1983: 784.
④ 参见: [美]埃德蒙•N. 培根 著. 城市设计 (修订版). 黄富厢, 朱琪 译. 北京: 中国建筑工业出版社, 2003: 64; 246.

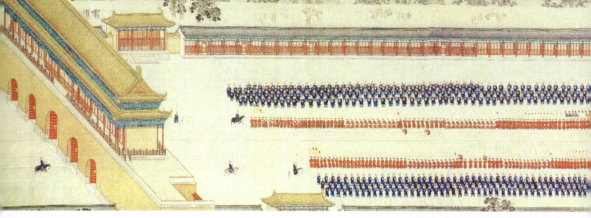

图9.7 《康熙南巡图》午门前卤簿

的时间是康熙二十八年(1689年)三月十九,前一天刚好是其生日,因此在画卷中出现了有趣的一幕:在入跸队伍之后、天桥南边,由京城的士、农、工、商人等组成"天子万年"的字样,庆祝皇帝的寿辰(图9.8)。除了这个醒目的画面之外,还有一处最为妙趣横生的细节——在珠市口一带,西珠市口大街的人流被栅栏门阻挡在后,随着入跸队伍的逐渐通过,人们已经迫不及待地想要"破门而出";附近店门紧闭的商户也纷纷打开门窗向外张望,准备开始正常营业;卫兵们则赶紧进行喝止、忙于维持秩序……严肃的宫廷礼仪与热闹的市井生活在画家的精心构思之下巧妙地交汇于此。

《康熙南巡图》第十二卷将北京的城市建筑、宫廷礼仪和市井生活巧妙地熔于一炉,简直堪比当代的"大型纪录片"。这样的"城市长卷"上承北宋《清明上河图》、明代《皇都积胜图》的传统,下启清代《万寿盛典图》、《乾隆南巡图》、《姑苏繁华图》(又称《盛世滋生图》)的风尚,成为展现中国传统城市与建筑美学的绝佳手段——它们是单一角度的历史照片所无法替代的,因为这种"长卷模式"最契合中国传统城市的"画卷美"。反过来,通过对中国传统城市、建筑群规划设计艺术的探讨,也能更加丰富对《康熙南巡图》这类城市画卷

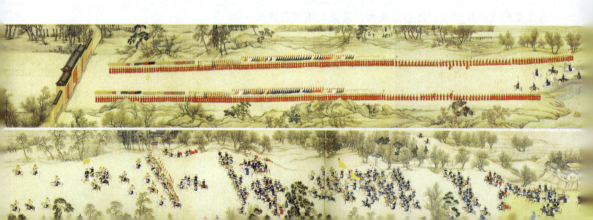

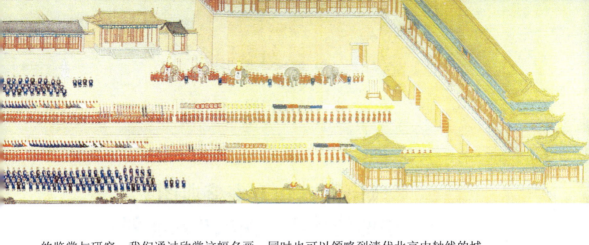

的鉴赏与研究。我们通过欣赏这幅名画,同时也可以领略到清代北京中轴线的城市意象——它呈现为一种壮美而和谐的整体意象,将帝都气韵与市井风情完美地融为一体。

另外,《康熙南巡图》第一卷描绘了出永定门去往南苑北门大红门的御道景象。南苑又称南海子,在永定门外20里,原为元代"下马飞放泊",明代为皇家苑囿。明朝时期尚无西北郊园林之城,帝王常往南苑,故出永定门至南苑之御路十分重要,可谓古都中轴线的南部延伸——《康熙南巡图》第一卷为这条御路最难得的形象资料(图9.9)。

图9.8 《康熙南巡图》中的天桥

图9.9 《康熙南巡图》第一卷中的永定门至南苑御道景象

第三节

《康熙六旬万寿盛典图》中的清代北京西城及西北郊

《康熙六旬万寿盛典图》（共两卷，下文简称《盛典图》）[①]描绘了康熙帝六十大寿时北京城的庆典场面。康熙五十二年（1713年）三月十八日为玄烨六十寿辰，此前玄烨"幸霸州水围"初返，于三月十七日由畅春园奉皇太后回宫。当日，来自全国各地臣民数以万计自畅春园至紫禁城神武门辇道所经数十里内结彩张灯、杂陈百戏迎驾，沿途所设龙棚、经棚五十余所，蔚为大观。而《盛典图》中，作为隆重的庆典场面"背景"的，则是康熙时期北京内城西部及西北郊的景象——由于全图描摹细致入微，因而为我们提供了当时北京城市与郊外翔实的图像资料：画面由紫禁城神武门开始，向西出西华门，经西华门大街至西四大街，转而向北经西四直至新街口，复折而向西沿西直门大街抵西直门，以上为《盛典图》第一卷；第二卷描绘西直门至畅春园之间的"御道"景象，途经高粱桥、大柳树、海淀，最终抵畅春园大宫门结束（图9.10）。

一、《盛典图》中的北京内城西部

《盛典图》卷一清楚翔实地展现了清康熙时期北京内城西部的城市意象。其

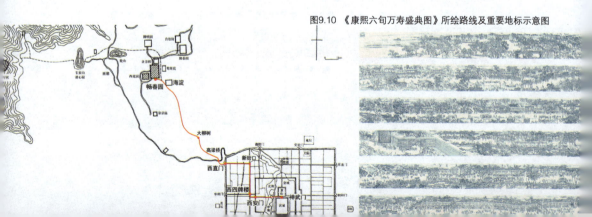

图9.10 《康熙六旬万寿盛典图》所绘路线及重要地标示意图

中，途径神武门、金鳌玉蝀桥、西安门、西四牌楼、西直门等重要地标及西安门内、外大街，西四大街和西直门内大街等主要街道。以下分段略述。

■ 神武门－西安门

本段画面部分展现了清初皇城西部的景象。

其中，画面起始处的景山、北海今天保存较好，然而北海团城西侧的"金鳌玉蝀桥"及牌楼在20世纪50年代被拆除（未能采纳梁思成保留古桥及牌楼、另建新桥的方案），改建为现在的北海大桥，不复昔日之旖旎风光。图中位于金鳌玉蝀桥西侧、今北海图书馆位置为一座马厩，为清代豢养御马之所。由此西行经西安门内大街直抵皇城西门——西安门，是皇城西部的最重要地标之一，可惜于20世纪50年代失火毁去。西安门内大街，一派商业繁荣气象。

■ 西四牌楼

画面至西四大街转而向北，至西四牌楼处构成第一卷（同时也是内城西部城市设计上）的一大"亮点"（图9.11）。"西四牌楼"位于西四大街与阜成门内大街交汇处，十字路口设有四座过街牌楼，该路口因此简称"西四"直至今天。其中南北向的两座牌楼有匾额曰"大市街"，东西向的两座牌楼东边一座书"行

---

① 该图由宋骏业、王原祁、冷枚及擅长人物、界画的宫廷画师绘制，其中王原祁"总理绘事"。后由著名刻工朱圭刻成版画，总长度近50米，为中国古代版画中罕见的巨构，置于《万寿盛典初集》一书之"庆祝"部分之首，即第41、42两卷。由于版画比原作能更清晰地反映城市、街道与建筑的细节，因而本书主要以版画作为插图。

图9.11 《盛典图》中的西四牌楼

义",西边一座书"履仁"。《盛典图》中西四大街、西直门大街乃至皇城内西安门大街均有大量商铺沿街开设,真实体现了康熙时期北京内城商业复苏乃至趋于繁荣的境况。

■ 西四大街

西四牌楼之后,画面极力描绘了西四北大街的繁华景况——从中可以清晰地看出明清北京城"街道—胡同"的规划格局构成的城市形态:沿南北方向的西四北大街两侧是清一色的一层商铺,商铺鳞次栉比,对大街开敞;铺面的建筑形式多为简单的两坡顶平房,个别豪华一些的铺面在两坡顶平房之前加建一间到三间牌楼,即所谓牌楼式铺面。而东西向的胡同则如鱼骨般排列在大街两边,胡同内南北两侧布置四合院民居,胡同口有栅栏门作为出入口,有些胡同中有庙宇作为居住区的"公共空间"(出现在画面中的有双关帝庙、祝寿寺、龙泉寺、宝禅寺、普庆寺、旃檀寺等)。这样一方面胡同里的居住区可以取得南北朝向;另一方面街道两侧可以布置各行各业的商业铺面以供住户的日常生活之需,胡同内则不再设商店,

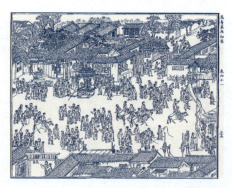

图9.12 《盛典图》中的西四大街局部

以保持宁静、安全的居住环境——这种规划格局的精华即在于"闹中取静",在《盛典图》中这一点显得格外清晰(图9.12)。

西四北大街上还有一处独特的地标——当街庙。在位于西四北大街与石老娘胡同(今西四北五条胡同)交汇处的街心当中,有一座观音庵,俗称"当街庙",车马皆绕庙两侧通行。小庙仅一进院落,门前老树一株,成为西四街头一处奇景(图9.13)。此外,沿大街两侧还设置有不少水井,一些水井带有井亭、饮马槽等设施,可谓当时的"街道家具"。

■ 西直门大街

由西四北大街行至新街口,画面转而向西进入西直门内大街。与西四大街近似,西直门大街同样为热闹繁华之商业街。西直门大街上一处今日消逝的地标为大明濠与其上石桥(图9.14)。大明濠为元大都太液池水源——金水河,明代因金水河上游断流,河道逐渐演变成排水沟,俗称河漕,后易名为大明濠。北起西直门内的横桥,向南流经今赵登禹路、太平桥大街、佟麟阁路走向,向南从宣武门以西的象房桥下(今新华社西侧),流入内城南城墙外的护城河,全长10余千米,作为纵贯京城内城西部的排水干渠,大明濠一直沿用到民国初年。1921年开始明沟改暗沟工程,利用拆除皇城所得之砖砌筑大明濠暗沟。1930年工程完成,沿暗沟之上建成的马路统称为沟沿大街,后演变为佟麟阁路、赵登禹路、太平桥大街。

图9.13 《盛典图》中的当街庙

图9.14 西直门内大街繁华店铺及大明濠石桥

西直门为该画卷终点,也是清代帝王去西北郊皇家园林的必经之门。西直门城门由城楼、箭楼、闸楼和方形瓮城组成,造型雄浑。瓮城内更有小型关帝庙及少量店铺。

二、《盛典图》中的北京西北郊

《盛典图》卷二描绘西直门至畅春园宫门的沿途景致。这条路构成日后清代帝王由内城去西北郊皇家园林(这时还只有畅春园一处大型皇家园林)的"御道"的雏形:该"御道"出西直门经高梁桥、高梁桥斜街,过大柳树,经今天的中关村大街、中关村西区(原海淀镇)至苏州街,最后抵达畅春园大宫门(位于今北四环海淀桥与万泉河桥之间)。沿途所经,一派江南水乡景色,与热闹繁华的内城街市形成了极为鲜明的对照。以下分段略述。

■ 高梁桥

西直门外第一处重要地标是高梁桥,经西直门外一小段商业街即达该桥。高梁桥是北京西郊历史上一座名桥,位于高梁河上,为长河的终点。元至元二十九年(1292年)建成。桥为全石筑架,南北横跨高梁河。明清时期,这一带古刹林立,水清见底,桥头地区酒肆、茶馆林立,游客如织,为京师郊外的一大胜景。明《长

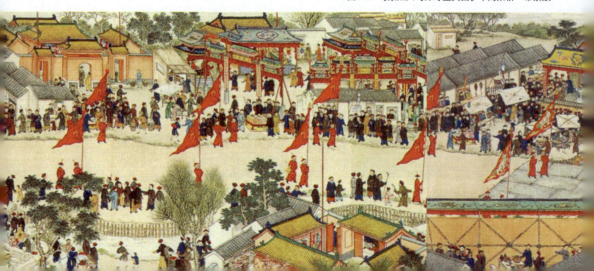

图9.15 《康熙六旬万寿盛典图》中高梁桥一带景致

安客话》载:"高梁桥北,精蓝棋置。每岁四月八日为浴佛会,旛幢铙吹,蔽空震野,百戏毕集。四方来观,肩摩毂击,浃旬乃已,盖若狂云。"[①] 画面上高梁桥两侧店肆林立,高梁河上风景如画,与明人描绘景致相若(图9.15)。

■ 高梁桥斜街－大柳树

由桥向西北为御路(今称为高梁桥斜街)。沿路除了散布店肆、民宅之外,更有庙宇多处,这些庙宇黄瓦红墙,与周围朴素的郊野民居形成鲜明对比,成为西北郊御路两旁颇为醒目的标志。《万寿盛典初集》标明的有五圣庵、天仙庙、真武庙、广通寺、慈献寺、隆昌寺等。画面由高梁桥斜街进而入今大柳树路——街心一棵古柳,"万丝拂空,重荫盈亩",成为本段的一大地标(图9.16)。

图9.16 《盛典图》中的大柳树

---

① [明]蒋一葵.长安客话.北京:北京古籍出版社,1994: 45.

■ 海淀镇

由大柳树往西北为一派田园风光，间或有少许民宅村舍、庙宇（如茶棚关帝庙、百祥庵）。不久再进入一片人烟稠密的村镇即为海淀镇（包括皇庄、太平庄等村庄，至今海淀中关村一带还有黄庄、太平庄等地名）。画中展现了难得一见的清代海淀镇景象。

"海淀"的地名源自该镇西北的湖名——那里既地势低洼又泉水喷涌。据侯仁之先生的观点，淀指湖，所谓海淀就是说此处之淀其大如海的意思。海淀镇自然条件优裕，水树相合。除去田园景色与民宅村舍，海淀镇的几处重要庙宇也依次出现在画卷中，包括双关帝庙、皇庄关帝庙和清梵寺。①

画面穿过海淀镇太平庄入苏州街，苏州街为海淀镇西侧主要街道，南北走向，形成于清代，是清前期皇室由宫中去畅春园、圆明园的御路。

■ 畅春园大宫门

画卷最终结束于清北京三山五园之中最早的一座园林畅春园大宫门前（图5.22）。《盛典图》所绘畅春园大宫门外景致为难得一见的畅春园形象资料：从图中所绘可见大宫门② 及门前两厢朝房均为卷棚硬山顶灰瓦屋面，体量小巧，宫墙则为虎皮石墙，十分素朴，充分体现了康熙帝的园林美学追求。畅春园在明代名园"清华园"基础上建成，绝大部分以水景为主，整个园林的水源在畅春园南部的万泉庄（今人民大学内），万泉庄水由园林西南角闸口（称作"双闸"）引入，从园西北角流出，形成完整的水系。画面中可见畅春园西南部河湖环萦，并有闸口引水入园，使得园外一派水乡景致，美不胜收。

将《盛典图》与上文的《南巡图》相对照，分别描绘了清代北京市井、城郊与中轴线景象，两幅场面浩大的长卷将古都北京更加生动具体地展现在今天的观者眼前，真是珠联璧合的杰作。

第四节

画里禁城宫阙

一、《明宫城图》

明代的两幅《北京城宫殿之图》（或称《明宫城图》）都是绘画与地图相结合的宏幅巨制。两幅图内容、画法完全相同，分藏于北京故宫博物院和南京博物院，不同之处仅在于：藏于北京故宫者画面中承天门（即天安门）外东侧立红袍官服者旁有"工部侍郎蒯祥"（蒯祥为紫禁城的木作总领，可谓紫禁城的总建筑师）字样，而藏南京博物院者无此题名。据顾颉刚考证，此两幅画为写真、纪功画，一献皇帝，故属官衔、名讳，一遗蒯祥之后世子孙，故无须属名。

下面就故宫博物院所藏之图来看此二图之壮伟大观：顾颉刚称该图"千门万户，界画精整"。图中主要幅面皆表现明北京皇城宫阙范围，但对皇城以外的内容也有涉及，并且大大压缩其空间，画面上端以景山及北城墙安定、德胜二门结束；下端则以内城南墙前三门外景象作结，甚至扼要地描绘了正阳门五牌楼、天坛、山川坛（后称"先农坛"）及外城南面的永定、左安、右安三门——由此可见该图绘制时间应不早于嘉靖朝，因为外城已建成。画面重点表现了承天门前的"T"字形宫廷广场、紫禁城宫阙，红墙黄瓦，蔚为大观。对西苑三海、团城及金鳌玉蝀桥均有所表现，甚至还绘出皇城外西侧的西四牌楼及西直门、阜成门；画面右端同样也以东四牌楼、东直门、朝阳门等作结（图9.17）。

---

① 其中双关帝庙一直留存至2003年，为海淀南大街38号，在海淀南大街东南口，2003年中关村西区建设中拆除，西区建好后又原址重建，现在称为"慧聪书院"。
② 2000年在四环路施工到海淀西上坡以西时，发现地下的畅春园大宫门残存，经过考古后此遗址被长埋四环路下。

图9.17 明《北京城宫殿之图》之一（收藏于故宫博物院）

二、《万国来朝图》

　　《万国来朝图》为清代宫廷绘画，纵299厘米，横207厘米，无款印，藏于故宫博物院。此画描绘的是藩属及外国使臣到紫禁城朝贺的场面。作者以鸟瞰的角度从太和门前的两个青铜狮子画起，将紫禁城中的主要建筑一一收入画幅，近大远小，主次分明，层次丰富，在大雪的银装素裹之下，整个场面宏伟壮观，其意境类似前面提到的《京师生春诗意图》，只不过画面集中展现紫禁城千门万户，特别是红墙黄瓦在大雪装点之下，为紫禁城最优美的意境（图9.18）。

图9.18 《万国来朝图》

第五节

画里坛庙陵墓

一、《祭先农坛图》

《祭先农坛图》共两卷，描绘了雍正帝率领王公大臣前往先农坛祭祀和亲耕的过程。祭祀先农和亲耕的传统，可以追溯到周朝，至明、清两代，更成为国家重要的祭祀典礼。每年仲春亥日皇帝率百官到先农坛祭祀先农神并亲耕（称为"藉田礼"）。在先农神坛祭拜过先农神后，在具服殿更换亲耕礼服，随后到亲耕田举行亲耕礼。亲耕礼毕后在观耕台观看王公大臣耕作。秋天，亲耕田收获后，将谷物存放在神仓院，供北京九坛八庙祭祀使用。

《祭先农坛图》第一卷（纵61.8厘米，横467.8厘米，藏于故宫博物院）描绘的是雍正帝在先农坛祭祀完先农之后的景象：画中核心位置是先农坛，坛上供奉的神位，周边参与祭祀的官员、仪仗描绘得细致入微。画面左端是云雾缭绕中的西天门；右端则有太岁殿拜殿、焚帛炉等建筑，先农坛四周古柏浓荫，庄严肃穆（图9.19）。

《祭先农坛图》第二卷现藏于法国巴黎吉美博物馆。该卷则描绘了雍正祭祀完先农之后，在观耕台南侧的"一亩三分地"上亲耕的情景，画面右端为具服殿，乃皇帝亲耕前更衣之所，具服殿南侧为观耕台，上设宝座，为亲耕礼毕后观看王公大

图9.19 《祭先农坛图》第一卷

图9.20 《祭先农坛图》第二卷

臣耕作之所。观耕台南为皇帝亲耕的"一亩三分地",其中央搭起彩棚,雍正皇帝正在彩棚下亲耕,周围布列仪仗队、百官及大量耕牛,场面堪称壮观(图9.20)。

二、《明十三陵图》、《大明十三帝陵图》

清光绪年间(1875—1908年)绘制的《明十三陵图》,纵94厘米,横176厘米。该图以鸟瞰式山水画展现十三陵陵区全景。明代十三座帝王陵墓、后妃陵墓与陪葬太监陵墓,陵区石牌坊、大红门、围墙、碑亭及华表、神道、石象生、龙凤门、石桥乃至陵区内的村庄、庙宇,陵区南部的昌平城,等等,均有详细描绘。现藏于美国国会图书馆地图部(图9.21)。

此外,清代锡五福所绘《大明十三帝陵图》与此图构图、内容均颇相似(图9.22)。这两幅长卷都极好地表现了前文所述的十三陵融于山水中的整体意境。

图9.21 《明十三陵图》

图9.22 清代锡五福所绘《大明十三帝陵图》

第六节

画里山水园林

一、《冰嬉图》、《紫光阁赐宴图》中的西苑

《冰嬉图》，金昆、程志道、福隆安绘，纵35厘米，横578.8厘米，为清代宫廷绘画中一幅极富趣味的画卷。该卷描绘了清代帝王冬日观赏中海滑冰表演的

盛况：画卷东起紫禁城西华门，西止于皇城西墙，画中西华门、西苑门、"临漪亭"、水云榭、金鳌玉蝀桥、紫光阁（屋顶）等建筑历历在目，可谓难得的中海全景图——宫中训练有素的滑冰高手列队在冰面上划出优美的"S"形弧线，为中海园林更添佳趣（图9.23）。清代宫廷内有"太液池冬月表演冰嬉"的习俗，届时从各地挑选"善走冰"的能手上千人入宫训练，然后于冬至到"三九"时在中海、南海冰上为皇帝、后妃、王公大臣们表演。

《紫光阁赐宴图》，姚文瀚绘，纵45.8厘米，横486.5厘米。乾隆二十五年（1760年）建于西苑的紫光阁修缮落成，乾隆帝命令将平定准部回部的功臣一百人的画像置于紫光阁四壁。次年正月，乾隆帝又在紫光阁设庆功宴，王公贵族、文武大臣、蒙古族首领以及西征将士一百余人出席了宴会。此画卷就是当时宴会的真实写照。从《紫光阁赐宴图》可以看到清代中海西岸紫光阁一带风光之盛（图9.24）。

图9.23 《冰嬉图》中的中海全景

图9.24 《紫光阁赐宴图》中的中海紫光阁一带景象

二、《圆明园四十景图咏》、《圆明园西洋楼图》中的圆明园

《圆明园四十景图》绘于乾隆元年（1736年），由宫廷画师沈源、唐岱遵照乾隆旨意依据圆明园实景绘制而成，沈源画亭台楼榭，唐岱画山水树石。四十景依次为：

正大光明、勤政亲贤、九州清晏、镂月开云、天然图画、碧桐书院、慈云普护、上下天光、杏花春馆、坦坦荡荡、茹古涵今、长春仙馆、万方安和、武陵春色、山高水长、月地云居、鸿慈永祜、汇芳书院、日天琳宇、澹泊宁静、映水兰香、水木明瑟、濂溪乐处、多稼如云、鱼跃鸢飞、北远山村、西峰秀色、四宜书屋、方壶胜境、澡身浴德、平湖秋月、蓬岛瑶台、接秀山房、别有洞天、夹镜鸣琴、涵虚朗鉴、廓然大公、坐石临流、曲院风荷、洞天深处。

《圆明园西洋楼图》，佚名，纸本铜版画，每幅纵50厘米，横87厘米。

将圆明园四十景图与西洋楼铜版画相互对照欣赏，更能体会中西园林及绘画艺术的不同旨趣（图9.25～图9.28）。

图9.25 "澹泊宁静"中的田字殿

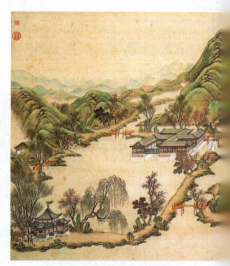

图9.26 "万方安和"中的卍字殿

图9.27 花园迷宫

图9.28 远瀛观正面

三、《静宜园全图》、《静宜园二十八景图卷》中的香山静宜园

《静宜园全图》，清工部尚书董邦达绘。《静宜园二十八景图卷》，清代宫廷画家张若澄绘（纵28.7厘米，横427.3厘米）。二者均描绘香山静宜园全景，一为纵轴，一为长卷，各具意境，蔚为大观（图9.29、图9.30）。香山历代皆为北京人钟爱的游历之所，从清代康熙朝开始却逐渐成为皇家独享的行宫御苑——静宜园。乾隆十一年（1746年）扩建完工后，静宜园成为包

图9.29 《静宜园全图》

图9.30 《静宜园二十八景图卷》

图9.31 《都畿水利图卷》中的香山静宜园

图9.33 《都畿水利图卷》中的万寿山清漪园（今颐和园）

图9.32 《都畿水利图卷》中的玉泉山静明园

图9.34 《都畿水利图卷》中的西直门至圆明园一线长河风光——图中可见西直门、高梁桥、五塔寺、万寿寺、畅春园和圆明园等重要景胜

括内垣、外垣、别垣三部分，面积达140公顷的大型山岳园林，占据香山东坡，包括大小景观50余处，其中乾隆题跋的有"二十八景"：

勤政殿、丽瞩楼、绿云舫、虚朗斋、璎珞岩、翠微亭、青未了、驯鹿坡、蟾蜍峰、栖云楼、知乐濠、香山寺、听法松、来青轩、唳霜皋、香岩室、霞标磴、玉乳泉、绚秋林、雨香馆、晞阳阿、芙蓉坪、香雾窟、栖月崖、重翠崦、玉华岫、森玉笏、隔云钟。

四、《都畿水利图卷》中的长河及三山五园

《都畿水利图卷》藏于中国国家博物馆，全卷长1018.3厘米、宽32.9厘米，作者弘旿。此画卷从香山、玉泉山开始，绘其水流源自西山，聚于昆明湖，流经长河，贯绕京城，于城东南入通惠河、潞河，最后经天津由海河入海，反映了乾隆年间北京地区水系分布与水利设施、风景地貌、苑囿城郭等相关状况。

其中西北郊长河及三山五园美景均历历在目，为描绘清代北京西北郊"园林之城"最全面的画卷（图9.31～图9.34）。

五、《燕京八景图》、《燕山八景图册》中的燕京八景

古都北京著名的燕京八景肇始于金代。金章宗完颜璟极好游幸，并摹拟北宋宋迪"潇湘八景"定出"燕京八景"——居庸叠翠、玉泉垂虹、太液秋风、琼岛春阴、蓟门飞雨、西山积雪、卢沟晓月、金台夕照。后来元、明、清历代相沿袭，名目略有改动，地点也颇有变更，但燕京八景的模式却得以流传八百余年。如今的燕京八景为乾隆年间最后改定的居庸叠翠、玉泉趵突、太液秋风、琼岛春阴、蓟门烟树、西山晴雪、卢沟晓月和金台夕照。

明代王绂的《燕京八景图》（图9.35～图9.37）及清代张若澄《燕山八景图册》都是关于燕京八景的佳作（图9.38）。

图9.35 西山晴雪（明代亦称"西山霁雪"）

图9.36 居庸叠翠

图9.37 卢沟晓月

图9.38 《燕山八景图册》——自左上至右下依次为：琼岛春阴、太液秋风、玉泉趵突、西山晴雪、蓟门烟树、卢沟晓月、金台夕照、居庸叠翠

六、《勺园修禊图》中的海淀勺园

藏于北京大学图书馆的明代米万钟所作《勺园修禊图》为关于明代海淀著名私家园林勺园的最珍贵的视觉资料（图9.39）。米万钟自署"丁巳三月写勺园修

图9.39 米万钟《勺园修禊图》

禊图",可知该图绘于万历四十五年(1617年)。米万钟自称勺园"绕堤尽是苍烟护,傍舍都将碧水环";① 当时著名文人袁中道亦赞斯园"到门惟见水,入室尽疑舟"、"看山真是近,得水最为多"。②

若以明代《燕都游览志》一书对勺园之描绘与米万钟《勺园修禊图》对照,则有身临其境之感:

勺园径曰风烟里。入径乳石磊砢,高柳荫之。南有陂,陂上桥曰缨云……下桥为屏墙,墙上石曰雀浜……折而北为文水陂,跨水有斋,曰定舫。舫西高阜,题曰松风水月。阜断为桥,曰逶迤梁……逾梁而北为勺海堂。……堂前怪石蹲焉,栝子松倚之。其右为曲廊,有屋如舫,曰太乙叶,周遭皆白莲花也。东南皆竹,有碑曰林于嗌。有高楼涌竹林中,曰翠葆楼……下楼北行为槎枒渡……又北为水榭。最后一堂,北窗一柘,则稻畦千顷,不复有缭垣焉。③

---

① 转引自: 贾珺. 北京私家园林志. 北京: 清华大学出版社, 2009: 290.
② 转引自: 贾珺. 北京私家园林志. 北京: 清华大学出版社, 2009: 289.
③ [清]于敏忠 等编纂. 日下旧闻考. 北京: 北京古籍出版社, 1983: 1319~1320.

定舫　　　　　　　　　　缨云桥　　　　　　　屏墙

第七节

《鸿雪因缘图记》中的清代北京名胜

图9.40 《鸿雪因缘图记》中的《半亩营园》

清代有麟庆著文、汪春泉等绘图的《鸿雪因缘图记》一书。该书汇集了清嘉庆、道光年间官员麟庆自述人生经历的240篇文章，并配有240幅插图，其中涉及北京城内外风光的图记多达48则。① 所描绘之处包括紫禁城、西苑（今三海）、皇史宬、正阳门、天坛、什刹海以及内城旃檀佛寺、外城夕照寺，安定门外东、西二黄寺、长河五塔、万寿二寺，清漪园（今颐和园）、玉泉山及西山潭柘、戒台、宝藏、卧佛、碧云、大觉、八大处诸寺，乃至京郊二闸、酒仙桥、卢沟桥、黑龙潭、小汤山、房山金陵、明十三陵、居庸关、丫髻山等，并且对麟庆的私家园林"半亩园"作了多篇图记（图9.40），详加表述——以上图记均以隽雅的小品文字配合精致的白描图画，读之令人流连忘返于北京的城市与山水之间，美不胜收。本书插图引用了多幅该书插图，为本书增色不少。

除上述古画之外，近人对于古都北京的描摹也不乏佳作，典型者如张先得笔下的北京城门城墙，刘洪宽笔下的北京中轴线，盛锡珊笔下的老北京市井风情画以及张宝成笔下的圆明园，等等，展现了民国以来帝京旧貌，弥足珍贵。②

由于城市沧桑变迁，许多古都北京的胜景已不复存在或者变化巨大，画里的京城除了充满诗情画意之外，有时候还生动记录了城市的重要历史片段，起到补足文字记录的历史之作用。从某种程度上说，这些绘画不仅仅是为古都北京锦上添花，有时候就是古都北京特定时间、特定地点的唯一形象的历史！

---

① 分别为京兆报捷、昆明望春、午门释褐、仙蝶证缘、二闸修禊、史馆承恩、潭柘寻秋、史成启匮、卢沟策骑、帝城展觐、金鳌归里、半亩营园、双仙贺厦、赐荃来象、仙桥敷土、架松卜吉、诗龛叙姻、戒台玩松、猗玕流觞、灵光指径、秘魔三宿、香界重游、五塔观乐、净业寿荷、拜石拜石、平安就日、董墓尝桃、宝藏攀桂、卧佛遇雨、碧云抚狮、半天御风、大觉卧游、龙潭感圣、玉泉试茗、旃檀纪瑞、嫏嬛藏书、天坛采药、夕照飞铙、近光伫月、汤山坐泵、居庸抱翠、丰台赋芍、丫髻进香、园居成趣、房山拜陵、五福祭神、退思夜读、焕文写像。
② 参见：张先得 编著.明清北京城垣和城门.石家庄：河北教育出版社，2003；刘洪宽绘.天衢丹阙——老北京风物图卷.北京：荣宝斋出版社，2004；盛锡珊绘.老北京•市井风情画.北京：外文出版社，1999；张宝成绘画、张恩荫文字说明.逝去的仙境——圆明园.北京：蓝天出版社，2002.

《故都雪》之二

结 语

无比杰作

北京是在全盘的处理上才完整的表现出伟大的中华民族建筑的传统手法和在都市计划方面的智慧与气魄。

　　它所特具的优点主要就在它那具有计划性的城市的整体。那宏伟而庄严的布局，在处理空间和分配重点上创造出卓越的风格，同时也安排了合理而有秩序的街道系统，而不仅在它内部许多个别建筑物的丰富的历史意义与艺术的表现。所以我们首先必须认识到北京城部署骨干的卓越，北京建筑的整个体系是全世界保存得最完好，而且继续有传统的活力的、最特殊、最珍贵的艺术杰作。

——梁思成：《北京——都市计划的无比杰作》

一、整体美的创造

以上各章简单介绍了古都北京的历史沿革与各类建筑，包括它的历史沧桑和诗情画意。

这座举世闻名的古都曾经受到中外许多著名学者、文学家的礼赞：美国城市规划师埃德蒙·N.培根（Edmund N. Bacon）认为"北京可能是人类在地球上最伟大的单一作品"；① 丹麦著名学者拉斯姆森（Steen Eiler Rasmussen）则称"北京的整个城市，乃是世界一大奇观，它的布局和谐而明朗，是一个卓越的纪念物，一个伟大文明的顶峰"；② 作家林语堂则写道："巴黎和北京被人们公认为世界上两个最美的城市，有些人认为北京比巴黎更美。几乎所有到过北京的人都会渐渐喜欢上它。它的难以抵御的魅力恰如其难以理解和描绘的奥秘……民国初期，我见到许多来北京作十天半月游的欧洲人，结果却是决定在此定居。"③

除了对于古都北京的热情洋溢的赞美，真正意义上第一次从学术上深入探讨北京规划设计成就的尝试当属梁思成的《北京——都市计划的无比杰作》一文。为了更好地向中国大众介绍古都北京的价值以及更好地保护这座世界历史名城，梁思成于1951年撰写了这篇论文。在文中梁思成高度评价了古都北京规划设计的整体性，他写道："北京是在全盘的处理上才完整的表现出伟大的中华民族建筑的传统手法和在都市计划方面的智慧与气魄"；"它所特具的优点主要就在它那具有计划性的城市的整体。"④（图10.1）

本书用大部分笔墨论述了古都北京丰富多彩的各类建筑群及其饱含的诗情画意，而在全书末尾，笔者要着重强调的是：古都北京规划设计的杰出成就不仅仅在于拥有这些种类丰富、蔚为大观的建筑群，而在于其规划设计的整体性，从而塑造了一个具有高度整体美的伟大都市！如果说作为全书开篇的"北京鸟瞰"是从感性方面来表达笔者的这种强烈感受，那么在本书的结语"无比杰作"当中，

---

① 埃德蒙·N.培根 著.城市设计.修订版.黄富厢，朱琪 译.北京：中国建筑工业出版社，2003：244.
② 转引自：侯仁之.北京城的生命印记.北京：生活·读书·新知三联书店，2009：274.
③ 林语堂 著.辉煌的北京.赵沛林，张钧 译.西安：陕西师范大学出版社，2002：3.
④ 梁思成.梁思成全集（第五卷）.北京：中国建筑工业出版社，2001：101、110.

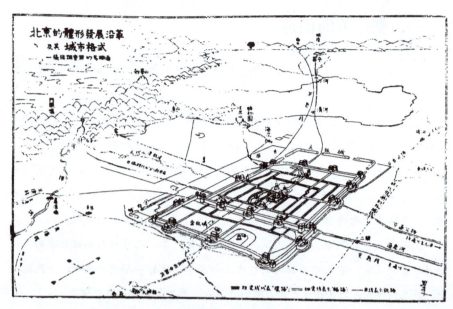

图10.1 梁思成笔下的北京是"都市计划的无比杰作"

笔者试图较为理性地总结古都北京创造城市整体美的具体途径，归纳出古都北京规划设计的整体性原则——实际上这种尝试也可以看作是对梁思成的《北京——都市计划的无比杰作》一文主旨的进一步发挥，目的在于深入探索古都北京形成"一个具有计划性的城市的整体"的具体城市设计手法与准则，并希望藉此探索新的城市设计导则，以期在北京未来的规划设计中能更好地保护与重塑北京这一"都市计划的无比杰作"。

笔者试图将古都北京城市设计的整体性原则初步归纳为十条原则或曰十大要素：包括庭院、中轴线、边界、街道与胡同、肌理、地标、天际线、山水与园林、色彩与材质、模数。这十个方面相互联系并共同保证了古都北京整体美的实现。以下简要分析各项要素。

■ 庭院

庭院空间是中国古代建筑与城市的一大精髓。就北京而言，大到紫禁城，小到四合院，还有介于二者之间的多种类型的建筑群（如坛庙、衙署、王府、寺观、会馆、书院等），营造了一系列不同尺度和意境的庭院空间。在寺观、会馆等公共建筑群中，庭院空间更成为古都北京重要的城市"开放空间"，起到了类似西方城市广场的作用。各类建筑群中的大小庭院为建筑内部带来充沛的阳光空气，另一方面人们可以透过门窗从建筑内部欣赏庭院中的花草树木——人与自然通过庭院空间融为一体。长期居住在中国从事科学研究的李约瑟意味深长地回忆道：

> 我初从中国回到欧洲时，我的最强烈印象之一是与天气失去密切接触的感觉。木格子窗糊以纸张（常常撕破），单薄的抹灰墙壁，每一房间外的空廊走廊，雨水落在庭院和小天井内的淅沥之声，使个人温暖的皮袍和炭火……令人觉得自然的心境，雨呀，雪呀，风呀，日光呀，等等，在欧洲的房屋中，人完全被孤立于这种境界之外。①

我们可以说四合院是古都北京的"细胞"——北京城不同尺度、类型的建筑群事实上都是由简单的四合院变化组合而成的，这样的基本空间结构是实现北京整体性的首要原则。

■ 中轴线

北京的大小建筑群皆由若干院落组成。其平面布局方式通常为若干进院落沿纵深方向的南北中轴线展开。当建筑群规模太大，单单依靠南北方向延伸不足以布置时，则在东西方向布置跨院；当东、西跨院也由南北多进院落串联而成时，则称东路、西路，形成与中轴线并列的东、西次轴线，中、东、西三路布局是北京大型建筑群的典型布局模式。在最重要的坛庙中，有时采取正方形或圆形平面，形成纵横双轴线布置或中心对称布置，可取得最为庄严肃穆的空间效果。

因此以院落为基本单元，沿南北中轴线（有时还有东西路次轴线或东西向中轴线）展开丰富的院落空间序列，构成北京乃至中国传统建筑群空间美学的精

---

① [英]李约瑟 著. 中国之科学与文明（第十册）. 陈立夫 主译. 台北：台湾商务印书馆，1977年4月初版 1985年2月第4版：114.

髓，形成犹如中国画"长卷"般的美感，充分体现了时间与空间相结合的中国人独特的空间意识。再从城市层面看，这种对空间序列的精心安排最终形成了举世闻名的北京中轴线，前文提到的《康熙南巡图》清晰地展现了北京中轴线如绘画长卷般的意境。对整座城市以及各种尺度、类型建筑群空间序列的精心营造，构成古都北京城市、建筑群空间的起承转合，各类建筑群体现出的"庭院深深深几许"的意境成为古都北京的最突出特征之一。

■ 边界

在庭院空间及其形成的空间序列之外，古都北京的另一个重要形态特征即以封闭、围合的墙（包括城墙、院墙等）作为城市与建筑群最基本的外部形象。中国古代城市往往以"墙"为基本要素，围合形成不同尺度、规模的建筑群及院落，从而形成"墙套墙"的城市、建筑群布局模式，有学者把古都北京的这种特征称作"边界原型"。[①]

古都北京最重要的"边界"当然是举世闻名的北京城墙。"凸"字形的内外城城墙、皇城城墙和紫禁城城墙共同形成"大圈圈里套着小圈圈，小圈圈里套着黄（皇）圈圈"的环环相套的格局。此外，各种尺度的建筑群都有各自的院墙。于是古都北京除了热闹的商业街两侧，在胡同里或大大小小的建筑群外部，满眼所见简直是一座"墙的城市"。总体看来，北京的"空间边界"在尺度上形成由各类建筑群院墙—皇城城墙—紫禁城城墙—外城城墙—内城城墙逐渐增高、增厚的序列；在色彩上则由灰色（包括内外城城墙、紫禁城城墙、一般公共建筑、普通民居院墙等）与红色（皇城城墙、紫禁城内建筑群院墙、重要庙宇的院墙等）交织而成。

城市与建筑群清晰的边界进一步加强了古都北京的整体感，当然也造成很大程度的封闭性——其积极意义则在于不论是街道还是胡同两侧都有连续的界面：对于商业街而言是连续的铺面（可视为不同于上述各类墙体的"开放式"的边界）；对于胡同而言是各类建筑群的院墙、大门等形成的立面（可详见本书末尾的胡同立面测绘图），有效地形成了完整的街道和胡同空间。

■ 街道、胡同

除了对建筑群院落空间、边界的营造之外，古都北京的另一类重要空间类型即街道－胡同空间。如前文所述，北京街道－胡同系统的精华即"闹中取静"：把繁华的商业街市与静谧的居住街区有机结合起来，商业街的繁华之美与胡同的宁静之韵构成传统北京独特的街道美学——从空间形态上，街道与胡同呈现出宽与窄、虚与实、艳与素、垂直与水平、平直与曲折等多方面的对比，相互交织而成古都北京特色鲜明的道路空间。

■ 肌理

如果说四合院是传统北京的"细胞"，那么由各种类型的院落式建筑群及街道－胡同空间组合生成的"街道－胡同－四合院体系"就是传统北京的"肌理"。

由于北京传统建筑群小到四合院，大到紫禁城都具有高度的"自相似性"（例如都由一系列院落构成空间序列、具有清晰的边界等），它们又被组织在逻辑清晰的街道－胡同体系之中，因而各类建筑群与街道－胡同所共同形成的城市肌理十分和谐统一，这是传统北京城市设计整体性得以实现的根本所在（尤其就平面布局而言）。

■ 地标

除了作为城市"背景"的"肌理"，传统北京还有一系列凌驾于背景之上的"亮点"即城市地标。传统北京的城市设计中通过一系列地标（如城楼、楼阁、牌楼、门楼、佛塔、影壁、桥梁等）的设置形成主要街道的对景，或者划分漫长的街道空间，创造出优美的街道景观画面。

---

① 参见：朱文一. 空间•符号•城市：一种城市设计理论. 北京：中国建筑工业出版社，1993.

明北京城"内九外七"的城门、城楼以及内外城角楼与低矮的民居形成了鲜明的对比，成为传统北京的重要地标。景山万春亭更为北京"城市中心"之象征。中轴线北端的钟楼、鼓楼则巍然屹立于内城北部的民居群中，成为北城的标志和什刹海地区一道经典的风景。北京旧城内许多造型优美的佛塔成为著名的城市标志：金元间的庆寿寺双塔和万松老人塔、元代的妙应寺白塔、清代的北海白塔及法藏寺塔等。大街小巷的众多街市牌楼也是传统北京的重要地标。传统北京沿中轴线呈对称分布的东、西四牌楼，东、西单牌楼，东、西长安街牌楼，东、西交民巷牌楼更是进一步加强了北京城的整体秩序。此外，国子监街四牌楼、大高玄殿三牌楼、历代帝王庙双牌楼等也成为所在街道的重要街景。结合北京的水系格局，传统北京形成了一系列重要标志性桥梁如万宁桥、银锭桥、金鳌玉蝀桥（今北海大桥之前身）、御河桥、天桥等。

综观北京城的诸多地标，分布均匀、错落有致，使得城市的不同街区都有鲜明的特色，并且塑造出传统北京错落有致的城市轮廓。

■ 天际线

传统北京城市与建筑群主要沿水平方向展开院落布局与空间序列，呈现为"水平型"的城市轮廓和天际线。李约瑟注意到中国传统城市与建筑的水平舒展并认为它比"垂直型"的城市更具有"人本主义"的价值："中国人……利用水平空间为他们建筑计划的主旨，虽然有些房屋高出地面两三层，但是它们的高度严格从属于大规模的水平远景，房屋本身就成为该远景的一部分"；"把比较小的空间单位在水平面上加倍扩充，比之叠床架屋向上发展为更大更高的空间而使居住其中的人成为渺小的，在许多方面更能使人满意。"[①]

喜仁龙也敏锐地指出：

中国城市作为一个整体，给人的最深印象就是，它是一大片掩映于弯曲屋顶之下的低矮房屋和墙垣。[②]

需要着重指出的是：传统北京的"水平型"城市轮廓并不意味着一成不变或单调乏味的平板一块——正如上条原则所指出的：传统北京的天际线在水平的大

趋势中，呈现出"错落有致"的特点。从单座四合院到局部街区以至整座城市都体现出错落有致的韵律。传统北京在城市规划设计中，有意识地布置了一系列城市地标，这些地标呈现为强烈的垂直向上的造型感——尽管有大量"垂直型"地标，然而其数量与大面积水平轮廓的建筑群相比，依旧处于"画龙点睛"的地位，城市整体轮廓的韵律是由大面积的水平与少量的垂直共同形成的。

■ 山水、园林

传统北京规划设计在建筑空间、街道空间以外的另一项巨大成就是城市与山水的融合。大到整个北京的山川形胜，小到一座四合院的庭园花木，都渗透着追求自然的山水美学的影响，各种尺度、类型的园林与建筑群达到了水乳交融的境地，进一步加强了城市的整体美。

从城市整体角度来看，皇家的三海、民间的什刹海（合称"六海"）与传统北京中轴线相辅相成、一庄一谐，形成北京城市设计的大手笔。而清代在西北郊营建的"三山五园"等园林更形成一座与传统北京城南北相望的"园林之城"。除了宏大的皇家园林，传统北京拥有为数众多的公共园林风景区如什刹海、陶然亭等，而西北郊长河、海淀一带更是一派江南水乡般的景致。另外，为数众多的寺观庙宇都有各自的园林，可供市民游赏。此外，大量的私家园林与住宅庭院虽然规模有限、自成小天地，但是从城市整体空间形态上却把传统北京城变成一座"绿色城市"。

■ 色彩、材质

独具特色的色彩与材质也是构成北京整体性的又一重要因素。

传统北京有着特色极为鲜明的城市色彩"主调"：以最大面积的灰（灰砖、

---

① [英]李约瑟 著.中国之科学与文明（第十册）.陈立夫 主译.台北：台湾商务印书馆股份有限公司，1977年4月初版．1985年2月第4版：108~109，121~122．

② [瑞典]奥斯伍尔德·喜仁龙 著.北京的城墙和城门.许永全 译.北京：北京燕山出版社，1985：11．

灰瓦的四合院民居）为"底色"，烘托城市中央皇家建筑群的黄（琉璃瓦屋顶）、红（墙与柱）、白（汉白玉台基），并点缀以坛庙、王府、衙署、寺观、会馆等建筑群的黄、蓝、绿、黑、灰等各色瓦顶，从整体上形成了主次鲜明、和谐统一的色彩构图。

就单体建筑而言，从皇家建筑到民居建筑，都采用了大胆的色彩搭配：如紫禁城等皇家建筑采用大块面的黄、红、白三种纯色为主调，并以青（蓝）、绿色彩作为彩画的基本色（梁枋、斗栱的彩画一般处于檐下的阴影之中，尽管近观颜色艳丽，然而远观却是一片和谐的灰色效果），一些皇家重要建筑物甚至以闪闪发光的金箔作为重点装饰，产生出"金碧辉煌"的壮丽效果。总体观之，皇家建筑尽管用色至纯，对比强烈，但由于色彩搭配巧妙、精当，并充分考虑了光线、观赏距离等因素，取得了惊人的和谐之美。北京四合院民居则由大面积的灰色（砖墙、瓦顶和墁砖地面）为底，辅以木结构主体的红、绿油彩，配以少量的青（蓝）、绿为主的彩画，构成基本的色彩模式——有趣的是本来在色彩搭配中应当尽量避免的艳俗的"红配绿"，由于有了大面积灰色的调和和少量彩画的点缀，竟变得十分和谐悦目，以致成了北京城市色彩的一大"亮点"，甚至成为老北京文化不可或缺的一部分。此外，北京的自然环境如大面积的绿树、水面乃至山脉（如林语堂笔下"淡紫色"的西山），也对城市色彩的调和起到了重要作用。

我们不妨以绘画为例来体会传统北京城市色彩的妙处：绘画时如果在具有某种"底色"的画纸、画布上作画，色彩将格外易于调和——北京城正如在一块灰色的画布上作画，尽管用色鲜亮、纯度极高，却在整体上获得高度和谐统一，是中国传统城市色彩的经典之作。

值得一提的是，古今中外其他的城市杰作在色彩、材质运用上也与北京有着异曲同工之妙：不论是江南城镇"粉墙黛瓦"的简约色彩，还是罗马的灰白（大理石、石灰华、凝灰岩等）底色、巴黎的暖灰（石材）底色，都是以大面积的基本色构成个性鲜明的"城市色彩"，再于其间施以少量其他色彩加以点缀；在材质搭配上也是以少量几种材料作为基调，形成特有的"城市质感"（比如古罗马有"大理石的罗马"之美誉，雨果则将15世纪的巴黎誉为"石头的巴黎"，等等）。老北京若以民居色彩而论，可谓是"灰色的北京"；若以皇城色彩而论，又可谓是"金色的北京"、"红色的北京"（中华人民共和国国旗、国徽即以此二色为设计基调）；若就建筑材质而言，则可谓是"砖瓦木石"构成的古都——无论从哪方面看，特色都是至为鲜明的。今天广大中国现代城市普遍出现所谓的"特色危机"，缺乏特有的城市色彩、质感应当是一个重要原因吧！

■ 模数

傅熹年在研究中指出中国古代建筑群整体和谐统一的艺术效果有赖于"模数制"的运用：

运用模数，特别是扩大模数和模数网格，就可使在规划、建筑群组布局和单体建筑设计中分别能有一个较明确的共同的尺度或面积单位，每一个项目中的各个部分都是这尺度或面积单位——即模数或模数网格的一定倍数，这就使同一项目的各个部分之间存在着整数的比例关系；模数和模数网格又分为不同的等级，当不同规模的建筑群或单体建筑使用不同等级的模数时，因其中相应部分所含模数的数量相同或大体相近，其间就往往出现相似形的关系，较易取得和谐的效果。①

平面布局的面积模数：在建筑群平面布局中，因房屋大小不一，不可能共用一个模数，故共同使用一个尺度适当的方格网，以它为基准来控制院落内各座房屋间的相对位置和尺度关系。最大网格为方50丈，用来控制宫殿等特大建筑群的全局，一般建筑群则为方10丈、5丈、3丈、2丈数种，视建筑群之规模、等级酌情使用。这种方格网可以视为在建筑群布局中使用的面积模数。

单体建筑的模数与扩大模数：除了在建筑群规划设计中采取"丈"为单位的模数（或面积模数）外，单体建筑设计则"以材为祖"，以斗栱尺寸（清代以斗口宽）作为整座建筑设计的模数，以取得建筑单体设计的标准化与和谐比例。此外，在立面设计中往往还以柱高作为扩大模数。以清代为例，大式以建

---

① 傅熹年. 中国古代城市规划建筑群布局及建筑设计方法研究（上册）. 北京: 中国建筑工业出版社, 2001: 204~205.

筑物斗口为模数，斗口分十一个等级，从1寸到6寸，按0.5寸递增；小式以柱径为模数（柱径源于建筑物明间的面宽：面宽为10，柱高为面宽的8/10，柱径为柱高的1/10）。

培根曾经敏锐地指出："北京古城的规划可能是绝无仅有的规划，它可以从一种比例放大到另一种比例，并且任何比例都能在总体设计方面自成一体。"①这正是上述"模数制"规划设计带来的妙处。

可以说，在从规划到设计的各种不同尺度下运用模数制，是保证传统北京实现城市设计整体性的重要途径。

以上十大要素相辅相成，共同起作用，最终塑造了古都北京高度的整体美，成为是世界城市史上的珍贵杰作。

二、整体美的破坏

尽管清末、民国时期北京城出现了大量西洋式建筑乃至全盘西化的街区（如东交民巷使馆区），一些重要的古迹遭到破坏如皇城城墙等，然而截至1949年以前，古都北京的绝大部分还是得以较为完整地保留下来，因此梁思成称20世纪50年代初的北京为"全世界保存得最完好，而且继续有传统的活力的、最特殊、最珍贵的艺术杰作"（图10.2、图10.3）。可叹的是新中国成立以来，由于在古都核心地区建设现代化的首都，因此旧城保护与现代化建设成为纠缠了六十余年的矛盾。②随着现代化建设的发展，北京旧城（即二环路以内的老城区）的传统街区现在已不足旧城总面积的1/3，许多极具价值的古建筑也相继被拆除（图10.4、图10.5）。③

现代北京的城市建设令古都北京的整体美遭受严重破坏。与上述十条北京城市设计的整体性原则相悖的是当代北京的城市建设（尤其是旧城内的新建设）表现为：（1）片面强调建筑体量、忽视庭院空间的营造；（2）建筑空间之间缺乏相互关联、起承转合的轴线关系；（3）空间边界模糊、不连续，无法形成完整的街道界面；（4）尺度宜人的街道—胡同空间为一系列尺度巨大的大马路所取代；（5）旧城肌理遭受破坏，新建城区肌理混乱无序；（6）摩天大楼、立交桥构成

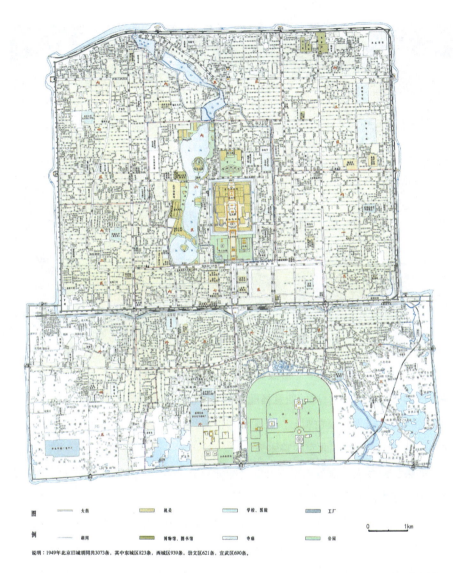

图10.2 1949年北京城平面图

① [美]埃德蒙•N.培根 著.城市设计（修订版）.黄富厢，朱琪 译.北京：中国建筑工业出版社，2003：250.
② 新中国成立初期，梁思成与陈占祥曾提出在西郊建立新行政中心的建议即著名的"梁陈方案"，旨在使新旧北京平衡发展，既保护古都又可以更好地建设新城，可惜未获采纳。关于梁陈方案的诸多讨论可参见以下论著：吴良镛.北京旧城与菊儿胡同.北京：中国建筑工业出版社，1994；王军.城记.北京：生活•读书•新知三联书店，2003；董光器.古都北京五十年演变录.南京：东南大学出版社，2006.
③ 目前北京旧城内传统风貌维持较好的区域不足旧城总面积的三分之一。参见：吴良镛.新形势下北京规划建设战略的思考.北京规划建设，2007(01)：7～10.

图10.3 1949年北京模型图

缺乏人情味的城市地标；（7）水平型的传统城市天际线被混乱无序的摩天大楼所破坏；（8）大广场、大草坪形成单调呆板的园林景观模式，无法与建筑群相交融；（9）建筑色彩、材质的随意搭配引发城市面貌的大混乱；（10）建筑尺度变化剧烈（没有成熟的模数制），既无法与旧城相协调，也无法形成尺度宜人的新区……从而大大破坏了北京的整体美。

如果我们今天再次登上本书开篇鸟瞰北京的地点——万春亭，所见的景象却是一幅古都整体美遭受破坏的令人叹息的画面！

万春亭南望，紫禁城依旧，然而右手边突兀地闯入眼帘的如外星来客般的国家大剧院，打破了景山南望壮丽辉煌的气度，剧烈的不和谐大大破坏了古都北京整体大气的美感！而左手边王府井大街两侧的高楼大厦——从20世纪70年代"崛起"的北京饭店东楼到20世纪末建造的东方广场等庞然大物大大破坏了紫禁城东侧的天际线，这些高楼大厦即便在太和殿前的台基上也清晰可见。古都北京规划设计中突出中轴线建筑群的原始意图被完全破坏（图10.6）。

万春亭东望可能是变化最剧烈的场景：原来掩映在一片绿树海洋中的四合院民居的灰瓦顶被参差不齐的现代楼群所取代——这些新建的建筑群无论在体量、

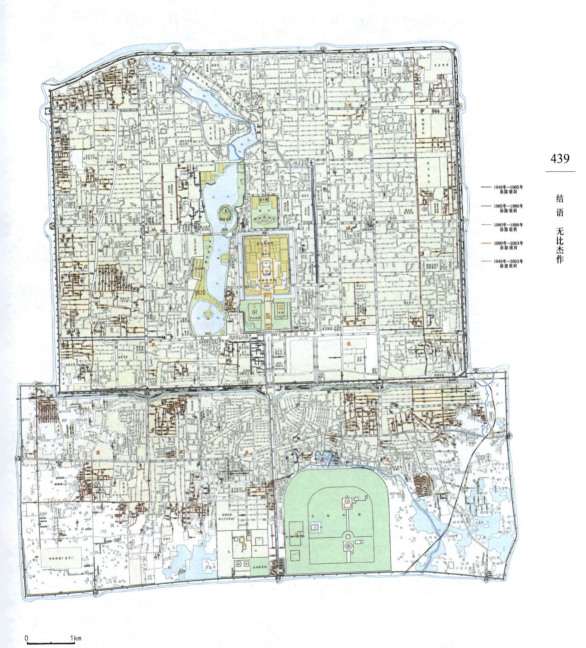

图10.4 1949—2002年胡同变迁图

图10.5 2003年北京旧城传统遗存（红色部分）

色彩、材质还是造型上都没有丝毫统一性可言，更不必说与古都北京古建筑群的内在相关联。画面的背景是东二环的摩登楼宇，特别是CBD核心区不断崛起的摩天大楼，其中CCTV大楼（民间俗称"大裤衩"）和国贸三期可谓"独领风骚"，成为时下许多影视作品中新北京的象征……在整个北京东城新建筑群中，唯一默默伫立并试图与古都风韵相辉映的建筑是万春亭正东面的中国美术馆，它的层层叠叠的中式屋宇保留了中国古建筑的神韵（图10.7）。

图10.6 景山南望（2010年）

图10.7 景山东望（2010年）

万春亭北望的景况与南望类似，钟鼓楼依旧巍然屹立，成为画面的焦点，然而皇城北门地安门以及北城墙的安定门、德胜门已不复存在，硕果仅存的德胜门箭楼被淹没在北二环的高楼大厦间，唯有仔细寻觅才能发现。北城的胡同－四合院体系是古都北京保留最完好的，尽管如此，不时从灰瓦绿树间冒出的现代单元楼乃至高层塔楼还是不断打破着老城区的宁静，令画面呈现支离破碎之感。而二环路以北缺乏规划设计引导的高楼大厦同样构成参差不齐的混乱天际线——其中奥林匹克公园西侧的一座名曰"盘古大观"的摩天大楼极度怪异的屋顶轮廓线似乎有意在挑衅钟鼓楼的古朴庄严……（图10.8）

万春亭西望的现状更是令人无限感慨——从前遥望西山的最富诗情画意的画面同样被现代都市所取代：除北海白塔俏丽山巅依旧为醒目的地标之外，西面原有的山明水秀大打折扣——西山的轮廓为西二环金融街的高楼大厦所阻断，西直门、阜成门无存，妙应寺白塔同样淹没在现代建筑群中，需努力搜寻才能觅得，景山脚下的大高玄殿则被改建得面目全非，所幸北海与什刹海的水色还多少保留了一点西城的园林气息（图10.9）。

与20世纪50年代之前立足万春亭，饱览四面风光，清晰地体会古都北京规划建设的整体美感不同，如今在万春亭四望，虽然古都北京之"遗韵"尚存，然而新旧混杂的城市形态已经令观者无所适从乃至于扼腕叹息——这是北京现代规划建设破坏古都整体美的最直观表现！

对应于上文援引的过去中外学者、文人对古都北京的歌颂，我们再来听听当代中外人士对现代北京城市建设的批评之声。中国著名建筑师关肇邺指出："经过了几十年的建设和发展之后，北京的艺术特色却是所余不多了。物质上是极大地提高了，艺术上则由'世界宝城'的高度向着一个普通的、在世界到处可见的大城市接近。"[1]《中国新闻周刊》以《从迷人到迷茫》为序评论道："北京城的历史底蕴已经被一些混乱的、四不像的建筑涂抹得走了样……作为一个文化古都，北京的历史传统风貌在迅猛的城市发展中，已经受到了有意和无意的伤害——北京众多毫无内涵的建筑和凌乱的规划设计，已经让这座充满魅力的城市，在世人的眼睛中开始变得迷离。"[2]德国《商报》以《无所顾忌的狂热建设使北京变成了一座没有特色的城市》为题写道："初到中国旅游的外国人对北京建筑感到反感。这个城市没有

图10.8 景山北望（2010年）

图10.9 景山西望（2010年）

① 关肇邺. 重要的是取得共识. 转引自：张勃. 当代北京建筑艺术风气与社会心理. 北京：机械工业出版社，2002：VII.
② 转引自：张勃. 当代北京建筑艺术风气与社会心理. 北京：机械工业出版社，2002：IX.

轮廓、没有面孔。在上个世纪令来华的人着迷的魅力已经不见了……新建筑风格的试验是粗暴的……北京的计划人员渐渐地被咄咄逼人的香港建筑巨头挤到了一边。他们只从商业的角度出发，无所顾忌地贯彻他们的水泥建筑物计划。"英国《建筑评论》则称北京旧城为"走下坡路的历史中心……"①

三、整体美的保护与重塑

对于古都北京的保护与改造一直是近、现代北京规划建设中难分难解的一对矛盾。② 现在对于已经遭受极大破坏的北京旧城，存在很多不同的态度和看法：有深爱老北京者叹息古都之破坏，认为"老北京已经不在了"，可谓"悲观失望派"；有认为北京既然已经如此，多谈保护也无意义，可谓"破罐破摔派"；也有认为北京旧城的文物古迹、胡同四合院应该让位于更有价值的现代化建设或房地产开发，可谓"唯利是图派"；当然也有不少既深刻认识到古都北京的巨大价值特别是其整体美的巨大成就，又积极呼吁对其进行整体保护的，可谓"积极保护派"……对古都北京这一"都市计划的无比杰作"、"中国古都的最后结晶"，我们应当时刻铭记西方保护历史文化遗产的经典名言：Never too late（即永不言晚）——尽管古都北京已经遭受了难以挽回的严重破坏，但我们应当坚持不懈地对其留存至今的历史文化遗产进行整体保护。

梁思成在1948年编写的《全国重要建筑文物简目》第一项即"北平城全部"，并且对其进行如下描述：

世界上现存最完整、最伟大之中古都市，全部为一整个设计，对称均齐，气魄之大，举世无匹。③

为此梁思成进一步提出对古都北京进行整体保护的设想：

我们爱护文物建筑，不仅应该爱护个别的一殿，一堂，一楼，一塔，而且必须爱护它的周围整体和邻近的环境。我们不能坐视，也不能忍受一座或一组壮丽的建筑物遭受到各种各式直接或间接的破坏，使它们委曲在不调和的周围里，受到不应有的宰割……必须强调同环境配合，发展新的来保护旧的，这样才能保存优良伟大的基础，使北京城永远保持着美丽、健康和年轻。④

新中国成立以来,北京市历次城市总体规划中对于旧城保护的认识逐渐从单纯保护文物古迹扩展到保护一系列重要的历史文化保护区,最终在2004年最新修编的北京城市总体规划之中正式提出对北京旧城进行"整体保护",这一结果着实来之不易(图10.10)。

图10.10 北京旧城文物保护单位及历史文化保护区规划图

---

① 转引自:方可.当代北京旧城更新——调查•研究•探索.北京:中国建筑工业出版社,2000:54.
② 关于古都北京的保护与改造的讨论已有许多学者写出专论,除了梁思成的相关论著以外,还有一些比较有代表性的著作如:吴良镛.北京旧城与菊儿胡同.北京:中国建筑工业出版社,1994;董光器.北京规划战略思考.北京:中国建筑工业出版社,1998;方可.当代北京旧城更新——调查•研究•探索.北京:中国建筑工业出版社,2000;王军.城记.北京:生活•读书•新知三联书店,2003;董光器.古都北京五十年演变录.南京:东南大学出版社,2006.
③ 梁思成.梁思成全集(第四卷).北京:中国建筑工业出版社,2001:321.
④ 梁思成.北京——都市计划的无比杰作.参见:梁思成.梁思成全集(第五卷).北京:中国建筑工业出版社,2001:101~113.

除了尽最大可能保护好现存的历史文化遗产之外,当代的城市建设者应当努力探索如何重塑北京的整体美。梁思成与陈占祥在其《关于中央人民政府行政中心区位置的建议》即著名的"梁陈方案"中即已指出:

> 在新建设的计划上,必须兼顾北京原来的布局及体形的作风,我们有特殊责任尽力保护北京城的精华,不但消极的避免直接破坏文物,亦须积极的计划避免间接因新旧作风不同而破坏文物的主要环境。①

本书一再重申古都北京城市设计的整体性原则,旨在探索使北京从当下城市设计的混乱无序中重新回归到追求整体性的传统之中的途径,从而扭转当代北京由于城市设计整体观念的淡薄而导致的混乱无序的局面,为重塑北京城市的整体美寻找一条道路——这是本书除了"发思古之幽情"之外希望能具有的一些"现实意义"。

古都北京整体美的保护与重塑至少应当包括以下多方面的共同努力:首先,也是最重要的是要尽一切力量保护好古都北京现有的传统遗存,因为它们是北京最可宝贵的部分,也是北京城市美的源头。其次,在新建设中应当努力继承与发展传统北京城市设计的整体性原则,特别是在每一项新的建设中都应当努力探索如何继承与发展传统,为实现城市设计的整体性贡献力量——这方面其实近、现代北京建设中有不少成功的典范:包括近代的协和医学院新校舍(1925)、燕京大学"燕园建筑"(即今天北京大学校园的主体部分,1926)、辅仁大学(1930)以及国立北平图书馆新馆(1931)等;当代的儿童医院(1954)、首都剧场(1955)、友谊宾馆(1955)、人民英雄纪念碑(1958)、北京火车站(1959)、民族文化宫(1959)、中国美术馆(1962)、奥体中心建筑群(1990)等。再次,要依靠着眼于整体的城市设计,逐步使当代北京新旧混杂的不同街区逐渐获得局部的整体性,最终纳入到新的整体和有机秩序之中。此外,还要在更远的将来不断改造甚至重建那些严重破坏古都整体美的街区,使之成为整个城市的有机组成部分……

西方有句谚语——"罗马不是一天建成的",意在表达历史名城逐渐生成、踵事增华的长期过程。具有高度整体美的古都北京同样是经历元、明、清三代漫长的历史时期(甚至可以追溯至唐、辽、金等更早的历史时期)逐步形成的,因此保护与重塑北京的整体美同样也是"路漫漫其修远兮"的长期过程——如果我们的城市建设者真有决心,坚持不懈地向着这一目标努力,那么古都北京有可能获得一个宏伟的新蓝图:它当然无法回到过去那个整体和谐的古都北京,但却可能成为一座新旧和谐、具有另一种整体美的古老而又充满活力的北京!

笔者衷心希望达到的目的是让读者(尤其希望其中能包括北京规划建设的参与者)能够更加充分地感受和认识到古都北京曾经具有的宝贵的整体美,从而在北京未来的发展中充分保护和发扬这种美!正如瑞典艺术史家喜仁龙宣称他写下《北京的城墙和城门》一书是出于"北京城墙的美",② 本书的写作则完全出于古都北京的整体美——这种难以言喻的美正在一天天丧失——通过本书的写作为重塑北京的整体美尽一份微薄之力是笔者最大的心愿!

尽管北京现存的历史文化遗产已远不及清末民国时期的数量与规模,然而在中国历史文化名城中依然首屈一指,并且古都北京以拥有6处世界文化遗产(故

图10.11 北京皇城鸟瞰

---

① 梁思成. 梁思成全集(第五卷). 北京:中国建筑工业出版社,2001: 64.
② 喜仁龙在书中开宗明义地指出"所以撰写这本书,是鉴于北京城门的美"。参见:[瑞典]奥斯伍尔德•喜仁龙 著. 北京的城墙和城门. 许永全 译. 北京:北京燕山出版社,1985: 1.

宫、天坛、颐和园、十三陵、周口店遗址和长城）而在世界城市中名列第一。让我们借用雨果歌颂巴黎圣母院的话来赞颂古都北京和她经历各种灾祸而留存至今的古代建筑群：北京这些古代建筑的一砖一瓦，都是北京城市史乃至中国文化史的重要象征——"不仅载入了我国的历史，而且载入了科学史和艺术史"（图10.11）！

　　在古都北京漫长的城市史中，历代都有不少缅怀追思历史古迹的文字——最典型的是元代建造大都以后，很多文人对金中都的怀古文章。其中最有意思的是元大都的总规划师刘秉忠写的一首《江城子·游琼华岛》，这首词既展现了刘秉忠作为文学家不俗的文学功底，更重要的是反映出他作为元大都的规划者，对于古都历史变迁的深刻感怀。这位今天古都北京最重要的缔造者似乎早在七百多年前就预见了这座古都的沧桑命运。本书以这首词作为全书结尾，借古人之笔表达对北京这座中国最后的古都的些许感怀——词云：

　　琼华昔日贺新成。与苍生，乐升平。西望长山，东顾限沧溟。翠辇不来人换世，天上月，自虚盈。树分残照水边明。雨初晴，气还清。醉却兴亡，惟有酒多情。收取晋人腮上泪，千载后，几新亭。①

高楼大厦包围中的古老钟鼓楼

① [清]于敏忠 等编纂.日下旧闻考.北京:北京古籍出版社,1983:419.

插图目录

引言 北京鸟瞰

图 号	图 注	图片来源
本章题图	《故都雪》之一	王南绘
图0.1	民国时期由景山万春亭南望紫禁城	《洋镜头里的老北京》
图0.2	民国时期由北海白塔望景山万春亭及北京东城	《洋镜头里的老北京》
图0.3	民国时期由景山万春亭北望鼓楼	《北京老城门》
图0.4	20世纪50年代初由景山万春亭西望	《北京风光集》

第壹章 千年沧桑

图 号	图 注	图片来源
本章题图	元大都和义门发掘照片	《中国文物地图集北京分册》
图1.1	北京城址变迁示意图	据《重建中国——城市规划三十年（1949—1979）》插图改绘
图1.2	《水经注》所述蓟城位置示意图	《北京城的起源与变迁》
图1.3	大葆台一号墓墓室结构示意图	《中国文物地图集 北京分册》
图1.4	悯忠寺复原示意图	《傅熹年建筑史论文集》
图1.5	石经山雷音洞石柱	《北京文物精粹大系石雕卷》
图1.6	云居寺唐塔	王南摄
图1.7	辽南京平面图（图中红线为民国时期北京城地图，黑线为辽时地图）	《金中都》
图1.8	天宁寺塔	王南摄
图1.9	云居寺北塔	王南摄
图1.10	北宋汴梁总平面图	《中国古代城市规划史》
图1.11	北海白塔山太湖石	王南摄
图1.12	金中都平面图（图中红线为民国时期地图，黑线为金代地图）	《金中都》
图1.13	金中都皇城图	《金中都》
图1.14	南宋《事林广记》中的金中都皇城图	《考工记营国制度研究》

图 号	图 注	图片来源
图1.15	大觉寺龙潭螭首石雕（金代遗物）	王南摄
图1.16	万松老人塔	《旧京史照》
图1.17	卢沟桥	王南摄
图1.18	金中都东北郊大宁宫示意图	《中国古典园林史》
图1.19	元大都城址及新水系示意图	《北京城的起源与变迁》
图1.20	元大都平面图	《中国古代城市规划史》
图1.21	庆寿寺双塔	清华大学建筑学院中国营造学社纪念馆
图1.22	元大都和义门发掘照片	《中国文物地图集 北京分册》
图1.23	蓟门烟树	王南摄
图1.24	元大都大明殿建筑群复原图	《傅熹年建筑史论文集》
图1.25	元大都延春阁建筑群复原图	《傅熹年建筑史论文集》
图1.26	居庸关云台雕刻	王南摄
图1.27	万宁桥镇水兽	王南摄
图1.28	妙应寺白塔	王南摄
图1.29	明北京与元大都位置变迁示意图	《北京城市历史地理》
图1.30	明北京内外城兴建过程示意图	《北京城市历史地理》
图1.31	明北京平面图	《中国古代城市规划史》
图1.32	1925年北京中轴线航拍	《中国之科学与文明》（第十册）
图1.33	20世纪50年代北京中轴线航拍	《老照片》
图1.34	北京、巴黎、华盛顿中轴线同比例尺比较图	王南绘
图1.35	乾隆《京城全图》	《中国古代地图集清代卷》
图1.36	《大清一统志》中的京城图所示北京水系格局	《北京历史舆图集》
图1.37	清代北京城市格局示意图	据《中国古典园林史》插图改绘
图1.38	北京西北郊园林远眺	王南摄
图1.39	元大都平面图	《北京旧城胡同现状与历史变迁调查研究》
图1.40	明北京平面图	《北京旧城胡同现状与历史变迁调查研究》
图1.41	清北京平面图	《北京旧城胡同现状与历史变迁调查研究》

第贰章 城墙城门

图 号	图 注	图片来源
本章题图	《康熙南巡图》中的正阳门	《清代宫廷绘画》
图2.1	北京城墙示意图	据《中国古代城市规划史》插图改绘
图2.2	20世纪20年代阜成门附近城墙	The walls and gates of Peking researches and impressions
图2.3	20世纪20年代外城西南角城墙与角楼	The walls and gates of Peking researches and impressions
图2.4	《康熙南巡图》中的正阳门	《清代宫廷绘画》
图2.5	20世纪20年代的正阳门	清华大学建筑学院中国营造学社纪念馆
图2.6	正阳门城楼	王南摄
图2.7	正阳门箭楼	王南摄
图2.8	西便门城楼	张先得绘
图2.9	右安门箭楼	张先得绘
图2.10	20世纪20年代外城角楼	The walls and gates of Peking researches and impressions
图2.11	20世纪20年代东直门护城河景致	The walls and gates of Peking researches and impressions
图2.12	前门西侧城墙与护城河，远处为前门与箭楼——城墙、城楼、护城河共同构成迷人的画面	《北京老城门》
图2.13	20世纪20年代西直门全景	The walls and gates of Peking researches and impressions
图2.14	康熙时期北京皇城图	清华大学建筑学院中国营造学社纪念馆
图2.15	皇城城墙	王南摄
图2.16	"金凤颁诏"图	《唐土名胜图会》
图2.17	民国时期的天安门	《长安街：过去·现在·未来》
图2.18	天安门现状	王南摄
图2.19	端门	王南摄
图2.20	地安门	张先得绘
图2.21	东安门	《古都旧景——65年前外国人眼中的老北京》
图2.22	西安门	《北京老城门》
图2.23	清代的天安门前宫廷广场（御街）	《长安街：过去·现在·未来》
图2.24	民国时期的天安门前宫廷广场俯瞰	《长安街：过去·现在·未来》

图 号	图 注	图片来源
图2.25	中华门	《北京老城门》
图2.26	长安右门	清华大学建筑学院中国营造学社纪念馆
图2.27	东三座门（远处对景为长安左门）	《城记》
图2.28	紫禁城西南隅城墙	王南摄
图2.29	午门全景	王南摄
图2.30	午门雁翅楼及阙亭	王南摄
图2.31	神武门	《旧都文物略》
图2.32	东华门	《北京老城门》
图2.33	西华门	《旧都文物略》
图2.34	紫禁城角楼	王南摄
图2.35	民国时期的紫禁城城墙、角楼、筒子河及景山	《北京老城门》
图2.36	今天的紫禁城城墙、角楼、筒子河及景山	王南摄
图2.37	梁思成保护北京城墙的设想	《梁思成全集》（第五卷）
图2.38	德胜门箭楼	王南摄
图2.39	内城东南角楼	袁琳摄
图2.40	明城墙遗址	王南摄
图2.41	西安城墙公园	王南摄
图2.42	南京城墙公园"台城"段	王南摄

第叁章 禁城宫阙

图 号	图 注	图片来源
本章题图	紫禁城角楼	王南绘
图3.1	紫禁城总平面图	《中国文物地图集·北京分册》
图3.2	紫禁城鸟瞰	王南摄
图3.3	紫禁城前朝建筑群俯瞰	王南摄
图3.4	《康熙南巡图》中的太和门	《清代宫廷绘画》
图3.5	太和门	王南摄
图3.6	太和门铜狮	王南摄

图 号	图 注	图片来源
图3.7	太和殿立面图	《东华图志》
图3.8	太和殿	王南摄
图3.9	太和殿内景	楼庆西摄
图3.10	中和殿	王南摄
图3.11	保和殿	王南摄
图3.12	保和殿御路石雕	王南摄
图3.13	太和殿前御道	《旧都文物略》
图3.14	三大殿全景	王南摄
图3.15	三大殿四角崇楼	王南摄
图3.16	体仁阁	王南摄
图3.17	禁城宫阙	王南摄
图3.18	文华殿	王南摄
图3.19	文渊阁	王南摄
图3.20	武英殿	王南摄
图3.21	后三宫全景	王南摄
图3.22	内廷鸟瞰全景	王南摄
图3.23	乾清门	王南摄
图3.24	乾清门铜狮	王南摄
图3.25	乾清宫	王南摄
图3.26	社稷江山金殿	王南摄
图3.27	坤宁宫内景	《清代宫廷生活》
图3.28	紫禁城后三宫与三大殿、紫禁城与北京城的规划设计模数关系示意图	《傅熹年建筑史论文集》
图3.29	御花园平面图	《中国古典园林史》
图3.30	御花园钦安殿	王南摄
图3.31	御花园万春亭	王南摄
图3.32	西六宫之长春宫太极殿	王南摄
图3.33	西六宫纵街	王南摄
图3.34	东六宫横街	王南摄
图3.35	养心殿布局示意图	《紫禁城宫殿》
图3.36	养心殿小品——三头鹤香炉	王南摄

图 号	图 注	图片来源
图3.37	丁观鹏绘《太簇始和图》——下部为建福宫花园	《北京紫禁城》
图3.38	宁寿宫平面图	《中国古典园林史》
图3.39	宁寿宫皇极殿	王南摄
图3.40	宁寿宫	王南摄
图3.41	宁寿宫乐寿堂	王南摄
图3.42	宁寿宫乐寿堂仙楼	王南摄
图3.43	宁寿宫畅音阁	王南摄
图3.44	乾隆花园	王南摄
图3.45	慈宁宫花园鸟瞰图	《紫禁城宫殿》
图3.46	雨花阁	王南摄

第肆章 坛庙陵墓

图 号	图 注	图片来源
本章题图	《大明十三陵》	王南绘
图4.1	北京主要坛庙格局示意图	据《中国古代城市规划史》插图改绘
图4.2	太庙总平面图	《东华图志》
图4.3	太庙祭殿	王南摄
图4.4	社稷坛总平面图	《东华图志》
图4.5	社稷坛及坛墙	王南摄
图4.6	《唐土名胜图会》中的地坛	《唐土名胜图会》
图4.7	《唐土名胜图会》中的日坛	《唐土名胜图会》
图4.8	《唐土名胜图会》中的月坛	《唐土名胜图会》
图4.9	先农坛总平面图	《中国文物地图集•北京分册》
图4.10	北海先蚕坛	《旧都文物略》
图4.11	孔庙平面图	《东华图志》
图4.12	孔庙国子监图	王南绘
图4.13	孔庙大成殿	王南摄
图4.14	历代帝王庙碑亭	王南摄

图 号	图 注	图片来源
图4.15	历代帝王庙"景德街"牌楼	《失去的建筑》
图4.16	新堂子立样（"样式雷"画样，藏于中国国家图书馆）	《失去的建筑》
图4.17	新堂子圜殿八方神亭	《旧都文物略》
图4.18	天坛鸟瞰（远处为正阳门与箭楼）	《北京在建设中》
图4.19	天坛总平面图	《中国文物地图集·北京分册》
图4.20	天坛中轴线建筑群俯瞰	《北京历史文化名城的保护与发展》
图4.21	祈年殿	王南摄
图4.22	祈年殿西侧全景	王南摄
图4.23	乾隆十五年前后的天坛祈年殿示意图	根据楼庆西摄影改绘
图4.24	皇穹宇	陈锋摄
图4.25	民国时期圜丘俯瞰	《旧都文物略》
图4.26	圜丘现状	王南摄
图4.27	月光下的圜丘——此幅女摄影师赫达·莫里逊的月下圜丘照片摄于20世纪30年代，它与文中所引朱丽叶·布莱顿描绘的夜色中的天坛正好可以互为参照，意境绝美	《洋镜头里的老北京》
图4.28	《汉故幽州书佐秦君之神道》石墓表	《中国古代建筑史》
图4.29	《鸿雪因缘图记》"房山拜陵"一图中的金陵	《鸿雪因缘图记》
图4.30	田义墓全图	王南绘
图4.31	田义墓神道石象生	王南摄
图4.32	田义墓寿域全景——由左至右依次为无名墓、马荣墓、田义墓、王奉墓、慈有方墓	王南摄
图4.33	田义墓西侧无名墓石五供南面全景	王南摄
图4.34	田义墓寿域石刻——彭祖焚香	王南摄
图4.35	醇亲王墓全图	王南绘
图4.36	醇亲王墓碑亭西面全景	赵大海摄
图4.37	醇亲王墓神桥遥望隆恩门	赵大海摄
图4.38	明十三陵总平面图	《中国古代建筑史》
图4.39	十三陵入口石牌坊——中间正对天寿山主峰	王南摄
图4.40	由碑亭南望大红门	王南摄

图号	图注	图片来源
图4.41	碑亭及华表现状	王南摄
图4.42	神道石象生	王南摄
图4.43	龙凤门	王南摄
图4.44	十三陵总体布局的"树状结构"示意图	王南绘
图4.45	明长陵平面图	《中国古代建筑史》
图4.46	长陵鸟瞰全景	《北京的世界文化遗产·十三陵》
图4.47	长陵祾恩殿	王南摄
图4.48	长陵祾恩殿楠木大厅	王南摄
图4.49	长陵以外诸陵平面图：分为三大类型（思陵不算在三类之中）	《中国古代建筑史·明代卷》
图4.50	昭陵哑巴院影壁	王南摄
图4.51	定陵平面图及玄宫平、剖面图	《中国古代建筑史》
图4.52	明十三陵与明北京之象征关系示意图	据《中国古代建筑史》插图改绘
图4.53	长陵风水形势示意图	《明十三陵》
图4.54	"融于山水中"——由定陵远眺长陵及天寿山全景	王南摄

第伍章 山水园林

图号	图注	图片来源
本章题图	《颐和园图》	王南绘
图5.1	北京湾示意图	《北京城市历史地理》
图5.2	北京水系与园林关系示意图	《北京城市历史地理》
图5.3	通惠河旧影	《旧都文物略》
图5.4	清乾隆时期北海平面图	《中国古典园林史》
图5.5	团城承光殿	王南摄
图5.6	金鳌玉蝀桥	《帝京拾趣》
图5.7	团城白皮松（白袍将军）	王南摄
图5.8	团城渎山大玉海	《帝京拾趣》
图5.9	琼华岛南面全貌	王南摄

图 号	图 注	图片来源
图5.10	濠濮间-画舫斋总平面图	《中国古典园林史》
图5.11	濠濮间全景	王南摄
图5.12	静心斋总平面图	《中国古典园林史》
图5.13	静心斋后院	王南摄
图5.14	静心斋图	王南绘
图5.15	清乾隆时期中南海平面图	《中国古典园林史》
图5.16	民国时由北海琼华岛鸟瞰北海与中海（近处为金鳌玉蝀桥）	《旧都文物略》
图5.17	中海水云榭	《帝京拾趣》
图5.18	民国时南海全景	《旧都文物略》
图5.19	南海迎熏亭望宝月楼	《帝京拾趣》
图5.20	三海现状鸟瞰	《长安街：过去·现在·未来》
图5.21	三山五园平面示意图	《中国古典园林史》
图5.22	《康熙六旬万寿盛典图》中的畅春园宫门前景象	《清代宫廷绘画》
图5.23	畅春园平面示意图	《中国古典园林史》
图5.24	圆明园总平面图	《中国文物地图集 北京分册》
图5.25	圆明园全图	《逝去的仙境——圆明园》
图5.26	内廷"九州清晏"	《圆明园四十景图咏》
图5.27	蓬岛瑶台	《圆明园四十景图咏》
图5.28	平湖秋月	《圆明园四十景图咏》
图5.29	方壶胜境	《圆明园四十景图咏》
图5.30	西洋楼景区全图	《逝去的仙境——圆明园》
图5.31	海晏堂西面	《清代宫廷绘画》
图5.32	大水法正面	《清代宫廷绘画》
图5.33	1860—1900年间拍摄的廓然大公之规月桥	《三山五园旧影》
图5.34	大水法与远瀛观老照片	《三山五园旧影》
图5.35	香山静宜园平面图	《中国古典园林史》
图5.36	《静宜园全图》中的香山寺与来青轩	《清代宫廷生活》
图5.37	静宜园栖月崖	王南摄

图　号	图　注	图片来源
图5.38	昭庙琉璃塔远眺	王南摄
图5.39	见心斋平面图	《中国古典园林史》
图5.40	见心斋水院全景	王南摄
图5.41	19世纪末由颐和园西堤遥望玉泉山静明园	《三山五园旧影》
图5.42	静明园平面图	《中国古典园林史》
图5.43	玉泉湖（民国时期）冬日清晨景色	《洋镜头里的老北京》
图5.44	玉泉山静明园玉峰塔	《帝京拾趣》
图5.45	民国时期玉泉山静明园东高水湖及界湖楼遗址	《三山五园旧影》
图5.46	颐和园——最后的皇家园林（画面正中为玉泉山，背景为香山）	王南摄
图5.47	颐和园总平面图	《中国古典园林史》
图5.48	清漪园（左）与杭州西湖（右）比较图	《中国古典园林史》
图5.49	由颐和园知春亭遥望玉泉山静明园	王南摄
图5.50	颐和园宫廷区鸟瞰	楼庆西摄
图5.51	颐和园前山前湖冬景——琼楼玉宇	王南摄
图5.52	柳桥	楼庆西摄
图5.53	玉带桥	王南摄
图5.54	廓如亭、十七孔桥与南湖岛	王南摄
图5.55	颐和园万寿山排云殿、佛香阁建筑群鸟瞰	楼庆西摄
图5.56	颐和园佛香阁	王南摄
图5.57	前山建筑与山体关系分析图	《颐和园》
图5.58	佛香阁俯瞰昆明湖	王南摄
图5.59	长廊	楼庆西摄
图5.60	须弥灵境鸟瞰	楼庆西摄
图5.61	后溪河风光	王南摄
图5.62	谐趣园平面图	清华大学建筑学院提供
图5.63	民国时期的谐趣园全景	《旧都文物略》
图5.64	谐趣园现状全景	王南摄
图5.65	民国时期的满井	《旧都文物略》

图 号	图 注	图片来源
图5.66	民国时期的二闸	《旧都文物略》
图5.67	银锭桥	王南摄
图5.68	民国时期的什刹海与钟鼓楼	《采访本上的城市》

第陆章 市井民居

图 号	图 注	图片来源
本章题图	《白石故里》	王南绘
图6.1	元大都街道胡同示意图	《中国古代城市规划史》
图6.2	南锣鼓巷街道胡同示意图	据《北京旧城胡同现状与历史变迁调查研究》插图改绘
图6.3	《皇都积胜图》中的"朝前市"景象	《中国美术全集 6 绘画编 明代绘画 上》
图6.4	灯市	《古都旧景——65年前外国人眼中的老北京》
图6.5	1880年前后的前门大街	《城市及其周边——旧日中国影像》
图6.6	大栅栏	《老北京市井风情画》
图6.7	宣武门外大街	《北京老城门》
图6.8	《京师五城坊巷胡同集》插图中的牌楼布局	《京师五城坊胡同集》
图6.9	正阳门五牌楼	*The walls and gates of Peking researches and impressions*
图6.10	东长安街牌楼	清华大学建筑学院中国营造学社纪念馆
图6.11	东单牌楼	清华大学建筑学院中国营造学社纪念馆
图6.12	民国时期的西四牌楼	《洋镜头里的老北京》
图6.13	国子监街	王南摄
图6.14	东四四条	王南摄
图6.15	草厂二条	王南摄
图6.16	传统街道卖糖人的	《洋镜头里的老北京》
图6.17	传统街道卖糖葫芦的	《洋镜头里的老北京》
图6.18	元大都街区规划模数示意图	《从〈乾隆京城全图〉看北京城街区构成与尺度分析》
图6.19	后英房元代住宅复原图	《傅熹年建筑史论文集》
图6.20	四合院——北京的细胞	《中国古代建筑史》
图6.21	一座四进四合院的平、剖面图	《世界城市史》

图 号	图 注	图片来源
图6.22	明清北京四合院由元大都宅基地"化整为零"而成	王南绘
图6.23	屋顶肌理之美——万千屋檐林杪间	《北京四合院建筑》
图6.24	胡同景色之美——灰墙青瓦映朱门	王南摄
图6.25	院落空间之美——庭院深深深几许	华新民提供
图6.26	园林绿化之美——天棚鱼缸石榴树	华新民提供
图6.27	建筑造型之美——出入躲闪、高低错落	王南摄
图6.28	装饰细部之美——东棉花胡同15号拱门砖雕	王南摄
图6.29	装饰细部之美——美术馆东街25号石狮	王南摄
图6.30	装饰细部之美——麟庆宅（半亩园）狮子滚绣球砖雕	王南摄
图6.31	崇礼宅园复原平面图	《北京私家园林志》
图6.32	崇礼住宅垂花门及抄手游廊	《北京四合院》
图6.33	崇礼住宅厅房	《北京四合院》
图6.34	文煜宅及可园总平面图	《北京私家园林志》
图6.35	文煜宅及可园局部鸟瞰图	《北京四合院建筑》
图6.36	可园前院景致	《北京四合院》
图6.37	可园后院景致	《北京四合院》
图6.38	东城区礼士胡同一百二十九号四合院平面图	《北京私家园林志》
图6.39	礼士胡同一百二十九号四合院鸟瞰	王南摄
图6.40	礼士胡同一百二十九号四合院庭院及圆亭	《北京四合院》
图6.41	钟楼	王南摄
图6.42	鼓楼	王南摄
图6.43	钟鼓楼南立面比较	《东华图志》
图6.44	梁思成关于钟鼓楼、天安门与人民英雄纪念碑的分析草图	《梁思成全集》第5卷
图6.45	民国时期由鼓楼北望钟楼	《洋镜头里的老北京》
图6.46	由荷花市场远眺钟鼓楼的经典画面	《北京四合院》
图6.47	钟鼓楼图	王南绘

第柒章 王府会馆

图 号	图 注	图片来源
本章题图	恭王府垂花门	王南摄
图7.1	清代北京王府分布示意图	据《中国古代建筑史 清代卷》插图改绘
图7.2	恭王府总平面图	《北京私家园林志》
图7.3	恭王府图	唐恒鲁绘
图7.4	恭王府正殿（银安殿）	王南摄
图7.5	王府西路垂花门	王南摄
图7.6	恭王府后罩楼什锦窗	王南摄
图7.7	恭王府萃锦园图	王南绘
图7.8	恭王府萃锦园大门	王南摄
图7.9	恭王府萃锦园正厅乐善堂及蝠河	王南摄
图7.10	恭王府萃锦园滴翠岩假山	王南摄
图7.11	恭王府花园爬山廊（装饰主题大量使用蝙蝠，寓意多福）	王南摄
图7.12	恭王府萃锦园沁秋亭及曲水流觞	王南摄
图7.13	恭王府花园大戏楼三卷勾连搭屋顶	王南摄
图7.14	恭王府花园戏楼及庭院	王南摄
图7.15	恭王府萃锦园西路水景	王南摄
图7.16	醇亲王府总平面图	《建筑历史研究》
图7.17	醇亲王府花园南湖及南楼景致	王南摄
图7.18	醇亲王府花园扇面亭"箑亭"	王南摄
图7.19	醇亲王府游廊及"恩波亭"	王南摄
图7.20	宋庆龄故居小楼	王南摄
图7.21	宁郡王府总平面图	《东华图志》
图7.22	宁郡王府西侧全景	王南摄
图7.23	清代北京外城会馆分布示意图	据《中国文物地图集北京分册》改绘
图7.24	安徽会馆总平面图	《宣南鸿雪图志》
图7.25	安徽会馆戏楼剖面	《宣南鸿雪图志》
图7.26	安徽会馆现状	王南摄

图号	图注	图片来源
图7.27	湖广会馆总平面图	《宣南鸿雪图志》
图7.28	湖广会馆戏楼内景	王南摄
图7.29	正乙祠戏楼全景	王南摄
图7.30	正乙祠戏楼近景	王南摄

第捌章 寺观浮图

图号	图注	图片来源
本章题图	《金秋五塔寺》	王南绘
图8.1	《鸿雪因缘图记》中的潭柘寺全景	《鸿雪因缘图记》
图8.2	潭柘寺图	王南绘
图8.3	潭柘寺总平面图	《中国古典园林史》
图8.4	民国时期的潭柘寺山门	《旧都文物略》
图8.5	潭柘寺大雄宝殿	赵大海摄
图8.6	潭柘寺大雄宝殿鸱吻	赵大海摄
图8.7	潭柘寺舍利塔	王南摄
图8.8	潭柘寺全景鸟瞰	王南摄
图8.9	潭柘寺前白皮松	王南摄
图8.10	潭柘寺戒坛殿周围竹海,远处可见帝王树	赵大海摄
图8.11	《鸿雪因缘图记》中的潭柘寺流杯亭	《鸿雪因缘图记》
图8.12	潭柘寺流杯亭	赵大海摄
图8.13	潭柘寺流杯亭"曲水流觞"	赵大海摄
图8.14	潭柘寺红叶	赵大海摄
图8.15	潭柘寺塔林	赵大海摄
图8.16	智化寺图	唐恒鲁绘
图8.17	智化寺万佛阁	王南摄
图8.18	智化寺万佛阁藻井老照片	清华大学建筑学院中国营造社纪念馆
图8.19	雍和宫阙	王南摄
图8.20	雍和宫西侧外观	王南摄

图 号	图 注	图片来源
图8.21	雍和宫图	王南绘
图8.22	雍和宫法轮殿立面	《东华图志》
图8.23	雍和宫法轮殿内宗喀巴像	王南摄
图8.24	雍和宫万福阁内檀木大佛	王南摄
图8.25	雍和宫万福阁西南侧	王南摄
图8.26	雍和宫万福阁东南侧	王南摄
图8.27	《鸿雪因缘图记》中的碧云寺全景（远处可见昭庙的琉璃塔）	《鸿雪因缘图记》
图8.28	碧云寺现状鸟瞰全景	王南摄
图8.29	20世纪30年代碧云寺远眺	《洋镜头里的老北京》
图8.30	碧云寺平面及剖面示意图	《碧云寺建筑艺术》
图8.31	碧云寺塔院壮丽景色	王南摄
图8.32	碧云寺塔院砖牌楼	王南摄
图8.33	碧云寺金刚宝座塔密檐方塔	王南摄
图8.34	碧云寺金刚宝座塔俯瞰中轴线	王南摄
图8.35	碧云寺罗汉堂北侧影	王南摄
图8.36	碧云寺水泉院全景	王南摄
图8.37	天宁寺塔	王南摄
图8.38	天宁寺塔雕刻	王南摄
图8.39	银山塔林五座金代墓塔	王南摄
图8.40	银山塔林五座金代墓塔及两座明代墓塔全景	王南摄
图8.41	银山塔林懿行塔塔基雕饰	袁进钊摄
图8.42	银山塔林懿行塔塔檐及塔刹	王南摄
图8.43	妙应寺白塔	王南摄
图8.44	五塔寺金刚宝座塔正面（塔前台基为大雄宝殿遗址）	王南摄
图8.45	白云观图	唐恒鲁绘
图8.46	白云观总平面图	《傅熹年建筑史论文集》
图8.47	白云观老律堂	赵大海摄
图8.48	白云观三清四御殿东侧天井	王南摄

图 号	图 注	图片来源
图8.49	白云观园林平面图	《中国古典园林史》
图8.50	白云观云集园图	唐恒鲁绘
图8.51	白云观云集山房及戒台	赵大海摄
图8.52	白云观庙会"打金钱眼"	《洋镜头里的老北京》
图8.53	1931年东岳庙总平面图	《北京古建筑地图》中
图8.54	东岳庙全景	王南摄
图8.55	东岳庙工字殿	胡介中摄
图8.56	东岳庙碑林	王南摄
图8.57	大高玄殿牌楼	《帝京拾趣》
图8.58	大高玄殿牌楼及习礼亭	《北京古建筑地图》上
图8.59	大高玄殿牌楼及习礼亭（远处为景山万春亭）	《北京二十五片历史文化保护区保护规划》
图8.60	大高玄殿图	王南绘

第玖章 画里京城

图 号	图 注	图片来源
本章题图	《京师生春诗意图》——清乾隆时期北京鸟瞰图	《清代宫廷绘画》
图9.1	《京师生春诗意图》——清乾隆时期北京鸟瞰图	《清代宫廷绘画》
图9.2	《康熙南巡图》展现的北京中轴线空间序列示意图	据《清代宫廷绘画》图改绘
图9.3	前门大街与五牌楼，画中坐在八抬大轿上者为康熙皇帝	《清代宫廷绘画》
图9.4	《康熙南巡图》中的前门大街铺面	《清代宫廷绘画》
图9.5	民国时期的正阳门——瓮城已拆除，关帝庙与观音庙尚在	清华大学建筑学院中国营造学社纪念馆
图9.6	《天衢丹阙》图卷所绘太和殿至钟楼景象	《天衢丹阙》
图9.7	《康熙南巡图》午门前卤簿	《清代宫廷绘画》
图9.8	《康熙南巡图》中的天桥	《清代宫廷绘画》
图9.9	《康熙南巡图》第一卷中的永定门至南苑御道景象	《清代宫廷绘画》

图 号	图 注	图片来源
图9.10	《康熙六旬万寿盛典图》所绘路线及重要地标示意图	据《万寿盛典初集》插图改绘
图9.11	《盛典图》中的西四牌楼	《文渊阁四库全书》电子版
图9.12	《盛典图》中的西四大街局部	《文渊阁四库全书》电子版
图9.13	《盛典图》中的当街庙	《文渊阁四库全书》电子版
图9.14	西直门内大街繁华店铺及大明濠石桥	《文渊阁四库全书》电子版
图9.15	《康熙六旬万寿盛典图》中高梁桥一带景致	《清代宫廷绘画》
图9.16	《盛典图》中的大柳树	《文渊阁四库全书电子版》
图9.17	明《北京城宫殿之图》之一（收藏于故宫博物院）	《天安门》
图9.18	《万国来朝图》	故宫博物院官方网站
图9.19	《祭先农坛图》第一卷	《清代宫廷绘画》
图9.20	《祭先农坛图》第二卷	http://www.ourjg.com
图9.21	《明十三陵图》	《美国国会图书馆藏中国古地图》
图9.22	清代锡五福所绘《大明十三帝陵图》	《明十三陵》
图9.23	《冰嬉图》中的中海全景	《清代宫廷绘画》
图9.24	《紫光阁赐宴图》中的中海紫光阁一带景象	《清代宫廷绘画》
图9.25	"澹泊宁静"中的田字殿	《圆明园四十景图咏》
图9.26	"万方安和"中的卍字殿	《圆明园四十景图咏》
图9.27	花园迷宫	《清代宫廷绘画》
图9.28	远瀛观正面	《清代宫廷绘画》
图9.29	《静宜园全图》	《清代宫廷生活》
图9.30	《静宜园二十八景图卷》	《清代宫廷绘画》
图9.31	《都畿水利图卷》中的香山静宜园	《中国国家博物馆馆藏文物研究丛书 绘画卷 风俗画》
图9.32	《都畿水利图卷》中的玉泉山静明园	《中国国家博物馆馆藏文物研究丛书 绘画卷 风俗画》
图9.33	《都畿水利图卷》中的万寿山清漪园（今颐和园）	《中国国家博物馆馆藏文物研究丛书 绘画卷 风俗画》
图9.34	《都畿水利图卷》中的西直门至圆明园一线长河风光——图中可见西直门、高梁桥、五塔寺、万寿寺、畅春园和圆明园等重要景胜	《中国国家博物馆馆藏文物研究丛书 绘画卷 风俗画》
图9.35	西山晴雪（明代亦称"西山霁雪"）	《中国美术全集 6 绘画编 明代绘画 上》
图9.36	居庸叠翠	《中国美术全集 6 绘画编 明代绘画 上》
图9.37	卢沟晓月	《中国美术全集 6 绘画编 明代绘画 上》

图 号	图 注	图片来源
图9.38	《燕山八景图册》——自左上至右下依次为：琼岛春阴、太液秋风、玉泉趵突、西山晴雪、蓟门烟树、卢沟晓月、金台夕照、居庸叠翠	中国历史博物馆官方网站
图9.39	米万钟《勺园修禊图》	《燕园史话》
图9.40	《鸿雪因缘图记》中的《半亩营园》	《鸿雪因缘图记》

结语 无比杰作

图 号	图 注	图片来源
本章题图	《故都雪》之二	王南绘
图10.1	梁思成笔下的北京是"都市计划的无比杰作"	《梁思成全集》第五卷
图10.2	1949年北京城平面图	《北京旧城胡同现状与历史变迁调查研究》
图10.3	1949年北京模型图	《长安街：过去·现在·未来》
图10.4	1949—2002年胡同变迁图	《北京旧城胡同现状与历史变迁调查研究》
图10.5	2003年北京旧城传统遗存（红色部分）	据2003年12月美国QuickBird卫星遥感影像图及2002年北京市测绘图（北京市测绘设计研究院编绘，比例为1：2000）绘制
图10.6	景山南望（2010年）	王南摄
图10.7	景山东望（2010年）	王南摄
图10.8	景山北望（2010年）	王南摄
图10.9	景山西望（2010年）	王南摄
图10.10	北京旧城文物保护单位及历史文化保护区规划图	《古都北京五十年演变录》
图10.11	北京皇城鸟瞰	《长安街：过去·现在·未来》
本章末尾图	高楼大厦包围中的古老钟鼓楼	王南摄
文末插图	北京宣南粉房琉璃街西侧立面图	王南指导，唐恒鲁、王斐、孙广懿测绘

参考文献

[1] [元]熊梦祥. 析津志辑佚. 北京：北京古籍出版社，1983
[2] [元]淘宗仪. 南村辍耕录. 北京：中华书局，1959
[3] [明]张爵. 京师五城坊巷胡同集. 北京：北京古籍出版社，1982
[4] [明]蒋一葵. 长安客话. 北京：北京古籍出版社，1994
[5] [明]刘侗, 于奕正. 帝京景物略. 北京：北京古籍出版社，1983
[6] [清]孙承泽. 天府广记. 北京：北京古籍出版社，1984
[7] [清]于敏忠 等编纂. 日下旧闻考. 北京：北京古籍出版社，1983
[8] [清]麟庆 著文. 汪春泉等 绘图. 鸿雪因缘图记. 北京：北京古籍出版社，1984
[9] [清]震钧. 天咫偶闻. 北京：北京古籍出版社，1982
[10] [清]昭梿. 啸亭杂录. 北京：中华书局，1980
[11] [清]富察敦崇. 燕京岁时记. 北京：北京古籍出版社，1981
[12] [清]吴长元. 宸垣识略. 北京：北京古籍出版社，1983
[13] [清]崇彝. 道咸以来朝野杂记. 北京：北京古籍出版社，1982
[14] [清]沈源、唐岱等绘. 乾隆吟诗、汪由敦代书. 圆明园四十景图咏. 北京：世界图书出版公司北京公司，2005
[15] 原北平市政府秘书处编. 旧都文物略. 北京：中国建筑工业出版社，2005
[16] 侯仁之 主编. 北京城市历史地理. 北京：北京燕山出版社，2000
[17] 邓辉, 侯仁之. 北京城的起源与变迁. 北京：中国书店，2001
[18] 侯仁之. 北京城的生命印记. 北京：生活•读书•新知三联书店，2009
[19] 北京大学历史系《北京史》编写组. 北京史：增订版. 北京：北京出版社，1999
[20] 徐苹芳 编著. 明清北京城图. 北京：地图出版社，1986
[21] 侯仁之 主编. 北京历史地图集. 北京：北京出版社，1988
[22] 李诚 主编. 北京历史舆图集（全四卷）. 北京：外文出版社，2005
[23] 梅宁华, 孔繁峙 主编. 中国文物地图集•北京分册（上、下册）. 北京：科学出版社，2008
[24] 李路珂 王南 李菁 胡介中. 北京古建筑地图（上）. 北京：清华大学出版社，2009
[25] 王南 胡介中 李路珂 袁琳. 北京古建筑地图（中）. 北京：清华大学出版社，2011
[26] 于杰, 于光度. 金中都. 北京：北京出版社，1989
[27] 陈高华. 元大都. 北京：北京出版社，1982
[28] 北京市古代建筑研究所, 北京市文物局资料信息中心 编. 加摹乾隆京城全图. 北京：北京燕山出版社，1995
[29] 北京市文物研究所. 北京考古四十年. 北京：北京燕山出版社，1990

[30] 吴建雍 等.北京城市生活史.北京：开明出版社，1997
[31] 朱家溍.故宫退食录.北京：北京出版社，1999
[32] 吴良镛.北京旧城与菊儿胡同.北京：中国建筑工业出版社，1994
[33] 贾珺.北京私家园林志.北京：清华大学出版社，2009
[34] 城乡建设环境保护部 中国建筑技术发展中心建筑历史研究所编.北京古建筑.北京：文物出版社，1986
[35] 萧默 编著.巍巍帝都：北京历代建筑.北京：清华大学出版社，2006
[36] 阎崇年.中国古都北京.北京：中国民主法制出版社，2008
[37] 朱祖希.营国匠意——古都北京的规划建设及其文化渊源.北京：中华书局，2007
[38] 傅公钺 编著.北京老城门.北京：北京美术摄影出版社，2001
[39] 张先得 编著.明清北京城垣和城门.石家庄：河北教育出版社，2003
[40] 路秉杰 著. 天安门. 上海：同济大学出版社，1999
[41] 于倬云 主编.紫禁城宫殿.北京：生活•读书•新知三联书店，2006
[42] 万依，王树卿，陆燕贞 主编.清代宫廷生活.北京：生活•读书•新知三联书店，2006
[43] 刘畅.北京紫禁城.北京：清华大学出版社，2009
[44] 王贵祥.北京天坛.北京：清华大学出版社，2009
[45] 胡汉生 著.明十三陵.北京：中国青年出版社，1998
[46] 胡汉生 编著.北京的世界文化遗产•十三陵.北京：北京美术摄影出版社，2004
[47] 清华大学建筑学院编.颐和园.北京：中国建筑工业出版社，2000
[48] 刘阳 编著.三山五园旧影.北京：学苑出版社，2007
[49] 侯仁之 著.燕园史话.北京：北京大学出版社，2008
[50] 马炳坚 编著.北京四合院建筑.天津：天津大学出版社，1999
[51] 贾珺.北京四合院.北京：清华大学出版社，2009
[52] 邓云乡.北京四合院 草木虫鱼.石家庄：河北教育出版社，2004
[53] 李玉祥，王其钧 编.北京四合院.南京：江苏美术出版社，1999
[54] 翁立.北京的胡同.北京：北京燕山出版社，1992
[55] 王永斌.北京的商业街和老字号.北京：北京燕山出版社，1999
[56] 王梓.王府.北京：北京出版社，2005
[57] 冯其利.寻访京城清王府.北京：文化艺术出版社，2006
[58] 窦忠如.北京清王府.天津：百花文艺出版社，2007
[59] 王熹，杨帆.会馆.北京：北京出版社，2006

[60] 郝慎钧, 孙雅乐 编著. 碧云寺建筑艺术. 天津: 天津科学技术出版社, 1997

[61] 马兰, 李立祥. 雍和宫. 北京: 华文出版社, 2004

[62] 黄春和. 白塔寺. 北京: 华文出版社, 2002

[63] 汪建民, 侯伟 著. 北京的古塔. 北京: 学苑出版社, 2003

[64] 王同祯. 寺庙北京. 北京: 文物出版社, 2009

[65] 高巍, 孙建华等. 燕京八景. 北京: 学苑出版社, 2002

[66] 北京市城市规划管理局 编. 北京在建设中. 北京: 北京出版社, 1958

[67] 汪光焘. 北京历史文化名城的保护与发展. 北京: 新华出版社, 2002

[68] 陈刚, 朱嘉广 主编. 历史文化名城北京系列丛书. 北京: 北京出版社, 2004

[69] 陈平, 王世仁 主编. 东华图志: 北京东城史迹录（上、下册）. 天津: 天津古籍出版社, 2005

[70] 王世仁 主编 北京市宣武区建设管理委员会, 北京市古代建筑研究所合编. 宣南鸿雪图志. 北京: 中国建筑工业出版社, 1997

[71] 北京市规划委员会编. 北京旧城二十五片历史文化保护区保护规划. 北京: 北京燕山出版社, 2002

[72] 北京市规划委员会编. 北京历史文化名城北京皇城保护规划. 北京: 中国建筑工业出版社, 2004

[73] 北京市规划委员会, 北京城市规划学会主编. 长安街: 过去•现在•未来. 北京: 机械工业出版社, 2004

[74] 王军. 城记. 北京: 生活•读书•新知三联书店, 2003

[75] 王军. 采访本上的城市. 北京: 生活•读书•新知三联书店, 2008

[76] 方可. 当代北京旧城更新——调查•研究•探索. 北京: 中国建筑工业出版社, 2000

[77] 董光器. 古都北京五十年演变录. 南京: 东南大学出版社, 2006

[78] 董光器. 北京规划战略思考. 北京: 中国建筑工业出版社, 1998

[79] 华揽洪 著. 李颖 译. 华崇民编校. 重建中国——城市规划三十年（1949 - 1979）. 北京: 生活•读书•新知三联书店, 2006

[80] 华新民. 为了不能失去的故乡: 一个蓝眼睛北京人的十年胡同保卫战. 北京: 法律出版社, 2009

[81] 王彬. 北京微观地理笔记. 北京: 生活•读书•新知三联书店, 2007

[82] 姜德明 编. 北京乎: 1919—1949年现代作家笔下的北京. 北京: 生活•读书•新知三联书店, 2005

[83] 林语堂. 京华烟云. 张振玉 译. 北京: 作家出版社, 1995

[84] 林语堂 著. 辉煌的北京. 赵沛林, 张钧 译. 西安：陕西师范大学出版社，2002
[85] 赵晓阳 编. 旧京歌谣. 北京：北京图书馆出版社，2006
[86] 张勃. 当代北京建筑艺术风气与社会心理. 北京：机械工业出版社，2002
[87] 王南. 北京城市美学研究——重申城市设计的整体性原则. [博士学位论文]. 北京：清华大学建筑学院，2008
[88] 王南. 《康熙南巡图》中的清代北京中轴线意象. 北京规划建设，2007（05）：71～77
[89] 王南. 明十三陵规划设计的象征含义与意境追求. 杨鸿勋 主编. 建筑历史与理论（第十辑）. 北京：科学出版社，2009：241～254
[90] 吴良镛. 新形势下北京规划建设战略的思考. 北京规划建设，2007(01)：7～10
[91] 王宏钧. 反映明代北京社会生活的《皇都积胜图》. 历史教学.1962（07）：43～45
[92] 赵正之. 元大都平面规划复原的研究. 科技史文集（第2辑）. 上海：上海科学技术出版社，1999.10：14～27
[93] 邓奕, 毛其智. 从《乾隆京城全图》看北京城街区构成与尺度分析. 城市规划，2003 (10)：58～65
[94] 邓奕. 北京胡同空间形态演变浅析. 北京规划建设，2005（04）：17～19
[95] 朱竞梅. 清代北京城市地图的绘制与演进. [博士学位论文]. 北京：北京大学城市与环境学系，2001
[96] 北京市测绘设计研究院 编著. 北京旧城胡同现状与历史变迁调查研究（上、下册）. 2005
[97] 庞献辉 主编. 田义墓. 北京宦官历史陈列馆印制
[98] 梁思成. 梁思成全集. 北京：中国建筑工业出版社，2001
[99] 刘敦桢 主编. 中国古代建筑史第二版. 北京：中国建筑工业出版社，1984
[100] 潘谷西 主编. 中国古代建筑史 第四卷：元明建筑. 北京：中国建筑工业出版社,2001
[101] 潘谷西 主编. 中国古代建筑史 第四卷：元明建筑第二版. 北京：中国建筑工业出版社,2009
[102] 孙大章 主编. 中国古代建筑史 第五卷：清代建筑. 北京：中国建筑工业出版社,2002
[103] 刘敦桢. 中国住宅概说. 天津：百花文艺出版社，2004
[104] 贺业钜. 中国古代城市规划史. 北京：中国建筑工业出版社，1996
[105] 贺业钜. 考工记营国制度研究. 北京：中国建筑工业出版社，1985
[106] 周维权. 中国古典园林史. 第二版. 北京：清华大学出版社，1999
[107] 傅熹年. 傅熹年建筑史论文集. 北京：文物出版社，1998
[108] 傅熹年. 中国古代城市规划建筑群布局及建筑设计方法研究. 北京:中国建筑工业出版社，2001

[109] 刘毅.明代帝王陵墓制度研究.北京：人民出版社，2006

[110] 南京大学文化与自然遗产研究所孝陵博物馆编.世界遗产论坛——明清皇家陵寝专辑.北京：科学出版社，2004

[111] 贺业钜 等著.建筑历史研究.北京：中国建筑工业出版社，1992

[112] 朱文一.空间•符号•城市：一种城市设计理论.北京：中国建筑工业出版社，1993

[113] 孙宗文.中国建筑与哲学.南京：江苏科学技术出版社，2000

[114] 曹婉如 等编.中国古代地图集 清代.北京：文物出版社，1997

[115] 故宫博物院 编.清代宫廷绘画.北京：文物出版社，2001

[116] 中国美术全集编辑委员会 编.中国美术全集6绘画编 明代绘画 上.北京：文物出版社，1988

[117] 《北京文物精粹大系》编委会，北京市文物事业管理局 编.北京文物精粹大系•石雕卷.北京：北京出版社，2000

[118] 《北京文物精粹大系》编委会，北京市文物事业管理局 编.北京文物精粹大系•绘画卷.北京：北京出版社，2000

[119] 首都博物馆 编.燕地青铜艺术精品展.北京：北京出版社，2005

[120] 李孝聪 编著.美国国会图书馆藏中文古地图叙录.北京：文物出版社，2004

[121] 胡丕运 主编.旧京史照.北京：北京出版社，1995

[122] 北京东方文化集团 北京皇城艺术馆编撰.帝京拾趣——北京城历史文化图片集.北京：北京皇城艺术馆，2004

[123] 罗哲文，杨永生 主编.失去的建筑增订版.北京：中国建筑工业出版社，2002

[124] [澳]赫达•莫里逊 著.洋镜头里的老北京.董建中 译.北京：北京出版社，2001

[125] 摄影艺术出版社 编.北京风光集.北京：摄影艺术出版社，1957

[126] 刘洪宽 绘.天衢丹阙——老北京风物图卷.北京：荣宝斋出版社，2004

[127] 盛锡珊 绘.老北京•市井风情画.北京：外文出版社，1999

[128] 张宝成绘画张恩荫文字说明.逝去的仙境——圆明园.北京：蓝天出版社，2002

[129] 方霖 锐明.城市及其周边——旧日中国影像.济南：山东画报出版社，2003

[130] 楼庆西.凝视：楼庆西建筑摄影集.郑州：河南科学技术出版社，2000

[131] [战国]吕不韦 著.陈奇猷 校释.吕氏春秋新校释.上海：上海古籍出版社，2002

[132] [汉]司马迁.史记.北京：中华书局，2006

[133] [汉]郑玄 注，陈戍国 点校.周礼.长沙：岳麓书社，2006

[134] 王国维.观堂集林（外二种）（第三卷 艺林三）.石家庄：河北教育出版社，2001
[135] [意]马可•波罗 著.马可波罗行纪.冯承钧 译.上海：上海书店出版社，2001
[136] [瑞]奥斯伍尔德•喜仁龙 著.北京的城墙和城门.许永全 译.北京：北京燕山出版社，1985
[137] *Sirén, Osvald. The walls and gates of Peking : researches and impressions. London: John Lane, 1924*
[138] [美]刘易斯•查尔斯•阿灵顿 著.古都旧景——65年前外国人眼中的老北京.赵晓阳 译.北京：经济科学出版社，1999
[139] [美]埃德蒙•N.培根著.城市设计（修订版）.黄富厢，朱琪译.北京：中国建筑工业出版社，2003
[140] [美]凯文•林奇 著.城市形态.林庆怡 等译.北京：华夏出版社，2003
[141] [法]雨果著.巴黎圣母院.陈敬容 译.北京：人民文学出版社，2002
[142] [日]冈田玉山 等编绘.唐土名胜图会.北京：北京古籍出版社，1985
[143] [日]常盘大定,关野贞著.支那文化史迹シナブンカシセキ.东京：法藏馆,1939-1941
[144] [英]李约瑟 著.中国之科学与文明（第十册）.陈立夫 主译.台北：台湾商务印书馆股份有限公司,1977年4月初版 1985年2月第4版
[145] [意]贝纳沃罗著.世界城市史.薛钟灵等 译.北京：科学出版社，2000
[146] 迪志文化出版有限公司 书同文电脑技术开发有限公司 制作.文渊阁四库全书电子版.上海：上海人民出版社：迪志文化出版有限公司，1999
[147] 中国国家博物馆编.中国国家博物馆馆藏文物研究丛书.绘画卷（风俗画）.上海：上海古籍出版社，2007
[148] 故宫博物院官方网站
[149] 中国历史博物馆官方网站
[150] http://www.ourjg.com

后记

从1996年到北京清华大学建筑学院上大学算起,我在古都北京已生活了将近十六个年头。而真正开始热爱这座古城、热爱中国古建筑,则是从大学三年级读到梁思成先生的《中国建筑史》开始的。在梁思成的精神感召之下,我与同班的三位好友组成了"新营造学社",沿着过去中国营造学社考察古建筑的路线,走访了祖国大好河山许多美丽的古建筑,度过了一段激情燃烧的青春岁月。正式对古都北京及其古建筑展开系统学习和研究,要从2001年攻读博士学位开始算起,至今也已超过十年。十年间考察了数不尽的北京古建筑,并且带领学生们测绘了北京许多胡同与四合院,也亲眼目睹了北京这一梁思成笔下"都市计划的无比杰作"正一天天丧失其无与伦比的整体美……在醉心于北京古建筑之美和痛心于北京旧城所遭受的破坏这两种心境的矛盾纠缠之中,我于2008年6月完成了博士论文《北京城市美学研究——重申城市设计的整体性原则》。此后,我有幸参加了"北京五书"中的《北京古建筑地图》一书的编写,结果一写就是三年,这三年间我和其他4位作者一次次徜徉于浩如烟海的北京古建筑群中,齐心协力,陆续完成了上、中、下三册的编写,对五百余处北京古建筑进行了扼要地介绍。从此我对北京古建筑的感情愈加深厚,与古都北京也结下了更多不解之缘——于是,"古都五书"中《古都北京》一书的写作任务也继续落在了我的肩头。与《北京古建筑地图》依照地区划分篇章不同,在《古都北京》一书中,我力图使全书的结构和逻辑更加清晰可辨,希望从空间鸟瞰、历史沿革、各类型古建筑以及城市整体美的塑造等多个方面来介绍古都北京在城市规划设计与古建筑营造方面取得的杰出成就。此外,出于个人爱好,我还在书中加入了"画里京城"一章,希望为古都北京的介绍文字增加几分诗情画意。

这本《古都北京》可以看作是我十年来研究的一点心得,虽仍有诸多遗憾和不足之处,但颇能聊以自慰的是:这本书总算是饱含了我对古都北京的深情!瑞典美术史家喜仁龙曾经为了"北京城墙的美"而写下《北京的城墙与城门》那样的巨著；而深爱着古都北京的梁思成则为她写下《北京——都市计划的无比杰作》这样的名篇。我对古都北京的研究，很大程度上也是基于古都北京的美，为此，希望能够通过不懈地努力，把梁思成先生以及众多先辈学者们对古都北京的研究工作继续下去。我特别希望在书中传达这样一个讯息：古都北京曾经是一件具有无与伦比的整体美的艺术杰作——而今天这件杰出的艺术品依然在不断地遭受破坏。前不久，台湾美学家蒋勋先生的一次演讲给我留下了极其深刻的印象，特别是他讲到了一个关于东施和西施的比喻：和我们一般理解的"东施效颦"的含义不同，在蒋勋的这个比喻中，东施和西施同样都是美丽的女子，东施并非丑女，只是因为西施的存在而得不到吴王的欢心而已，但东施因此失去了自信心，并努力效仿西施的美态，结果适得其反；其实东施应该看到自己的美的独特性，"回来做自己"——在蒋勋先生看来，美，就是回来做自己。这个比喻让我陷入了长久的悲伤与感慨之中：其实我们中国的城市与建筑，中国的众多历史文化名城，不正是那个失去自信心的东施吗？她所效颦的西施不就是西方的城市和建筑吗？中国的城市和建筑其实已经长久地陷于"东施效颦"的困境中了吧！没想到把古老的东施、西施的故事稍加改变作个比喻，竟然惊人地暗合了今天东方和西方在文化上的处境……我于是由衷地希望，通过《古都北京》以及《北京古建筑地图》这类书籍的编写，能够向广大读者，包括北京的城市建设者们呈现北京昔日最美的容颜——为此我也特别在本书开篇的"北京鸟瞰"一章中尽情想象和勾画那个尚未受到西方建筑观念影响、保持着自身雍容气度的美丽的北京城——如果这本书能够使当代读者多少感受到古都北京的美（哪怕只是冰山一角），就像忽然在镜子中惊奇地发现自身的美一样，然后在某一瞬间忽然觉得像北京这样一座伟大的古都应该回来做自己，并且坚持做自己，那我就了无遗憾了！

当然，这本书的写作离不开许多人的帮助，在此需要一一表示感谢。首先是古都北京研究的先行者们，没有他们富于开拓性的研究成果，是不会有眼前这本书的诞生的——他们的名字和著作都尽可能在注释和参考文献中一一列出了。其次要感谢我的博士导师吴良镛先生，他不仅指导我完成了博士论文的研究工作，并且带领我参与了北京旧城保护与城市设计方面的许多课题，给予我十分难得的实践机会。此外特别要感谢清华大学建筑学院建筑历史与理论研究所的诸位老师和同事们，特别是王贵祥教授对我的信任与鼓励，楼庆西先生的指导，林洙老师提供的中国营造学社的老照片，贾珺、刘畅、贺从容、李路珂、段智钧、胡介中、袁琳、李菁对我的启发和帮助，还要感谢廖慧农老师、袁增梅编辑对全书写作的协助。还应该特别感谢的是华润雪花啤酒（中国）有限公司的大力支持，从策划全部丛书的王群总经理，到负责具体工作的工作人员。感谢格锐设计机构的王华先生、孙世魁对全书版式设计付出的辛勤劳动。感谢清华大学出版社的徐颖、段传极、职延明等各位编审对全书所做的细致的校对和审阅工作。

还有一些我在长年来考察北京古城、参与旧城保护过程中认识的朋友，也在此一并感谢，他们是王军先生、华新民女士、姚远先生和刘阳先生。华新民女士、刘阳先生大方地提供给我许多照片，为全书增色不少。特别要感谢王军先生，他不但始终如一坚定地投身北京旧城保护的事业，并且利用业余时间坚持参加我们的北京古建筑考察与测绘，并且长期同我交换对于北京的学习与研究心得，共同分享古都北京之美。

感谢我多年的好友赵大海先生，书中许多精美的照片出自他精心的创作。还要感谢我的学生唐恒鲁、王斐和孙广懿，书中动人的胡同测绘长卷出自他们的手笔。此外，唐恒鲁还与我一起完成了书中许多北京古建筑巨幅鸟瞰图的绘制。

最后，要感谢我的家人，特别是我的父母、岳父岳母对我无微不至的关怀。当然最要感谢的人是我的妻子曾佳莉，她不但陪我走遍古都北京的每座沧桑美丽的古建筑，并且和我一起测绘、记录、写生，她是我每一幅画作和每一首新诗的第一个鉴赏者，也是我每一篇论文和每一部书稿的第一个读者和评论者——这本书的一半功劳应该是属于她的。

2012年5月于古都北京